山西省首届中小学教师作业设计大赛

获奖作品选

◎ 初中道德与法治 历史 地理

山西省教育科学研究院 编著

山西出版传媒集团 山西教育出版社

图书在版编目（CIP）数据

山西省首届中小学教师作业设计大赛获奖作品选. 初中道德与法治 历史 地理 / 山西省教育科学研究院编著. —太原 : 山西教育出版社，2022.8

ISBN 978-7-5703-2763-8

Ⅰ. ①山… Ⅱ. ①山… Ⅲ. ①政治课—学生作业—教学设计—初中②中学历史课—学生作业—教学设计—初中③中学地理课—学生作业—教学设计—初中 Ⅳ. ①G633

中国版本图书馆 CIP 数据核字（2022）第 144823 号

山西省首届中小学教师作业设计大赛获奖作品选·初中道德与法治　历史　地理

SHANXI SHENG SHOU JIE ZHONGXIAOXUE JIAOSHI ZUOYE SHEJI DASAI HUOJIANG ZUOPINXUAN · CHUZHONG DAODE YU FAZHI LISHI DILI

选题策划　马　宏　韩德平
责任编辑　陈旭伟
复　　审　荆建强
终　　审　彭琼梅
装帧设计　王靖越
印装监制　蔡　洁

出版发行　山西出版传媒集团·山西教育出版社
（太原市水西门街馒头巷 7 号　电话：0351-4729801　邮编：030002）
印　　装　山西基因包装印刷科技股份有限公司
开　　本　890 mm×1240 mm　1/16
印　　张　17
字　　数　402 千字
版　　次　2022 年 8 月第 1 版　2022 年 8 月山西第 1 次印刷
书　　号　ISBN　978-7-5703-2763-8
审 图 号　GS（2022）4276 号
制　　图　青海天域北斗数码测绘科技有限公司
定　　价　50.00 元

前　言

网上流传着诸多关于学生写作业的段子，传播甚广的一句话是："不写作业，母慈子孝；一写作业，连喊带叫。"这句话道出了许多学生、家长苦于"低质量作业"的现状。按理说，作业是学生应该完成的学习任务，是学生学习的内在要求，教师设计并让学生在规定时间内完成一定的学习任务，具有教育的正当性，因此教师布置作业是常态的教学行为，相应地，学生完成作业也是常态的学习行为。但问题是，教师设计并布置作业是否符合课程标准的要求，是否围绕着学习目标，是否根据学生原有的学习经验和水平，是否进行了合理分层，是否具有系统性的思考，这是作业设计的核心要义。而这几点恰是作业设计常常不尽如人意的地方，也是破解作业提质这一难题的关键所在。

教育领域有个共识："无用即有害。"倘若学生做的作业低效甚至无效，那这种行为必然有害，因为占用了学生的时间，浪费了学生的精力，更严重的是影响了学生对学习的兴趣。因此，提高作业设计质量势在必行，这也正是"双减"政策传达出的"减轻义务教育阶段学生学业负担""提高作业设计质量"的意旨所在。

那么，"双减"政策所要求的"体现素质教育导向的基础性作业"以及"分层、弹性和个性化作业"是什么样子？怎样才能设计出符合当前育人理念的好作业？一时间成为教师急需解答的疑问。

虽然从理论上说，学校、教师、学生及课程资源的状况是千差万别的，难以有符合所有学生的作业样式，但并不等于作业设计无规律可循。事实上，我们应当根据课程标准中的重点内容、主干知识或核心知识，设计在真实情境下的学科任务，引导学生自主合作探究，掌握必备知识，提升关键能力和综合素养。

这套《山西省首届中小学教师作业设计大赛获奖作品选》便应一线教学、教研的实际需求而产生。本丛书共9册，分为小学和初中两个系列。书中作品选自山西省义务教育阶段中小学教师作业设计大赛参赛作品，是由评审组从33 935件参赛作品中遴选出的特等奖和部分一等奖作品。为进一步方便教师阅读，使大家读有所思、读有所获，我们特别组织强有力的专业团队为每个作品配以针对性点评，以期充分发挥大赛作用，推广典型案例和先进经验，为教师作业设计水平的提高助力。

当然，虽然我们期待“观千剑而后识器”，但并不意味着单凭观摩优秀案例、研读专家点评就能够掌握作业设计的精髓，最终还是要靠教师在日常工作中用智慧和情感设计好每一次作业，谨慎对待布置给孩子们的每一个任务。有人说，教师每天布置有质量的作业，就是在对孩子们“日行一善”，这确实是中肯之语。

最后，结合本次大赛所发现的优秀作品的共性，以及不太理想的作品的问题，我们特别提醒以下几点：

好的作业设计通常表现出先进的教育理念，最重要的是秉持落实立德树人根本任务的教育目标，时刻不忘因材施教与全面育人的有机融合，在此基础上尽可能追求作业的精准度、创新度和生长度。

简而言之，精准度意味着作业有梯度分级，即尊重学生的能力差异、需求差异、个性差异，找到不同层次学生的最近发展区，根据学生的知识、能力、素养的阶段变化，实行动态升级。布置作业要杜绝随意性，以什么形式，达成什么目标，教师自己要心中有数。例如可以设计积累识记类作业，训练搜索信息、存储信息的能力；设计理解探究、实践体验类作业，训练自主探究、客观思辨的能力；设计知识重建、成果表达类作业，训练高阶思维能力。要让不同层次的学生愿意做并有所收获，在“跳一跳”的努力中挖掘他们的内在潜能。

创新度意味着作业设计的广度延伸，即创新作业类型、方式，科学设计探究性作业和实践性作业，探索跨学科综合性作业，引导学生走出“书斋”，走向广阔的生活，真正实现“做中学”。此类作业强调情境性、开放性、综合性，更注重帮助学生在实践中逐渐形成正确的价值观，提高问题解决能力、高阶思维能力等。要补充说明的是，无论是跨学科作业，还是学科内的综合实践类作业，都需要考虑科学性、可行性和必要性，要真正有价值、有意义，而不能流于形式。

生长度则意味着对作业的深度开发。学生不喜欢的是那些缺少情境创设、缺少实践体验感的大量机械甚至重复的作业，喜欢的是带有挑战性，重体验实践，重思维培养、能力提升，不断引导他们走向深度学习的作业。因此教师在设计作业时要精准瞄向学生的兴趣点、能力点、生长点。当然，深度不等于难度，深度学习并不是学究式、“书橱式”学习，而是学以致用、活学活用。

总之，作业虽小，关乎育人。“双减”背景下的作业设计，要尊重学生身心发展规律和教育教学规律，聚焦培养胸怀家国、心有天地的“大写”的人，提升作业设计质量，切实减轻学生过重的作业负担，从而增强学生学习的内驱力，促进学生德智体美劳全面发展。这是本次大赛组委会的期待，是所有参与编写的编者们的愿景，更是我们基础教育工作者们共同努力的目标！

丛书编委会

目录

MULU

道德与法治部分

第一类　综合与实践（项目化学习）作业设计

第二类　单元作业设计

第三类　课时作业设计

历史部分

第一类　课时作业设计

第二类　综合与实践（项目化学习）作业设计

第三类　单元作业设计

地理部分

第一类　综合与实践作业设计

第二类　单元作业设计

道德与法治部分

DAODEYUFAZHI BUFEN

第一类　综合与实践（项目化学习）作业设计

山西文化之旅

电子作品扫码下载

山西省实验中学校　张旭
太原市令德中学校　张梦甜

作品信息

作业类型	项目化作业
适用范围	统编版《道德与法治》九年级上册第五课《守望精神家园》。
设计意图	1. 通过做项目的方式，用任务驱动学生自主学习，让学生主动学习和感受家乡的优秀传统文化、革命文化和社会主义先进文化，从而强化对教材有关内容的理解，增强学生对中华文化的了解和认同，坚定文化自信，树立推动中华文化繁荣兴盛的责任意识。 2. 落实“双减”政策，配合我校项目化学习课改，结合山西考改“情境化”与“跨学科”等“一核·六维·四手段”理论，注重高质量作业对学生跨学科综合解决实际问题能力的提升。
设计目标	本次项目作业为分层作业设计，满足不同层次学生的需求，完成主体分为个人完成（课后作业）与小组合作完成（课内作业）两种形式。 1. 个人项目作业预设目标：学生通过绘制山西地图了解山西的地理分布；通过设计不同主题的旅游线路感受山西厚重的优秀传统文化、革命文化和社会主义先进文化内涵以及三种文化的内在联系和文化背后更深层次的精神追求，增强文化认同，坚定文化自信。 2. 小组项目作业预设目标：通过小组合作的形式完成以“八路军在山西北上抗日路线图”为主题的沙盘制作，跨学科运用数学知识、地理知识、历史知识、美术技法等，进一步了解抗日战争时期山西孕育的红色文化，追寻中国共产党的红色足迹，继承革命精神，增强历史认同、政治认同和文化认同。
作业时长	1. 个人项目作业：课后两周内完成，所需总时长为 3 个小时左右。 2. 小组合作项目作业：校内课堂完成，所需总时长为 6 课时（45 分/课时）左右。

作业内容

个人项目任务——全班同学从以下3项作业中任选其一完成。

作业一

2022年1月，习近平总书记来山西考察，并专程前往世界文化遗产——平遥古城参观。山西一家旅行社准备编制一份专题旅游策划——“从平遥开始：寻找山西境内的世界文化遗产和世界非物质文化遗产二日游”，请你帮助旅行社设计一份广告，两周之内完成这个任务。

要求：

1. 旅游宣传广告要设计成能在微信公众号发布的，也可设计为纸质宣传的或可放置门店的。内容应包含两日的行程安排。

2. 在学校或更大范围内用手机微信朋友圈发布（包括提供给省城有关旅行社），还可以制作成短视频在抖音上发布，并请大家留言评论。

3. 宣传内容与形式要有创意，注意将世界文化遗产和世界非物质文化遗产结合起来考虑。

4. 完成时间：两周。

作业二

假如有外省的同龄好友来山西旅游，并且对山西的优秀传统文化、红色文化、社会主义先进文化很感兴趣，请你帮他设计1~2条特色主题文化旅游线路。

要求：

1. 山西地图要求A4纸上制作，以便书写文字。

2. 以某一种文化为主题设计线路，请你为这条线路起个名字。

3. 将线路沿途重要景点所在的城镇位置进行标注，并写出景点的游览价值，尤其是该景点涉及的文化价值和精神内涵。

4. 完成时间：两周。

作业三

请考证并绘制一幅梁思成和林徽因在山西进行过的古建筑考察线路图。同时，请你思考：假如要对其中的一处古建筑申报世界文化遗产，你会选择哪一处？并请陈述申报理由以及说明该如何申报。

要求：

1. 山西地图要求A4纸上制作，以便配置照片和文字。

2. 每一处都要求约50字的文字介绍并配古建筑实物图片和当时考察的历史照

片。（百度有的即可，不做硬性要求）

3. 要求设计具有美感。

4. 完成时间：两周。

小组项目任务——寻找伙伴结成6人小组合作完成。

作业四

请制作一幅八路军在山西抗战（以北上抗日线路为主，配合几次重大战役和三大根据地等元素）的沙盘立体示意图。

要求：

1. 尽可能寻找和自己拥有不同“特长”的伙伴结成小组，选出组长并进行合理分工，根据组员特点明确任务，做到责任到人。

2. 观看老师提供的视频，结合自主搜集的史实资料，对要制作的沙盘先拿出设计方案与老师进行交流。有困难大家还可以联系其他各科老师。

3. 老师给大家提供的制作沙盘的材料有：彩泥、彩纸、颜料、底板。其他个性所需材料自主准备。

4. 注意能兼顾地理的比例尺要求，在沙盘上要体现出“图示”等相关信息。

5. 沙盘制作完毕后，写一份简要的“解说词”，展示介绍你们的沙盘。

6. 完成时间：四周。

教师指导和学生完成情况

作业一：帮助旅行社设计一份广告

1. 学生在实践中遇到的困难：

（1）部分学生未能完全区分世界非物质文化遗产和国家非物质文化遗产，设计时易混淆，导致行程侧重点的设计有失偏颇。

（2）学生缺乏策划旅游广告的经验，设计语言仅仅停留在罗列景点资料，需要教师指导如何“做广告”。

（3）部分学生旅游阅历不足，对景点之间实际距离、城市间出行方式以及交通工具的选择缺乏深度思考，导致行程安排缺乏合理性、可行性。

（4）学生没有排版的经验，在进行海报、公众号等格式设计时需要教师指导。

2. 教师指导的具体做法：

（1）指导学生查找世界遗产和世界非物质文化名录，了解山西的世界文化遗产（云冈石窟、平遥古城、五台山）和山西境内常见的世界非物质文化遗产（皮影、剪纸、珠算)。

(2)提供一些旅行社线路广告范例，帮助学生理解旅游路线广告设计的基本原则和要素。比如从广告用语的吸引力、行程设计需要包括的内容等方面进行点拨。

例如：行程设计是通过交通线把目标旅游景点和市域合理贯穿起来，使游客能以最短的时间获得最大的观赏效果，所以要提醒学生注意交通方式的选择、行程时间、住宿安排等事项，在设计路线时可以查阅资料，做出合理规划。从平遥到五台山或者云冈石窟，尽量选取晚上的时间出行，使游客可以在白天有更充裕的时间游览名胜古迹。

再如：引导学生要深度开发景点旅游资源(自然风光、历史古迹、民族习俗等)，不要设计成单一的观光游，而应设计成符合人文主题的具有一定特色的文化旅游线路，兼顾社会效益、经济效益、环境效益和文化效益，满足消费者旅游需求。比方说在剪纸艺术的感悟过程中，不仅可以让游客观赏，也可以让游客参与其中，亲自制作，深刻感受世界非物质文化遗产的魅力。

(3)指导学生对广告文字进行加工润色，准确表达线路主题与亮点的同时，兼顾受众群体偏好的语感、独特表达，以吸引游客注意。例如：将学生写的“山西世界文化遗产和非物质文化遗产两日游”改成“一样的世界不一样的风景——××旅行社带您领略大美山西”。在设计版面上指导学生寻求美术老师的帮助，为学生提出建议。

作业二：为朋友设计某一主题的文化旅游线路

1. 学生在实践中遇到的困难：

(1)学生在绘制线路图的时候比较盲目，不能找到有效的统一主题，对传统文化、红色文化、社会主义先进文化的理解区分有一定误区。

(2)学生未能针对主题文化旅游线路进行深入思考，设计仅仅停留在表面线路规划，而对线路所蕴含的文化价值思考不足。

2. 教师指导的具体做法：

(1)引导学生进一步学习教材中有关三种文化的知识，帮助学生选择统一的文化主题，对所搜集的资料进行整理提取，如可以概括为：转型发展游(山西先进文化研究)、黄河文明游、山西特色美食游、晋商文化游、太行古堡游、寻根觅祖游等，并根据所选主题再次筛选资料。

(2)指导学生在景点介绍上着重展示景点的文化价值和精神内涵。

(3)引导学生通过活动对山西文化进行分析和思考，在线路图的设计中融入自己的学识和主见，培养阅读、选择、理解和设计的能力。

作业三：绘制重走“梁林路”，从中选择一处申报世界文化遗产

1. 学生在实践中遇到的困难：

（1）学生没有接触过古建筑方面的知识，同时也缺乏实际参观的经验，容易与山西省的名胜古迹旅游路线混淆。

（2）学生对文化遗产和非物质文化遗产的分类标准不明晰，没有掌握世界文化遗产和国家级、省级文化遗产的界定标准。

2. 教师指导的具体做法：

（1）鼓励和帮助学生查找梁思成、林徽因考察山西古建筑的史实资料，并挖掘这些古建筑的历史文化内涵和建筑、艺术、科技以及美学上的价值。

（2）指导学生查找世界遗产和世界非物质遗产名录，了解其中一些遗产的申遗过程，举一反三完成自己的申遗任务。在申遗理由中，指导学生借鉴其他已成功申遗的世界遗产的表述，从古建筑概述（基本特征）、主要文化价值、生存现状及存在的问题、保护措施等方面入手，撰写申遗报告。

（3）绘制重走梁思成、林徽因路线图的时候，鼓励学生跨学科整合，邀请相关学科教师进行指导，激发学生的设计创意，加入学生的个性化元素，将线路图设计得既美观又富有新意。

作业四：制作八路军在山西北上抗日的沙盘

1. 学生在实践中遇到的困难：

（1）有的班级学生是第一次接触沙盘，对沙盘了解较少。

（2）部分学生的空间想象能力还未完全发展起来，对比例尺的计算仅停留在做习题，欠缺解决实际问题和应用的能力。学生们对山西的“两山夹一川”的主体轮廓的掌握只停留在表面，未能深入观察和理解山西境内山峦叠嶂、沟壑纵横的地势地貌。

（3）学生对历史知识的掌握过于刻板，对“八路军北上抗日的重要意义”以及“山西在抗日战争时期的地位”的理解还不够深入，不能把几个史实联系起来看待。沙盘解说词表达内容冗长、重点不明确。

（4）学生动手能力参差不齐。地理位置确定得不准、地图画得不准确、比例不合适、制作不细心等原因都会影响沙盘制作的准确性。同时在颜料的调配技法上需要美术老师进行指导。

2. 教师指导的具体做法：

（1）用课件展示介绍地质博物馆的沙盘模型范例，了解沙盘制作需要的基本材料如超轻黏土、草粉和丙烯颜料等及其各自功能。

（2）组织学生仔细学习山西省地势地貌图，确定沙盘要体现的山西地貌特征；组织学生观看并记录八路军在山西北上抗日的纪录片，收集相关历史文化信息，预设沙盘中八路军北上路线、重大战役、三大根据地等极具价值的文化内容。

（3）指导学生有效地进行分组（6 人一组），尽可能选择异质组员，使各小组都能拥有一个擅长美术的人员。各组实力尽量均衡，根据内容需要指导学生合理分工，并制订活动计划。

（4）在沙盘模型制作过程中，随时根据各组的制作情况提出建议。如：山脉的走向、分布和颜色要以方向、比例尺、高度等作为参考依据；八路军北上抗日过程中的重大战役如何通过小旗进行呈现等。

（5）沙盘制作完成后，创设“展示课”。邀请各组代表带着沙盘模型上台，利用实物投影进行讲解。组织学生观察不同组的沙盘模型，并提出意见，进行改进。最后由学生评出“最佳制作奖”和“最佳讲解奖”。

学生作品展示

《带您一起感受三晋风韵》

《走进山西世界文化遗产和世界非物质文化遗产圣殿》

大同华严寺世界文化遗产申报

申请项目名称： 大同华严寺

申请项目类别： 世界文化遗产

遗产所属地区： 山西省大同市

申报人： 2006班宋××

联合国教科文组织和世界遗产委员：

文化遗产是一个国家的历史见证，也是一个民族不可泯灭的文化财富。中国山西大同华严寺具有突出的历史特色、建筑价值和艺术价值，现特向联合国教科文组织和世界遗产委员申请大同华严寺为世界文化遗产。

建筑概述： 华严寺坐落于大同古城内清远街南侧，是一座始建于辽代，坐西向东、殿宇巍峨、气势宏伟的寺庙。该寺依据佛教十大宗之一的华严宗的经典而建，故名“华严寺”。

文化价值以及影响：

1．华严寺是中国现存规模较大且保存比较完整的辽金寺院建筑。整个寺院坐西向东、布局严谨，普光明殿、大雄宝殿、华严宝塔等分别排列在南北两条主轴线上。寺内供高僧舍利及千尊佛像，金碧辉煌，拥有全国唯一纯铜地宫。

2. 华严寺大雄宝殿壁画始绘于明代，设计周密、构图严谨，每幅画既独立成章又相互关联，风格高超生动。同时，壁画为重彩工笔画，色彩艳丽、装饰富丽，且多处留有墨书题记，保存完好，是珍贵的历史文化宝藏。

3. 华严寺薄伽教藏殿壁藏建筑艺术承袭唐宋之制，创新了近代特色，造型别具匠心，其结构型的建筑之美是传统与现实完美结合的典范之作。

保护措施：

1. 对华严寺文殊阁和普贤阁的南、北角楼二层平座进行了防水处理，消除了雨水倒灌现象。

2. 对华严寺大雄宝殿月台上的幡杆进行维修。

古建筑是珍贵的文化瑰宝，一座保存完好的古建筑，既是研究某一阶段历史文化的重要实物资料，又是社会、文化变迁的历史见证。大同华严寺的保护与合理利用，需要全民参与、共同保护，我们任重而道远。

山西北上抗战沙盘局部图——重要战役旗帜标识

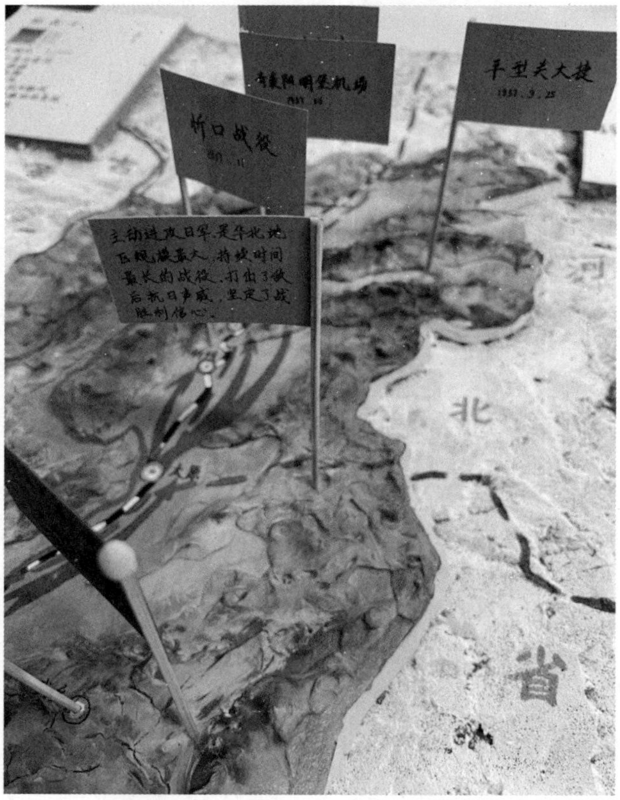

山西北上抗日沙盘解说词

各位同学老师：

大家好。今天让我们一起回顾那段难忘的山西抗战历史。

1937年7月7日，卢沟桥事变爆发，在中华民族生死存亡的危急关头，国共两党迅速走向正式合作，在中国共产党的积极努力和推动下，全国人民团结一致，开启了近代以来我国空前规模的民族革命战争。1937年8月25日，中国工农红军改编为国民革命军第八路军，开赴华北抗日前线。

请大家随我进入第一板块：东渡黄河进入山西。

1937年8、9月份，八路军三大主力师分批次从陕西出发，按计划东渡黄河。当时，仅征集的船只就有400余艘，船工1000余人。

115师、120师、129师从陕西韩城芝川镇经运城荣河庙前渡口进入山西，用铁的纪律在群众中树立了良好形象。

9月4日当晚，115师率先抵达侯马站，乘火车北上太原。彭德怀回忆说："当年赴太原，一路所见民众抗日情绪之高，沿途人民夹道欢迎，送水送茶，拥塞于途，馒头烤饼，扔满车厢……到太原时，人民盼望共产党和红军参战之心更切。"

请大家看第二板块：八路军主力沿山西北上作战。

八路军主力，就这样在同蒲线上一路向北，分别开赴原平、代县、忻县一带进入作战地域。紧接着，捷报频传——八路军第115师首战平型关，第120师设伏雁门关，第129师夜袭阳明堡，三战三捷打出了八路军的威风，打破了日军"不可战胜"的神话，增强了全国军民抗战必胜的信心。

山西成为八路军总部及三大主力师所在地，成为抗日战争主战场之一，成为华北敌后抗日根据地的中心，为抗日战争的胜利做出了不可磨灭的贡献。历史因铭记而永恒，精神因传承而发扬。几十年过去，风起云涌的战斗已成为历史，而这些鲜活的红色精神仍将代代相传、历久弥新。今天，我们制作八路军北上抗日沙盘，就是要沿着中国共产党的红色足迹，重温山西抗日历史和红色记忆，从中汲取精神滋养、传承红色基因、砥砺前行力量。

解说人：张同学、任同学、孙同学、段同学、边同学、张同学

特等奖作品

作品点评

本作业属于项目作业设计。设计者通过做项目的方式，依据不同层级的学生需求，设计了3道个人分层作业和1道小组合作作业，在注重学生的自主学习，体现分层思想、人文关怀的基础上，又注重了小组合作探究，帮助学生在合作中进行深度思考。

作品亮点：作业设计有一定的品质。其中“回归真实情境，引发连续发问，实现学科价值”是该作业设计的最大亮点。作业中所有的问题都围绕“山西文化”这一核心问题展开，在任务驱动下，学生通过“绘制山西地图”“设计不同主题的旅游线路”“八路军山西北上抗日路线图”等真实任务情境，如同抽丝剥茧般地解构问题，最终生成包括“设计广告语”“我为山西非遗申遗”等成果，实现了在强化教材内容理解的同时，巧妙引导学生在山西文化背后获取更深层次的精神追求，落实学科“政治认同”这一核心素养，树立推动中华文化繁荣兴盛的责任意识。

专家建议：此作品中我们看到了教师对学生所完成任务的“全程指导”，却忽视了对学生“全程评价”的引导。建议教师在此类作业设计中注重“评价设计”，通过评价引导学生进行思考，让高阶思维发生。

我和我们的钟楼街

太原市志达中学校　董　妮

电子作品扫码下载

作品信息

作业类型	项目化作业
适用范围	统编版《道德与法治》九年级上册第五课《守望精神家园》。
设计意图	通过本次项目化作业，让学生能够深入理解所学知识，同时培养学生的合作与创新能力。让学生在复杂真实的现实情境中主动探索，应用综合化的学科知识解决核心问题，让学习行为在持续发生中不断深化，进而促进高阶思维的培育和学科核心素养的养成。
设计目标	目标一： 通过采访“我”眼中的钟楼街，认识到当前“钟楼街”影响力现状，产生项目化驱动问题。 目标二： 通过“新识”钟楼街，感受厚重辉煌的钟楼街历史文化，体验传统文化的魅力。 目标三： 通过聆听“父辈”们的钟楼街记忆，感受老太原人对钟楼街的情感与情怀，产生“认知”反差，激发学生的家乡情怀。 目标四： 通过再谈“我们”的钟楼街，讲述自己的探究历程和认知变化，进一步提升文化自信和热爱家乡的情感。
作业时长	两周

作业内容

（一）项目确立——选题与设计

1. 选题

钟楼街久负盛名，历史悠久。始于宋元，盛于明清，是太原市历史悠久的繁华街市。这条街承载着丰厚的历史文化底蕴以及老太原人太多的回忆和情感。但随着城市的发展，商圈的多元化与分散化，这条街逐渐淡出了我们的视线，甚至年轻人对其历史十分陌生，对其“老字号”“老建筑”知之甚少。如今，钟楼街经过修复重现在我们眼前，如何重塑老街印象，成为必须思考的问题。

2. 设计

项目选题确定后，指导教师进行项目前测，通过访谈等形式收集学生对该项目感兴趣的研究话题和问题作为项目式学习的驱动性项目问题。学生自主拆解、分析问题，优化项目设计方案，最终形成了“我”眼中的钟楼街、“新识”钟楼街、“父辈”们的钟楼街记忆、“我们”的钟楼街四个方面进行项目化学习的探究路径。

“我和我们的钟楼街”项目拆解分析表

子项目	项目问题	学科问题	核心素养	项目实施可操作化建议
子项目一：“我”眼中的钟楼街	要重塑老街印象，首先了解学生眼中的钟楼街： 1. 设计访谈提纲，准备设备。 2. 采访学生眼中的钟楼街。	1. 亲社会行为 2. 遵守规则 3. 尊重他人 4. 以礼待人	学会学习	责任组：一组 课下：拍摄VCR——学生眼中的钟楼街。 课上：小组展示采访结果，分享VCR。

（续表）

子项目二：“新识”钟楼街	要“新识”钟楼街，必须了解这条街上的太原“老字号”和它们承载的历史文化： 1. 为“钟楼街”写一段解说词，讲解其历史发展；并说段莲花落。 2. 为“老香村”写一段解说词，讲解其历史发展。 3. 为“开明照相馆”写一段解说词，讲解其历史发展。 4. 为“亨得利钟表眼镜店”写一段解说词，讲解其历史发展。 5. 为“老鼠窟元宵”写一段解说词，讲解其店名由来、制作工艺和历史传承。 6. 为“百年邮局”写一段解说词，讲解其历史发展。	1. 传统文化 2. 中华文化 3. 文化传承 4. 文化自信 5. 跨学科整合	1. 人文底蕴 2. 社会责任	责任组：二、三、四、五、六、七组 课下：查询资料、实地走访。 课上：以导游角色进行讲解。
子项目三：“父辈”们的钟楼街记忆	这条街承载着老太原人太多的回忆和情感，所以重塑老街印象，需要走进“父辈”们的钟楼街记忆，打开他们的“乡愁”。 1. 制作访谈提纲。 2. 采访父母，记录他们与钟楼街的故事。	1. 亲社会行为 2. 尊重他人 3. 以礼待人	社会责任	责任组：八、九组 课下：采访父母、拍摄 VCR。 课上：对视频进行展示。

（续表）

子项目四：“我们”的钟楼街	经过一系列项目化探究，相信同学们对钟楼街有了全新的认识： 1. 请谈谈本次活动结束后的感受，主要是对钟楼街认知的变化。 2. 制作关于国家级非物质文化遗产莲花落的VCR。 3. 制作钟楼街手绘地图。	1. 传统文化 2. 文化传承 3. 文化自信 4. 跨学科整合	1. 社会责任 2. 人文底蕴	课上：随机采访，谈谈感受。

由于每位学生的兴趣点都存在差异，为此在划定项目小组时，指导教师充分尊重了学生的主观需要，由学生自由组合成6人左右的项目学习小组去完成。同时教师也将知识落实与问题解决结合起来，合理统筹规划课上课下的学习任务。

（二）项目实施——互动与创作

将项目计划付诸实践是项目化学习的关键所在。项目实施是各项目学习小组根据各自的项目任务与计划搜集资料、定期讨论、向教师汇报、寻求协助、创作成果的过程，即生生互动、师生互动的过程。

在该过程中，学生始终处于主体地位，他们可自由表达自己的观点，亲自参与项目问题的解决过程。各项目学习组长需要组织组员开会讨论、把控项目进度、商讨问题解决方案，及时向指导老师汇报进度及寻求帮助；指导教师始终起到引导、协助作用，启发学生在“做”项目中主动建构知识，练就技能，积累经验，形成创意，制作有思想、有价值的项目成果。

学生作品展示

（一）子项目一：“我”眼中的钟楼街成果展示

拍摄采访：《“我”眼中的钟楼街》并制作VCR

第一小组：利用课余时间进行采访，在采访过程中佩戴口罩，注意礼貌礼仪，尊重受访对象，遵守了学校的规则，整体上表现良好。经过剪辑和设计，最终完成了一个3分钟的小视频。从学生频繁回答的“不知道”“不清楚”中，能够印证大家对于钟楼街的陌生。

（二）子项目二："新识"钟楼街成果展示

1. 了解钟楼街，撰写讲解词。
2. 课上展示对钟楼街的研究成果。

第一组

讲解词节选

敬爱的各位老师，亲爱的各位同学们：

大家上午好！

这里是"我和我们的钟楼街"项目式学习成果汇报大会的现场，欢迎您的莅临！我是主持人×××。

作为太原人，我们都知道，钟楼街久负盛名，历史悠久。这条街承载着丰厚的历史文化底蕴以及老太原人太多的回忆和情感，但随着城市的发展，商圈的多元化与分散化，这条老街逐渐淡出了我们的视野，甚至在我们这一代人的眼中，它是非常陌生的。因此，如何重塑老街印象，就成为必须思考的问题。这就是我们的项目选题的驱动问题。

项目选题确定后，我们在已有经验和学科知识的基础上，进行了自主拆解，最终形成了"我"眼中的钟楼街、"新识"钟楼街、"父辈"们的钟楼记忆、"我们"的钟楼街四个子项目。

要重塑老街印象，首先要了解学生眼中的钟楼街，因此第一小组进行了采访活动，一起来看 VCR。

——PPT 展示——总结：视频中热闹的背后却有着深深的忧虑，同学们对于钟楼街的历史与文化非常不了解。接下来共有六组同学开展了对项目二的探究，现在就让我们跟着 121 班的小导游，去逛逛钟楼街……

第二组

讲解词节选

甲：打起竹板板响连声，请问这位师傅你是哪里人？

乙：兄弟我本是山西人，从小就生长在太原城。

甲：太原城有很多老地名儿，这老街老巷真有几分老感情……海子边杏花岭，文昌街文庙街，天地坛泰山庙，过门底楼儿底。唱经楼往西是鼓楼街……

乙：开化市大中市，最热闹的是钟楼街。

甲：说大街是走小巷，这太原的街道真叫棒。名字起得有意思，听上一遍就很难忘。

欢迎来到钟楼街，我们是讲解员×××和×××。刚才给大家讲的是莲花落《老街老巷老情趣》中的一段，希望大家喜欢。说到钟楼街，我想问下大家，你们知道它的来历吗？

的确，钟楼街因钟楼而得名，建于明代，古时钟楼玲珑娟秀，与鼓楼毗邻而存，每逢清晨日暮报时，钟发出的鼓之声，互为条件，珠联璧合，声响远传，达及十余里，是全城市民的计时依托。随着时间的推移与长期的使用，年久失修，钟楼颓废残败，遂被拆除，踪迹全无……

第三组

讲解词节选：

各位游客，大家慢着点逛，您听我说：

咱们店里有天津海产、北京啤酒、南京板鸭、金华火腿、江浙熏鱼卤肉，甚至从上海购进外国洋酒、西洋罐头、时髦味精、咖啡、袜底酥、鸡油饼、太师饼，香肠腊肉、五香牛肉、虾子鱼、熏鱼，等等。尤其是干炒瓜子、五香瓜子、五香果仁等干果类已列入晋绥土货名牌产品。

钟楼嗟烟雨，老香存百年。钟楼街东入口处，有一座古色古香的四层建筑，这就是驰名近百年的老香村食品店，是全市最大的糕点企业之一。

1927 年，王庆丰、王得三、王国斌三位同乡与几位伙计集资建店，起名“老香村食品店”，名字来源于上海一店名，书法家赵铁山写匾题楷书“老香村”三字，并从上海聘请了一位姓李的糕点师傅。从此老香村站稳了脚跟，日渐“吃香”。第二年，糕点品种从 70 余种增至 400 多种，一跃成为同行中的大号铺，它除了销售糕点还有各种干果零食山珍海味，应有尽有，老香村盛极一时……

第四组

讲解词节选：

说起“亨得利”，那可是“老太原”们心里响当当的名号，曾几何时，很多山西人攒上几个月的工资，就为在亨得利买上一块“海鸥表”，配一副“亨得利”眼镜，甚至有顾客大老远从山西各地慕名而来，买表、配眼镜就认老字号——亨得利。

亨得利钟表店创办于 1917 年，坐落于钟楼街最繁华地段 15 号，作为太原最早的钟表、眼镜品牌，它的代代传承和对匠心精神的尊重使其历经风风雨雨走过 100 多年依然屹立不倒。

亨得利始终把“信誉至上，质量第一”作为办店的宗旨，凭着“在店购买钟表，全国 84 家联号都可免费修理”的“超强售后模式”，在太原“吸粉无数”。如今，百年的亨得利历久弥新，以其旺盛的生命力继续带动着钟楼街的繁盛。

第五组

讲解词节选：

“咦！排这么长的队干什么呢？”

“哦，原来是买老鼠窟元宵的啊！是不是流口水啦？”

接下来就让我们一起循声走近太原钟楼街的老鼠窟元宵店吧。“老鼠窟元宵”的字号原名“恒义诚甜食店”，由于地处太原钟楼街“老鼠窟”巷口，故得名“老鼠窟元宵店”。其选料和制作工艺讲究是出了名的，只选用晋祠花塔村一代产的江米，夏天泡三四个小时，冬天泡十二三个小时，然后上石碾，碾出的面再过细箩。馅的制作也十分讲究，其玫瑰酱是在玫瑰花似开非开之时采回，一瓣瓣掰下用白糖反复揉，再经腌制而成。“老鼠窟元宵”还有严格的滚制工艺，滚面粉时中间不可停顿，至少要经过六蘸六滚方可完成，确保元宵成品既瓷实而又软筋，口感独特……

第六组

讲解词节选：

信件是以前人们长途交流的唯一方式，便有了“飞鸽传信”“鸿雁传书”的成语故事，但最便捷的，还是邮件。现在，邮件似乎已经很陌生，但在几十年前的今天，邮局是人们最常去的地方之一。同学们，百年邮局是太原历史最悠久的邮局，接下来，让我们一起领略它的新面貌。这“洋气”的小楼，正是钟楼街邮局的“变身”，人们熟悉的大理石墙面，现在已复原成青砖雕花圆弧窗，以这样的建筑样貌，将“百年邮局”的老故事传递给后来的人。

清光绪二十七年（1901），首设太原邮政局，为太原近现代邮政的开端。1949年，山西邮政管理局改组为太原一等邮局。同年4月，太原解放，邮局被中国人民解放军军管会接管。

本次钟楼街提质改造前，这里是太原市邮政局钟楼街邮政支局。作为一个特定时代的标记，“百年邮局”既是钟楼街近代建筑史上浓墨重彩的一笔，也是太原近现代文化中包容思潮的开始。“百年邮局”的设计语言，表达出的是一种“中体西用”的思想，在建筑上也体现出了不同文化的交流和包容。

第七组

讲解词节选：

“新款手机超先进双摄系统，精进再精进，拍摄能力空前大提升，现在抢购只需 5199 元，只需 5199 元！”

广告时间结束，接下来我们一起走进开明照相馆。虽然这几天开明照相馆没有开放，但这并不影响我们从精神上探寻这一山西老字号。

开明照相馆位于钟楼街 5 号，前身是 1921 年汾阳人任德华创建的光明照相馆，今年它已经度过了百年店庆。1930 年，平定人刘启亭和汾阳人芦石青花了 2000 银圆接手了当时经营惨淡的照相馆，把光明改成了开明，把它又“开”了起来。刘老板和芦老板雇了名经理曹润庭，大胆地借了许多钱入手了最先进的设备，高薪聘请高级技师教授技术，低廉收费，利润成倍地流了回来，甩了当时挤倒光明的那些照相馆几条街！但是 1937 年，鬼子占领太原，很快就盯上了开明照相馆……

（三）子项目三：“父辈”们的钟楼街记忆成果展示

拍摄采访：《“父辈”们眼中的钟楼街》并制作 VCR

第八组、九组同学采访父母，记录他们与钟楼街的故事，并且制作了 3 分钟的 VCR《“父辈”们眼中的钟楼街》。视频中体现出父辈们对于钟楼街深厚的情怀和不舍的记忆。

（四）子项目四：“我们”的钟楼街

第十组郭同学表演了方言版莲花落《剃头》，让同学们亲身感受了传统文化的魅力和非物质文化遗产的特色；陈同学用了 8 个小时手绘《钟楼街》地图，表达了她对钟楼街的喜爱。

其他同学在课上讲述了自己在这个过程中的感受和对钟楼街认知的变化。其中，韩同学谈道：“钟楼街像是一个时空隧道，连着太原的过去和现在，也像是一个纽带，连着父母和我们。父辈的童年我无法参与，但是通过这条街，通过他们的讲述，我似乎有一种穿越的感觉，很有画面感。走过每一个老字号，每一栋老建筑，似乎都能感受到，它们静静地伫立在这里，却又在讲述着很多故事。希望以后，一提到长城，就会想到中国；一提到陈醋，就会想到山西；一提到钟楼街，就会想到太原。”

杨同学谈道：“之前，对于钟楼街，我似乎很难讲出什么，就像最开始视频里的同学一样。但是现在，我对钟楼街有了更多的认识——它不仅仅是一条街，更是我们太原的文化，太原历史变迁的见证。钟楼街的过去，可能更多地需要听爸妈来讲，钟楼街的未来，我觉得应该由我们这一代人来讲。钟楼街，我们不会忘记！”

安同学谈道："以前的作业都是题目类型的，这次这个任务还挺有意思的。在采访过程中，作为一个采访者的角色，我不仅了解到其他人的想法，并且通过镜头记录下来，剪辑出来，我觉得很有意义。这些优秀的传统文化应该传承下去。"

【项目评价】多元与分层

评价的目的在于激励，鼓舞学生自主学习、合作探究、创新思维，让每位学生都能有所获、有所得，都能得到一定的肯定。项目化学习评价在学生实践《道德与法治》项目中对学生的道德素质、法治观念、价值观起着监控、引导、激励、改进、修正的重要作用。因此，从项目过程与项目结果两方面着手进行，既要关注学生的学习结果，也要注重学生学习过程中素养的落实。

教师点评总结：从前期调研——确定选题——项目拆解——项目实施——项目展示，整个活动的过程，展示了大家发现问题、探究问题、解决问题的意识和能力，充分展示了学生们的人文底蕴、责任担当的核心素养；之前，我们已经学过中华文化源远流长、博大精深，在我们身边就可以印证。传承优秀传统文化，从我们的家乡开始。希望以后，当大家谈起钟楼街，是街，但更是一段历史；谈起老鼠窟元宵，是美食，更是一份情怀；谈起莲花落，是娱乐，更是一种传承；谈起家乡，是记忆，更是自信。

附件

"我和我们的钟楼街"子项目一计划表	
第一小组项目计划表	
项目名称	子项目一："我"眼中的钟楼街
计划时长	2 周
组长及成员	组长：　　　　成员：
项目任务及实施分配	1. 采访学生眼中的钟楼街——由（　）名组员（　　）负责 2. 制作 VCR——由（　）名组员（　　）负责
预期项目成果	制作 VCR——《"我"眼中的钟楼街》
学习支架	项目式学习指导微课——"如何制作 VCR"
教师建议	1. 采访提纲设计好后及时找老师商讨、修改、完善 2. 采访过程中注意礼貌礼仪、遵守学校规则

作品点评

本作品涵盖了项目学习的基本要素，是一个综合实践类项目化学习的较好的一个范例。作业以“我和我们的钟楼街”为主题框架，设置了“我”眼中的钟楼街、“新识”钟楼街、“父辈”们的钟楼街记忆、“我们”的钟楼街四个子项目，采取小组合作形式，强调学生亲历，引领学生走出课堂、走进社会，让学生的学习时空突破课堂时空的局限，向社会延伸，有利于学生情感态度和价值观的发展，动手能力、利用信息能力的培养以及创造精神的提升，让素养达成水到渠成。

作品亮点：作业设计关注学生所处的人文环境，打破教材局限，整合本土化的学习资源，让学生在熟悉的生长环境中从不同角度去重新认识、解读家乡。通过项目化学习的真发生，学生的家国情怀油然而生。在恢宏的历史文化面前，增强了学生对本土文化、中华文化的文化理解力，使学生真正理解教材文本“中华文化源远流长、博大精深”的表述。

专家建议：作者有项目评价意识，但缺少评价的具体指标。建议作者针对项目开展的不同阶段，制定相应的评价标准，通过项目评价，促进学生不断反思，真正发挥项目式学习评价在学生开展初中道德与法治学科实践活动中对学生的道德素质、法治观念、价值观起到监督、引导、激励、改进、修正的重要作用。

这就是山西

电子作品扫码下载

太原市志达中学校　兰春燕　马　蕊　康艳荣　董　妮

特等奖作品

作品信息

作业类型	项目化作业
适用范围	统编版《道德与法治》九年级上册第五课第一框《延续文化血脉》。
设计意图	通过本次项目式作业，使学生能够理解所学知识，培养学生合作与创新能力；让学生在复杂真实的现实情境中主动探索，应用综合化的学科知识解决核心问题，学习行为在持续发生中不断深化，进而促进高阶思维的培育，学科核心素养的养成。
设计目标	目标一： 通过绘制“印象山西”地图，了解山西文化的分布，认识到山西文化源远流长与博大精深。 目标二： 通过追寻“红色山西”之旅，感受厚重辉煌的山西革命历史，体验红色文化的精神魅力。 目标三： 通过讲述“薪火山西”故事，肩负光荣使命，高扬山西精神。
作业时长	六周

作业内容

项目确立——选题与设计

1. 选题

在这块近似平行四边形的版图上，发祥了古老的黄河文明和深厚的华夏文化，也孕育了一代又一代的风雅名士、俊杰英豪。这里是一座文化艺术宝库，这里有抵御外侮、收复河山的“太行精神”，这里有明清晋商的辉煌业绩，也有丰富的物产资源和产业。但是，学生对于山西丰厚的历史文化底蕴，对于这片生于斯、长于斯的土地并不够了解，其他省份对于山西的认识也略显偏颇，让我们缺少文化自信。因此如何重新解读家乡，重塑家乡印象，培育家国情怀，成为我们必须思考的问题。

2. 设计

项目选题确定后，指导教师进行项目前测，将收集到的学生感兴趣的研究话题和问题作为项目式学习的驱动性项目问题。学生通过分析问题和整合问题，最终形成了从“印象山西”“红色山西”“薪火山西”三个方面进行项目化学习的探究路径。

“这就是山西”项目拆解分析表

子项目	项目问题	学科问题	核心素养	项目实施可操作化建议
子项目一 印象山西	要绘制“印象山西”地图，就需要多角度全方位认识山西、了解山西： 1. 形式：绘制在A4卡纸上。 2. 内容：行政区划、表里山河、红色景点、文化遗址、物产资源、民间风俗、文化艺术、名优特产等。 3. 创意：可以灵活使用图案、标识、注解等。	1. 传统文化 2. 文化传承 3. 文化自信 4. 跨学科整合	文化基础	1. 地图评比：各课题组绘制“印象山西”地图，由各组派代表阐述本组设计的优势或特点，比比哪组设计得更生动形象、直观准确。 2. 制作PPT，针对其中某一项进行详细介绍。 3. 多媒体展示。
子项目二 红色山西	追寻“红色山西”之旅，就需要制定游览攻略： 1. 选择你喜欢的红色旅游景点，并写一份推介词。 2. 确定旅行时间、费用和交通方式，设计旅游线路，制定一份“红色之旅日程安排”。	1. 革命文化 2. 文化传承 3. 文化自信 4. 亲社会行为 5. 尊重他人 6. 以礼待人 7. 跨学科整合	1. 文化基础 2. 社会参与	1. 推介词展示。 2. 攻略评比：各课题组写出“红色之旅日程安排”，由各组派代表阐述本组设计的优势或特点，比比哪组方案更经济可行、有创意、又有教育意义。 3. 多媒体展示。

（续表）

子项目三 薪火山西	要讲述“薪火山西”故事，展示山西形象，高扬山西精神，就需要撰写一份演讲稿： 从“信义”“坚韧”“创新”“图强”中选择一个角度讲述山西故事。	1. 传统文化 2. 文化传承 3. 文化自信 4. 以礼待人 5. 跨学科整合	1. 文化基础 2. 社会参与	演讲评比：由各组派代表进行演讲，比比哪组演讲得更有感染力。

附件 1

“这就是山西”子项目一计划表	
小组项目计划表	
项目名称	子项目一“印象山西”
计划时长	2 周
组长及成员	组长：　　　　　　成员：
项目任务及实施分配	1. 行政区划、表里山河、红色景点、文化遗址角度 ——由（　）名组员（　　　　　）负责 2. 物产资源、民间风俗、文化艺术、名优特产角度 ——由（　）名组员（　　　　　）负责 3. 绘制地图——由（　）名组员（　　　　　）负责 4. 制作 PPT，针对其中某项进行详细介绍——由（　）名组员（　）负责
预期项目成果	绘制“印象山西”地图，制作 PPT
教师建议	1. 参考学习用书《省情教育》 2. 查阅相关资料，注意资料来源的官方性和准确性 3. 合理安排时间，切勿沉迷网络

附件 2

“这就是山西”子项目二计划表	
小组项目计划表	
项目名称	子项目二“红色山西”
计划时长	3 周

（续表）

组长及成员	组长：　　　　　　成员：
项目任务及实施分配	1. 选择你喜欢的红色旅游景点，写一份推介词 ——由（　　）名组员（　　）负责 2. 确定旅行时间、费用和交通方式，设计旅游线路，制定一份“红色之旅日程安排” ——由（　　）名组员（　　）负责
预期项目成果	1. 红色景点推介词 2. 红色之旅日程安排
教师建议	1. 注意安全、有序互助；充分准备、注意环保 2. 遵守规则，文明出行

附件 3

“这就是山西”子项目三计划表	
小组项目计划表	
项目名称	子项目三“薪火山西”
计划时长	1 周
组长及成员	组长： 成员：
项目任务及实施分配	1. 从“信义”“坚韧”“创新”“图强”中选择一个角度讲述山西故事，撰写一份演讲稿 ——由（　　）名组员（　　）负责 2. 演讲展示 ——由（　　）名组员（　　）负责
预期项目成果	1. 撰写一份演讲稿 2. 演讲展示
教师建议	1. 思路清晰，认真准备 2. 注意演讲的规范性

作品点评

本作品立足新课标之要求：“增进中华民族价值认同和文化自信、具备热爱中华文化的情感”；以“山西本土文化”为切口，通过“印象山西”“红色山西”“薪火山西” 3个子项目的学习与探究，打破了教材的局限性，引入了本土化的学习资源，关注了学生所处的人文环境，让学生在熟悉的生长环境中从不同角度去重新认识、解读家乡。与此同时，在恢宏的历史文化面前，增强了学生对本土文化、中华文化的文化理解力，坚定了文化自信。

作品亮点：本作品设计的突出亮点是： 1. 知行合一、动态学习。文化专题涉及大量的文化常识，为此多数教师通常的处理方式都是“填鸭式”灌输，使得“丰富生动”的文化元素变得枯燥乏味，而作者则是通过项目化作业让学生亲历、体验整个学习过程，实现“做中学”，达到知行合一。 2. 创新作业、落地素养。作业设计紧紧围绕道德与法治的学科核心素养，涉及地理、语文、音乐、历史、美术等多学科内容，通过跨学科整合，充分体现了学科综合能力的培养。 3. 真实学习、实现价值。项目化学习价值取向的核心是真实学习。在本作品的设计上，特别是在“追寻红色山西之旅”这一子项目中，注重了真实任务情境之下的学生真实体验，通过项目学习的真发生，让学生在真实的文化体验中，提高“社会参与”的能力，使学生的家国情怀油然而生。

专家建议：一个完整的项目化学习应该是“学思并行，成果迭代”，遗憾的是在这个作品当中只有作者预期的项目成果，而未能有学生最终成果的展示，没能从真正意义上让项目落地。

基本政治制度

太原市杏花岭区第十一中学校　郭瑞红

电子作品扫码下载

特等奖作品

作品信息

作业类型	项目化作业
适用范围	统编版《道德与法治》八年级下册第五课第二框《基本政治制度》。
设计意图	1. 设置分层次作业，激发学生的作业兴趣。 2. 设计实践型作业，发挥作业的拓展功效。 3. 设计合作型作业，培养学生的合作意识。
设计目标	通过完成本作业，使学生进一步了解村民委员会的性质、产生方式、村民委员会的组织机构、主要工作以及村民自治的优越性，在参加社会实践中，进一步理解我国基层群众自治制度的优越性，同时，提高自己的社会实践能力、语言表达能力、团队合作能力以及人际交往能力，促进学生全面发展和核心素养的培育。
设计特色	本作业设计注重实践性、探究性，体现了分层作业和弹性及个性化作业的要求，学生可以根据自己的兴趣和实际情况从两个活动中选择自己擅长的活动完成，同时本作业设计注重紧密结合学生生活实际，由于我校是乡镇中学，学生基本都来自农村，学生可以通过采访或实地调查的方式，走进本村的村委会，了解村民委员会的性质、产生方式、村民委员会的组织机构、主要工作以及村民自治的优越性，在参加社会实践的过程中，学生真切地感受实行基层群众自治制度，发展基层民主，是实现社会主义民主政治建设的基础，真正地理解我国基层群众自治制度的优越性，理解中国的民主是人民民主，是社会主义的新型民主，人民当家作主是中国民主的本质和核心。
作业时长	周末两天内用一个小时小组合作完成

作业内容

中国的民主是人民民主，是社会主义新型的民主，人民当家作主是中国民主的本质和核心。在党的十九届六中全会审议通过的《中共中央关于党的百年奋斗重大成就和历史经验的决议》中，多处强调“发展全过程人民民主”。党的十八大以来，以习近平同志为核心的党中央积极回应人民对民主的新要求新期盼，团结带领人民发展全过程人民民主，使其在中华大地展示出勃勃生机和强大生命力。让我们走进村委会，真切地感受基层民主，感受我国基层群众自治制度的优越性。

请同学们从以下两个活动中选择自己感兴趣的活动完成。

活动一：我是小记者，报道基层民主

1. 为了更好地了解基层民主，请同学们以小组为单位，围绕下列问题或自拟问题，采访你的父母、亲友、村民或村委会主任、村委会的工作人员，等等。

（1）村委会的组织机构是怎样的？

（2）村委会的工作内容有哪些？

（3）你所在的村委会成员是怎样产生的？

（4）村党支部的组织机构是怎样的？村党支部是怎样产生的？

（5）村党支部与村委会的关系是怎样的？

（6）村民可以通过哪些形式参与本村公共事务和公益事业的决策与管理？

（7）你是否参加过村委会和居委会组织的会议或活动？回忆你印象最深刻的一次会议，说说会议上都讨论或解决了哪些问题。

……

2. 采访结束后，试着写一篇小报道。

要求：

（1）小组分工合作，小组长根据每个组员的能力，给组员分配明确的任务，比如：有的同学负责联系采访对象，有的同学负责准备采访工具，有的同学负责拟订采访问题，有的同学负责整理采访记录，撰写采访调研报告，等等，小组成员要协同配合完成本次采访任务。

（2）采访过程要注意倾听和记录，并把本次采访过程记录成视频或音频。

（3）多采访一些村民，努力使收集的素材更客观。

（4）采访报道要做到观点鲜明，层次清晰，有理有据。

活动二：走进村委会，感受基层民主

为了更好地了解村委会，了解基层民主，请同学们以小组为单位，利用节假日时间，去村委会参观。

1. 说说你在村委会看到了什么，把你看到的情况以照片、文字或视频的形式记录下来，和同学们交流。

2. 参观完村委会后，谈谈你的感受或启发。

3. 为了让本村发展得更好，请你为本村村委会提一些自己的建议。

特等奖作品

学生作品展示

活动一：我是小记者，报道基层民主

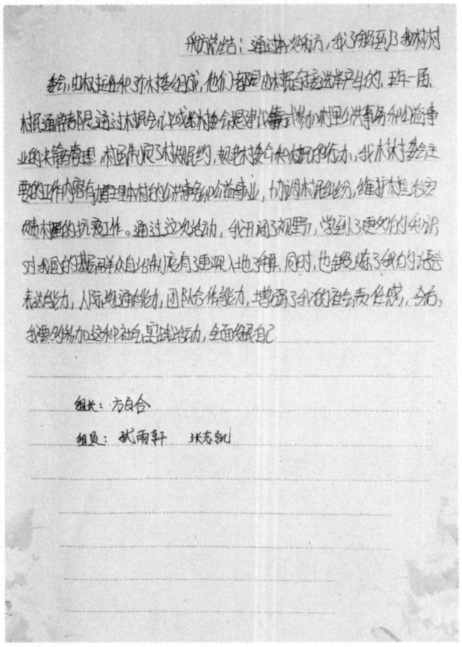
采访总结：通过这次采访，我了解到了我们村村委会，由村主任和3个村委组成，他们都是由村民直接选举产生的，五年一届。村民通常都是通过村民会议或给村委会提建议等方式参加村里公共事务和公益事业的决策和管理，村里制定了村规民约，规范村委会和村民的行动，我村村委会主要的工作内容有：管理本村的公共事务和公益事业，协调村民纠纷，维护村里治安，负责村里的抗疫工作。通过这次活动，我开阔了视野，学到了更多的知识，对我国的基层群众自治制度有了更深入地了解。同时，也锻炼了我们的语言表达能力，人际沟通能力，团队合作能力，增强了我们的社会责任感。今后，我要多参加这种社会实践活动，全面发展自己

组长：方百合

组员：武雨轩　张志凯

活动二：走进村委会，感受基层民主

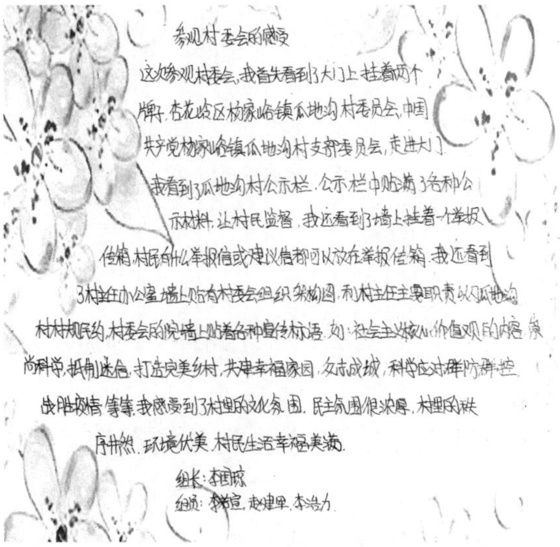
参观村委会的感受

这次参观村委会，我首先看到了大门上挂着两个牌子，杏花岭区杨家峪镇瓜地沟村委员会，中国共产党杨家峪镇瓜地沟村支部委员会，走进大门我看到了瓜地沟村公示栏，公示栏中贴满了各种公示材料，让村民监督，我还看到了墙上挂着一个举报信箱，村民有什么举报信或建议信都可以放在举报信箱，我还看到了村主任办公室墙上贴有村委会组织架构图，和村主任主要职责以及瓜地沟村村规民约，村委会的院墙上贴着各种宣传标语，如：社会主义核心价值观的内容，崇尚科学，抵制迷信，打造完美乡村，共建幸福家园，众志成城，科学应对群防群控，战胜疫情等等，我感受到了村里的文化氛围，民主氛围很浓厚，村里的秩序井然，环境优美，村民生活幸福美满。

组长：李国琼

组员：李裕宣，赵建果，李浩力

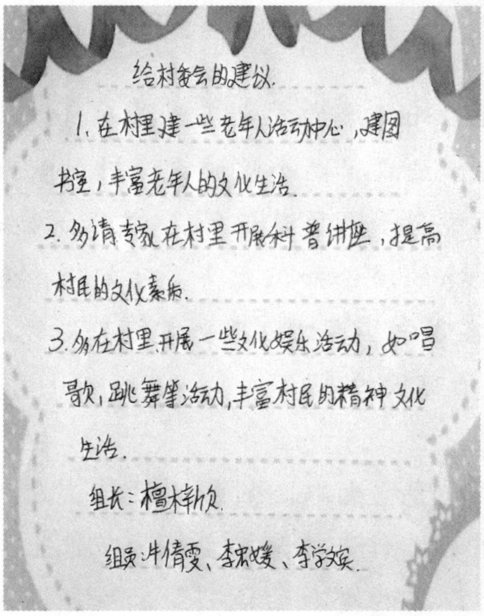

给村委会的建议

1. 在村里建一些老年人活动中心，建图书室，丰富老年人的文化生活。

2. 多请专家在村里开展科普讲座，提高村民的文化素质。

3. 多在村里开展一些文化娱乐活动，如唱歌，跳舞等活动，丰富村民的精神文化生活。

组长：檀梓欣

组员：牛倩雯、李宏媛、李学娱

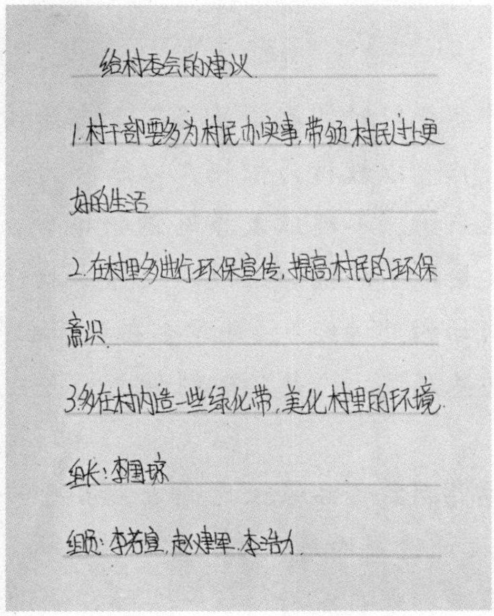

给村委会的建议

1. 村干部要多为村民办实事，带领村民过上更好的生活

2. 在村里多进行环保宣传，提高村民的环保意识

3. 多在村内造一些绿化带，美化村里的环境

组长：李国琢

组员：李若宣，赵建军，李浩力

作业效果

本次实践性作业，全班分为 4 个小组，学生参与的积极性很高，同学们自己选择感兴趣的活动完成，其中第 1 组和第 4 组选择了活动一，第 2 组和第 3 组选择了活动二，同学们利用周末时间进行了采访活动和参观村委会的活动，并且写了采访调研报告和参观感受，还给村委会提了自己的建议。通过本次实践活动，同学们对村委会的产生、村委会的组织机构、工作机制、实现村民自治的途径以及村委会与村党支部的关系有了进一步的了解，增强了社会责任感和爱党、爱国、爱家乡的情感，锻炼了社会实践能力、语言表达能力、解决问题的能力、团队合作能力。学生真切地感受到实行基层群众自治制度，发展基层民主，是实现社会主义民主政治建设的基础。由于本次作业是小组分工合作完成，学生也很感兴趣，因此有利于减轻学生过重的作业负担，有效落实了“双减”政策。

作品点评

本作品是针对“我国基层群众自治情况”而开展的学生实践活动。纵观整个作业设计，作者以教材为依托，以课标为依据，设置了两个螺旋式上升的实践活动，通过学生采访、参观以及撰写调研报告、参观感受、提建议等，变“抽象知识”应用为真实情境下的任务解决。让原本枯燥乏味的理论知识变得灵动起来，激活了学生参与活动的“神经”，让学生在参加社会实践中，真切地感受实行基层群众自治制度，发展基层民主，是实现社会主义民主政治建设的基础。

作品亮点：作品最大的亮点就在于——基于“生本”的作业设计。众所周知，“生本”设计追求的是学生为学习的主人。首先，作者在活动主题的节选上，顺应了“学生基本都来自农村”这一实际，故设计了“村委会的调研”的主题；其次，基于学生的个体差异，灵活设计弹性个性化作业，使不同的学生都能“有作业可做”，能“做好作业”。

专家建议：作业设计中的所有项目都应该指向本作业，唯有精准定位，才能真正达到“教学评”合一的效果。

老师 & 父母，想说爱你不容易

太原市志达中学校　马　蕊

电子作品扫码下载

作品信息

作业类型	项目化作业
适用范围	统编版《道德与法治》七年级上册第三单元《师长情谊》。
设计意图	本作业设计基于项目式学习的方式，真正让学生用所学知识解决生活中的实际问题，体现学以致用的理念。在此过程中既体现教师在角色上的主导作用，又充分给予学生合作探究的空间，不断在实践中发现问题、解决问题，将课标要求与学生素养同步落地。
设计目标	“老师 & 父母，想说爱你不容易——探寻与老师、父母相处之道”这一作业设计要让学生从自身的生活实际出发，发现自己与老师和父母在哪些问题上存在争议。针对这些矛盾，站在自己的角度去探究解决方法，然后征集老师、父母对这些问题的解决意见。在分析意见的基础上研究产生冲突的原因以及如何有效解决双方矛盾的做法，最后集思广益，将方法落实到行动中去，提升师生交往、亲子关系的质量。
设计特色	本作业利用项目式学习的方式，引导学生学以致用，发现并有效解决生活中出现的师生矛盾以及亲子矛盾，既在实践中达成了三维目标，体现了作业的价值，又渗透了学生核心素养的要求，培养了学生处理问题、协作沟通的能力。
作业时长	本次作业需要学生在学习本单元知识后，利用周末时间，小组合作完成，具体完成时间各小组根据自身情况确定。

作业内容

（一）问题提出

1. 现实依据

学生——进入初中以后，我们明显感觉到自己长大了，能够独立完成很多自己想要完成的事情。但是问题也随之而来，父母一如既往的管教和唠叨，老师的高标准、严要求，都使我们在压抑中成长，冲突时常一触即发。所以我们设置了本次项目式学习的主题，与父母老师一道，共同寻找最舒服的相处方式，让我们一同成长。

家长——在当代家庭中，孩子如何健康成长是最为核心的问题。作为父母，我们习惯性认为，孩子还小，事事需要我们照顾、指导和提醒。但显然进入中学阶段的孩子们正处于青春期，叛逆的性格致使他们很难听得进去父母的“教诲”，甚至认为无休止的“唠叨”让他们心烦，所以我们与孩子常常发生“战争”，甚至因为一些小事而闹得不可开交。我们也急切地希望寻找到与孩子沟通更好的方式，让家庭更和谐。

老师——人的一生是在不断交往中度过的，人生的不同阶段必然与一定的人群交往。学会与他人积极交往，是初中生健康成长的基本条件。对于初中生来说，虽然他们逐渐融入集体生活中，并开始与同学深度交往，但在成长中依然离不开老师和父母的帮助和指导。但是由于初中学生自我意识增强、思维能力发展迅速，家长与老师也常站在“长辈”的角度与孩子沟通，语言上的碰撞、内心的隔阂长期阻碍了老师、父母与孩子关系的发展。基于以上现实因素，引导学生主动发现问题，探究产生冲突的原因，从而触发内心的真实情感，最终在行动上解决双方的隔阂，是非常有必要的。

2. 课标依据

此次项目式探究学习的课标出发点是培养学生“交往与沟通”的能力，着力增强与教师的情感，学会与父母沟通，增强他们与老师、家人共创美好关系的意识和能力。

3. 教材依据

统编版《道德与法治》教材七年级上册第三单元《师长情谊》分别从师生关系、亲子关系两方面展现了这两种关系的特点、矛盾以及解决方向，为本次项目式探究学习提供了理论依据。

（二）项目描述

“老师 & 父母，想说爱你不容易——探寻与老师、父母相处之道”这一项目式探究学习就是要从我们自身的生活实际出发，发现自己与老师和父母在哪些问题上存在争议。针对这些矛盾，站在自己的角度去探究解决方法，然后征集老师、父母对这些问题的解决意见。在分析意见的基础上研究产生冲突的原因以及如何有效解决双方矛盾的做法，最后集思广益，将方法落实在行动中去，提升师生交往、亲子关系的质量。

（三）驱动问题

驱动问题：如何解决师生交往、亲子关系中存在的问题？

核心任务：

（1）发现师生、亲子交往中存在的问题；

（2）探究化解矛盾的方法；

（3）集思广益，将想到的方法落实在行动中。

（四）项目实施

1. 学生动手，引发思考

同学们首先针对本次的核心议题，根据自己的生活经历拍摄了一部小短片，启发大家对身边师生关系、亲子关系的思考。

2. 项目过程（本次作业设计内容）

（1）同学们自行分为 8 组，分别参与到 A、B、C、D 4 组问题调查、探讨中。

老师，想说爱你不容易（A 组）

	在学习上，你与老师有哪些分歧或冲突？	你是怎样认为的？/老师是怎么认为的？
关于作业方面（例如数量、要求等）		
关于处罚		
其他		

老师，想说爱你不容易（B 组）

	在学习上，你与老师有哪些分歧或冲突？	你是怎样认为的？/老师是怎么认为的？
关于课外补习班		
关于课堂学习		
其他		

爸妈，想说爱你不容易（C 组）

	在学习上，你与父母有哪些分歧或冲突？	你是怎样认为的？/父母是怎么认为的？
关于做作业方面（例如时间安排、学习方法、态度等）		
其他		

爸妈，想说爱你不容易（D组）

	在学习上，你与父母有哪些分歧或冲突？	你是怎样认为的？/父母是怎么认为的？
关于课外补习班（例如数量、时间、类型等）		
对待考试（例如对考试成绩的态度、考试复习的方法等。）		
其他		

（2）每组成员对自己的父母、老师进行问卷调查。

调查问卷

亲爱的家长朋友：

您好！

首先非常感谢您在百忙之中参与本次调研。此次调研旨在了解您对孩子教育方面的观念和态度。为确保个人隐私安全，本次调研采用匿名方式。诚挚地希望您翔实地表达自己的观点，谢谢！

1. 您的性别（打√即可）

①男　②女

2. 您的学历（打√即可）

①小学　②初中　③高中　④大学本科　⑤硕士及以上

3.（必答）您认为在学习方面，您跟孩子存在哪些冲突和矛盾？（可以从多个方面具体说明）

观念上的差异	具体表现	您解决问题的方法

小调查

亲爱的老师：

您好！

首先非常感谢您在百忙之中参与本次调研。为确保个人隐私安全，本次调研采用匿名方式。诚挚地希望您翔实地表达自己的观点，谢谢！

（必答）您认为在学习方面，您跟您的学生存在哪些冲突和矛盾？（可以从多个方面具体说明）

观念上的差异	具体表现	您解决问题的方法

（3）小组成员对问卷进行总结分析，针对第一个核心任务得出结论。

（4）进行课堂展示，每组派一名代表对本组的探究情况进行总结汇报。

（5）展示已经总结好的家长、老师们的调查问卷结果。（由老师进行汇总展示）

（6）综合老师、父母的调查报告总结，小组对核心任务二、三进行探究，并得出结论。

（五）项目小组反思评价

通过参与本次项目式探究学习，我们客观地审视了自己当下的师生关系、亲子关系，反思自己在处理师生问题、亲子矛盾中的不当之处，分享在活动中听到的有益观点，明确自己以后将如何发展高质量的师生关系、亲子关系。

（六）项目总结

学生——通过参与本次项目式学习探究活动，我们把生活中发现的亲子关系、师生关系的矛盾都总结出来，大家你一言我一语，纷纷发表观点。不论是“吐槽”还是“辩论”，思想碰撞的火花让我们重新审视三方在沟通交流上出现的问题。这次活动还提供了一个能让我们与父母、老师平等讨论的机会，大家都放下执念，袒露心扉，客观理性地分析问题，真诚地寻求解决问题的途径，这种状态是最让人舒服的。

家长——很高兴第一次听到孩子们能心平气和地对我们和老师进行“吐槽”，也很高兴孩子们能认真地听我们的看法和观点，有认可，也有辩驳，孩子们真的是长大了。我们也从跟孩子的交流中不断反思自己的问题，比如总是居高临下地教育孩子们，他们稍微做得不对就大加指责，他们反驳一句就被我们视为不尊重、顶嘴等等。所以在教育孩子的问题上我们还需要不断学习、成长。

老师——本次项目式探究学习旨在让学生走出“象牙塔”，在课本知识的引领下，直视真实环境中人与人交往的矛盾“痛点”，给予他们平台，大胆说出内心的真实想法；主动与老师、家长沟通，了解对方所思所想，综合各方意见，提出可行性的解决矛盾方法，培养了学生发现矛盾、总结观点、解决问题的能力。同时，让学生真切地感受老师的辛勤付出、父母的情真意切，既能理性地看待矛盾，也能从感性出发理解亲情的深沉，所以学生提出解决问题的方案一定是“有血有肉”的。虽然整个活动设计的初衷是好的，但是在执行过程中依然有一些不尽如人意的地方。比如在最后的小组反思评价环节，由于活动耗时比较长，学生们还要忙于学业，这个环节并没有很好地落实下去，有点虎头蛇尾。

学生作品展示

看看老师怎么说……

	在学习上，你与学生有哪些分歧或冲突？	你是怎样认为的？/学生是怎么认为的（或行动是怎样的）？
关于作业方面（例如数量、要求等）	1.作业的数量上 2.做作业的态度上 3.关于作业要求上	1.老师认为只要布置的作业都是有必要完成的，而学生认为作业太多。 2.老师认为从学生的书写能看出学生对作业的态度，要好好写字，态度才是端正的；学生认为有些作业写的比较快，字迹可能就不太好看了，有的觉得我的字本来就写的不好看。 3.老师认为每个学科都有自己的要求和方法，自然要把这些教给学生；学生认为规矩跟作业一样多，记不住。
关于惩罚	用什么方式进行惩罚	老师认为不论用什么方式惩罚，目的都是为了让学生记住自己的错误而不再犯；学生把惩罚当成了一种娱乐方式。
关于课外补习班	一谈课外补习班，满满的矛盾。	老师认为学生们应该合理的选择适合自己的课外补习班。但是学生们上的课外班数量太多，甚至不求质量，只听宣传的好去上，根本不管自己实际是什么情况。导致影响学校作业的完成，甚至误导学生，阻碍学校的正常教学；学生认为，都是妈妈让我上的……
关于课堂学习	1.关于自习课的使用方面 2.上课听讲状态	1.老师认为占用自习课（或阳光体育）是因为课时有所延误，补上课时是对学生负责；学生认为老师占用了自己活动和自习的时间。 2.老师认为上课就应该认真听讲，不能发呆或走神，更不能跟同学有语言和行动的交流；学生认为注意力不可能一直很集中，有时候可能因为有情况要小声说话，老师不能把这跟捣乱课堂的人相提并论。
其他	1.关于考试成绩 2.考试复习的方法 3.记笔记 4.有问题是否寻求老师的帮助	1.老师认为学生应该理性的看待成绩；学生只着急着关注成绩，后期讲评和反思都不太关注； 2.老师认为相对较简单的科目应该放在平时好好学，考试之前稍加复习即可；学生认为平时不用学的太费力，考试之前狂背就行。 3.老师认为第一需要按照要求记笔记，第二不仅老师写下来的要记，说到的重点自己也要主动记下来；有一部分学生笔记丢三落四，对于老师说到的重点能记下来的很少。 4.老师认为，有不懂不会的一定要来问老师；学生认为我自己能解决了，不需要多与老师有沟通。

看看爸妈怎么说……

	在学习上，你与孩子有哪些分歧或冲突？	你是怎样认为的？/孩子是怎么认为的（或行动是怎样的）？
关于做作业方面（例如时间安排、学习方法、态度等）	1.完成作业的效率和质量 2.完成作业的时间、顺序规划 3.对作业的指导 4.完成作业后的剩余时间如何利用	1.父母认为回家后要高效率高质量完成作业；孩子认为上学很累，回来要先休息一会再写作业。 2.父母认为做作业要有规划，不是随意的；孩子想做哪科就做哪科，无计划、无规矩。 3.父母认为毕竟孩子对有些知识理解不到位，可以适当地陪伴指导；孩子不喜欢父母对他的学习指手画脚。 4.父母认为做完作业还有一些时间，可以充分利用来多做一些习题；孩子一道多余的题都不愿意做，只想休息娱乐。
关于上课外补习班（例如数量、时间、类型等）	1.课外辅导班的种类、数量 2.对待课外辅导班布置的作业	1.父母认为课外班可以辅助学校学习，所以或多或少都会给孩子报；孩子普遍不愿意去。 2.父母认为辅导班的作业也是作业，要认真完成；孩子认为辅导班作业没人检查，可以不完成。
关于对待考试（例如对考试成绩的态度、考试复习的方法等）	1.对考试成绩的态度 2.考试复习策略 3.考后反思情况	1.父母认为，学习成绩很重要，但是反思错题更重要；孩子认为成绩很重要，因为妈妈认为成绩很重要，对于反思差不多就行了…… 2.父母认为，要合理安排复习时间，不要临时抱佛脚熬夜不睡觉；孩子平时上课不认真学，认为考试前突击一些科目是有效的。
其他	1.预习是否需要 2.学习目标的制定和落实 3.对于学习的重要性	1.父母认为，预习可以帮助第二天更好的课堂学习，孩子却认为没必要。 2.父母认为孩子不仅要制定目标，更要积极落实，而孩子热衷于制定目标，在实施时常打退堂鼓。 3.父母认为现在好好学是为了以后，孩子却意识不到。

作品点评

本作品以“项目化探究学习”的方式呈现，整个作业设计较为准确地理解了：“培养学生交往与沟通的能力，着力增强与教师的情感，学会与父母沟通，增强与老师、家人共创美好关系的意识和能力”这一课标要求，同时作业目标清晰，使作业成为达成教学目标的必要延续以及发展学生能力的有效训练。

作品亮点：作业利用项目化学习的方式，引导学生学以致用，发现并有效解决生活中出现的师生矛盾以及亲子矛盾，既在实践中达成了教学目标，体现了作业的价值，又渗透了学生核心素养的要求，培养了学生走向社会处理问题、协作沟通的能力。

专家建议：项目评价是项目化学习中不可或缺的一个指标。建议作者针对项目开展的不同阶段，制定相应的评价标准，进而通过项目评价，促进学生不断反思，让深度思维真正发生。

遵守社会规则

电子作品扫码下载

太原市第三十九中学校　曹云梅　安建如　冯雪卿

作品信息

作业类型	项目化作业
适用范围	统编版《道德与法治》八年级上册第二单元《遵守社会规则》。
设计意图	《义务教育道德与法治课程标准》（2022 年版）课程理念中指出：建立校内与校外相结合的育人机制，道德与法治课程教学遵循道德修养和法治素养的形成规律，突出学生主体地位，充分考虑学生的生活经验，通过设置议题，创设多样化的学习情境，引导学生开展自主、合作的实践探究和体验活动，帮助学生形成正确的价值观，涵养必备品格，增强规则意识，发展社会情感，提升关键能力，使他们在感悟生活中认识社会，学会做事，学会做人，把道德与法治教育的方向引领和学生发展有机统一起来。坚持校内教育和校外教育相结合，引导学生走出课堂、走出校园，积极参与社会实践活动，把知识运用于社会，服务于人民，强化学生的社会责任感，提高他们的社会实践能力。 《义务教育道德与法治课程标准》（2022 年版）学业质量描述中指出：要丰富学生实践体验，促进知行合一。教学要与社会实践活动相结合，加强课内课外联结，实现隐性课程与显性课程相配合。注重案例教学，选择、设计和运用个人和社会生活中的典型实例，鼓励学生探究、讨论，提高学生的价值辨析能力。 《山西省初中道德与法治作业设计与实施指导意见》中指出：实践性作业则需要学生通过接触或深入社会现实生活，从而获得某种积极的体验与感悟，特别是借此促使学生综合解决实际问题的能力，包括创新意识与能力，以及情感和素养方面均得到提高。 统编版《道德与法治》八年级上册第二单元《遵守社会规则》要求中学生积极适应社会的发展，理解遵守社会规则和维护社会规则对于社会稳定的重要性。我们真正要实现的是规则内化于心、外化于行。既要有知识的支撑，又要有情感态度价值观的提升，最后还要落实到实际行动中。 本次项目化学习作业是让学生走进社会生活，在社会交往中理解并践行规则。

（续表）

设计目标	情感态度价值观目标：通过深入公园了解游客对规则的遵守程度对公园秩序管理和卫生管理的影响，认识守规则的重要性，对规则的社会功能具有高度认同感，认同社会生活、社会秩序和社会规则三者密不可分，培养团队合作精神；进一步增强社会责任感、规则意识、培养学生的科学精神、责任担当、实践创新等素养。 能力目标：提高自我约束、自我遵守规则的意识，从他律走向自律，提高收集处理和运用信息的能力，锻炼人际交往能力等。 知识目标：理解规则、秩序、自由、自律等知识。
设计特色	以小组为单位，设计分层作业；作业周期为一个月，各小组完成作业的时间自己确定，可以是放学后，也可以是节假日，因各小组所擅长的内容、视角不一样，因此作业体现弹性化、个性化；本次作业为项目作业，必须亲自到公园实地进行考察、探究，并进行前期拍摄或排练，后期制作等才能完成，因此本作业注重实践性、探究性，也有一定的学科综合。
作业时长	本次作业为项目化作业，要完成一个完整的项目需要前期的准备，之后利用节假日时间去公园进行作业的完成，后期还需要视频的剪辑，作品的润色，小品的排练等，所以本项目作业周期为一个月，分配到每课时 10—15 分钟，所需时间共 90 分钟左右。

作业内容

问题：我们在公园时应怎样更好地做到有秩序、守规则、文明游园？请同学们结合所学知识，走进公园看看自己和游客是怎样遵守规则做文明游客的。

为完成好本次作业，请大家完成下列任务：

活动前的准备工作需要做些什么？

任务一：简单介绍迎泽公园，并说一说其日常举办哪些活动。

任务二：迎泽公园是怎样进行管理的？管理的依据有哪些？这些管理依据都属于什么领域（道德、法律、纪律）？

任务三：游园时，人们有什么样的行为出现（文明或不文明的具体表现，重点探究行为形成的原因以及文明行为的意义和不文明行为带来的危害）？对于不文明行为你如何劝说（拍摄劝说视频或小品）？

任务四：通过参与《我们的迎泽公园项目化学习》活动，你认为自己做得好吗？你收获了什么？谈谈你的感受。

任务五：我们在迎泽公园游园时怎样做到有秩序，守规则？

1. 写游客游园倡议书。

2. 给公园管理部门提建议，写建议书。

3. 制作游园规则小报。（游休闲娱乐公园、参观博物馆）

学生作品展示

活动前准备：（以某一小组的作品为例）

1. 活动人物：李同学、岳同学、纪同学、薛同学

2. 分配工作：

李同学：PPT 拍摄　　岳同学：倡议书、拍摄、小品演员

纪同学：小报、记录活动过程　　薛同学：准备活动、拍摄、小品演员

3. 活动时间和集合地点：5 月 14 日下午 6 点放学后，在迎泽公园南门集合。

4. 活动路线：小组人员在公园南门集合后，顺着月季花花池一路走到玫瑰园，左拐到湖边后过桥，再右拐，沿着湖边的小路到池越忠纪念碑旁边的小路上，开展项目化学习的活动，活动结束后原路返回到南门。

5. 物品准备：水、手机、笔记本。

6. 小品准备：一个塑料瓶、两团废纸；编剧：岳同学、薛同学。

7. 小品拍摄：李同学。

8. 纪同学用笔记本记录活动过程，最后汇总给薛同学。

做好“三要”“三不要”：

1. 在进行活动时，要穿舒适的运动鞋，以免出现不适。

2. 准备充足的水，带应急物品，如创可贴、医用酒精以及碘酊。

3. 听从组长的指挥，以免迷路，保管好自己的物品。

4. 在活动过程中不要破坏公共设施，严禁踩踏草坪及各种植物，不乱扔垃圾。

5. 在活动中不要麻痹大意，有自我保护的意识。

6. 不要在活动过程中与同学发生争执，如果有分歧，及时与组长沟通，由组长解决。

任务一：写迎泽公园简介

> 迎泽公园，因位于古太原城门附近而取名。它居于市中心宽阔的迎泽大街中段，交通便利，视野开阔，是太原市内最大的公园。迎泽公园总面积达 666900 平方米，迎泽湖水面占总面积的三分之一，分成南、北、中三个部分。中湖东侧，长廊蜿蜒，长达 150 米的廊式木构建筑雕梁画栋，具有鲜明的民族风格，十分美丽。中湖南面，假山堆砌。假山脚下，水榭伸至湖心。迎泽湖上，桥梁横跨，游船点缀，颇有生气。（围绕迎泽公园写出介绍即可）

任务二：管理依据：《迎泽公园游园守则》《太原市文明行为促进条例》《中华人民共和国治安管理处罚法》等

任务三：

（1）不文明行为：例如，随地吐痰、攀花折木、践踏草坪……

（2）不文明行为产生的原因：道德水平比较低、法律意识淡薄，文明意识、环保意识、规则意识较差等。

（3）不文明行为的危害：

对自己：影响自身形象，得不到别人的尊重，受到道德的谴责，甚至法律的制裁。

对他人：不尊重、甚至侵犯他人的合法权利。

对社会：影响环境卫生，妨碍公共管理、公共秩序，甚至损害国家形象；不利于形成良好的社会风气，不利于构建和谐社会。

（4）对于不文明行为的劝说：

注意：

有"礼"：劝导他人时先称呼对方，语言文明，态度和善。

有"理"：劝导时要晓之以理、动之以情。用对方能够接受的方式告诉他：不能做什么，应该做什么，以及为什么要这么做，不能简单、粗暴。

有"节"：劝导时要注意适可而止。劝导无效时，可以向公共场所的管理机构或管理人员反映情况。如人身安全受到威胁时，要机智地向他人求助，或拨打110报警电话。

任务四：在帮助我们理解知识的同时，还拓展了我们的视野，增长知识和见识；促进我们观察、分析、解决问题的能力以及人际交往的能力不断提升；等等。（言之有理即可）

任务五：

市民文明游园倡议书

亲爱的市民、游客朋友们：

迎泽公园是市民观光、休闲、娱乐，提高广大市民幸福感和获得感的场所。随着游客的日益增多，文明游园行为受到普遍关注。营造文明、和谐、舒适的游园环境，是我们义不容辞的责任。为此，我们向广大市民、游客发起倡议：

一、共同战胜疫情。按1米线有序排队，不扎堆、不聚集，游园时全程佩戴口罩、保持合理距离。

二、遵守公共秩序。服从管理、有序排队，不拥挤、不打闹；不将除残疾人轮椅、婴儿车外的其他车辆驶入园内；不携带宠物和易燃易爆危险物品入园。

三、爱护园区环境。不踩踏草坪、攀折花木、采摘花果、私挖野菜，不随地吐痰、乱扔乱弃垃圾，不向水域内投掷废弃物，不随意搭帐篷、吊床。

四、爱护园区设施。不在园内建筑物、自然景物及各类设施上涂写、刻画、张贴；不损坏路灯、凉亭、标识牌、公益广告牌等公共设施。

五、文明健身活动。不噪音扰民，不野泳垂钓。

六、树立文明形象。使用文明用语，不袒胸赤膊，不大声喧哗，不在座椅上躺卧，不随地吐痰，不乱扔烟头，不随意翻越栅栏、绿篱。

希望大家积极行动起来，恪守公德、讲究文明礼仪、遵守规则、文明游园，为太原市创建全国文明城市贡献力量。

倡议人：太原市第三十九中学项目学习小组

2021 年 5 月 28 日

建　议　书

尊敬的太原市迎泽公园的领导：

你们好！

我们是太原市第三十九中学校《我们的迎泽公园——游园有秩序　守规则》项目化学习小组的成员，我们在迎泽公园进行项目学习活动的过程中，发现我们太原市迎泽公园环境优美，游客的文明素养有很大提高。但是也发现一些问题，比如：游客在公园游园时，有随地乱扔垃圾、攀花折木、攀爬树木的现象，还有在湖边钓鱼、跑步裸露上身等不文明行为。为使我们的公园环境更加优美、舒适、健康，提高我们太原市民的获得感、幸福感，为此，我们特向贵公园提出如下建议：

1. 加大公园管理力度，采取切实可行的管理措施，建立一支监管队伍，对违反公园管理的行为及时予以劝阻和教育。监管队伍成员可以由公园的清洁人员和保安人员组成。

2. 公园的清洁尤其是夏天的浇水工作，容易造成塑胶跑道积水，是否可以避开早晨游客锻炼的高峰期，改为中午进行。

3. 迎泽公园面积大，树木种类繁多，是否可以在不同的地方多增加一些树木标识牌，加强对公园树木的科普。

4. 除保持公园内良好环境卫生外，应组织人员及时打捞湖面漂浮垃圾。

5. 公园内夜间行人很少，可以适当地分时段减少灯光数量，降低电能消耗。

希望我们的迎泽公园越来越好。以上建议，如有不妥，敬请谅解。

太原市第三十九中学校项目学习小组

2021 年 5 月 28 日

评价指标

本次项目化学习的评价内容包括知识性评价，也包括能力的提高和情感态度价值观的落实。

具体评价内容有：项目化学习小组活动记录表、项目化学习活动小组自我总结、项目化学习活动小组成员评价表（包括自我评价和小组评价以及指导老师的评价）。

一、项目化学习活动记录表

时间		地点	
参加人员			
活动内容（目的、方式、过程）：			
活动体会或收获：			
指导教师意见：			

二、项目化学习活动评价表

项目完成时间		年　月　日			
项目完成成果（包括过程性和终结性成果）					
小组评定时间			教师评定时间		
小组长签字			指导教师签字		
项目化学习课程成绩					
小组成员	姓名	评价等级			
		A	B	C	D

注：评价等级分为4个

A：内容完整，能紧密结合学科知识，能很好体现本单元学习目标。（5分）

B：内容较完整，能紧密结合学科知识，能体现本单元学习目标。（3分）

特等奖作品

C：内容较完整，能结合学科知识，能体现本单元部分学习目标。（2 分）

D：以上都不能很好体现。（0 分）

三、项目化学习活动小组自我总结

组别	
成员	

注：简单总结小组在项目化学习活动过程中的参与情况，做了哪些工作，受到的启发、体会、感悟，存在的问题及改进方向。

作品点评

本作品作业目标清晰，精准解读教材内容，准确理解课标要求和蕴含的学科素养，作业设计关注学生差异，分层设计，既保障了全体达标的底线，也促进优生的发展，具有基础性与发展性；作业适量，难度预估符合实际，体现“双减”政策的落实；开放问题的设计，使得学生可用更自主的方式进行探究。

作品亮点：本作业通过做项目的方式，用任务驱动学生自主学习。设计者结合教学任务，在学生亲历的现实社会实践情境中，以系列任务为导向，层层推进，引导学生理顺每一项任务，明晰每一项任务的指向，并最终在与社会交往中理解践行规则。从真正意义上实现学生在活动中“活”而有向，“动”而有得。

专家建议：建议进行项目化学习的时候，在强化学生实践能力的同时不要忽视基础目标的达成。

跟着总书记话山西

山西省晋城市泽州县高都镇中学　侯娇娇

电子作品扫码下载

作品信息

作业类型	项目化作业
适用范围	统编版《道德与法治》九年级总复习。
设计意图	本次作业围绕习近平总书记考察调研山西展开。通过发散思维，寻找关键词，绘制思维导图等方法，进行合作探究，从而考查学生对时政热点的关注，培养学生良好的学习方法以及关注社会生活，关注自我成长的良好品质。
设计目标	1. 了解山西特色文化、山西省情、山西民生、山西转型发展等相关知识。 2. 通过对文件精神的领悟，培养学生的自主学习能力以及合作探究能力。 3. 加强对时政热点的关注，并能把其中的精神与课本知识点相联系，从而坚定“四个自信”。
设计特色	本次作业体现个性化，重实践性、探究性，符合“双减”政策的要求。
作业时长	20 分钟

作业内容

2022 年 1 月，在春节即将到来之际，中共中央总书记、国家主席、中央军委主席习近平来到山西，看望慰问基层干部群众。（具体材料省略）

自主阅读材料原文。通过合作探究形式完成下面任务。以四人小组为一个单位，共同完成。

任务一：认真研读材料

操作说明：准备一张白纸，记录材料中出现的关键词。可以单独完成然后再小组整合，也可以多人交流，一人记录。（此项可自由选择）

设计意图：锻炼学生提炼关键词的能力，从而把知识化繁为简，学会抓重点，直入主题。同时小组合作完成可以培养团队精神，这是新时代青少年必须具备的能力之一。

任务二：大胆整理材料

操作说明：在上一项任务中所写出的关键词中任选 2 个进行发散思维，联想可

以联系的关键词，然后制作思维导图。（需要小组内分工合作，联想到的关键词尽可能出自教材）

设计意图：关键词为“点”，那么思维导图就是“线”，引领学生展开头脑风暴，开发其创新能力。同时动手制作思维导图的过程也有助于培养学生的动手能力以及合理布局规划能力。

任务三：深刻领悟材料

操作说明：通过上一项任务的完成，快速回忆整理相关知识点，大胆回答下面的问题，并用纸笔记录。（要求：用最简单的方法展示答案）

（1）总书记去了山西哪里？视察了什么？简述总书记此次山西之行的意义。

（2）针对山西转型发展你怎么看？

设计意图：有前面的“点”和“线”的铺垫，成为“面”不会太难。这项任务强调用最简单的方式呈现答案，是为了让时政更加生活化，便于学生理解。这样易于激发学生对时政热点的关注，从而让关注时政成为学生生活的常态。

学生作品展示

任务一：略。

任务二：（参考思维导图，所选关键词不固定）

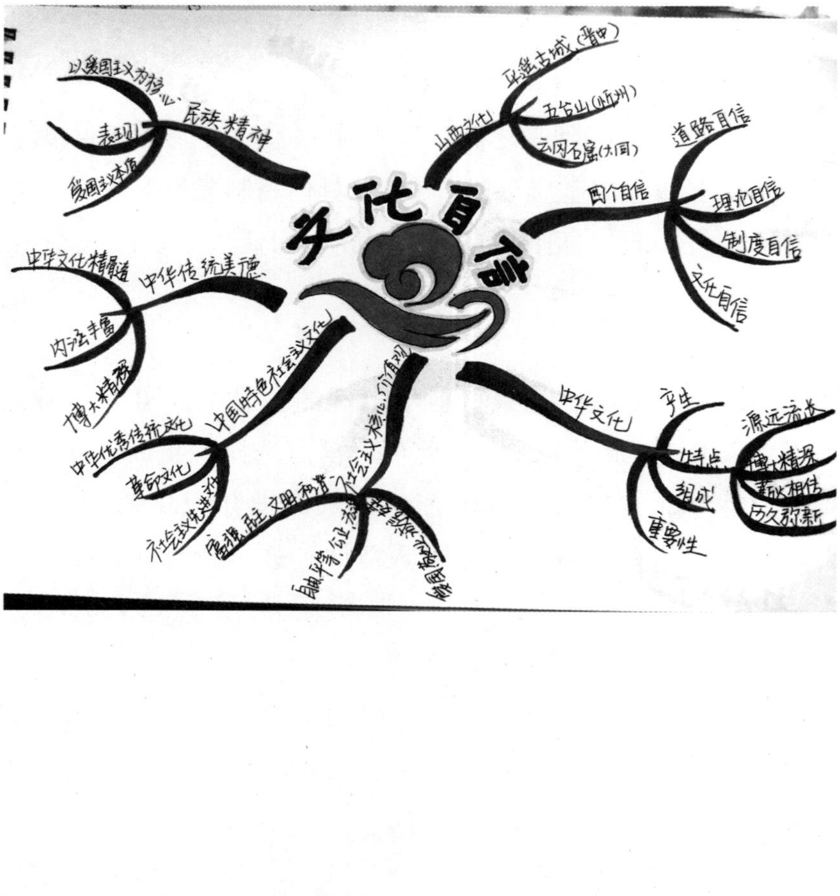

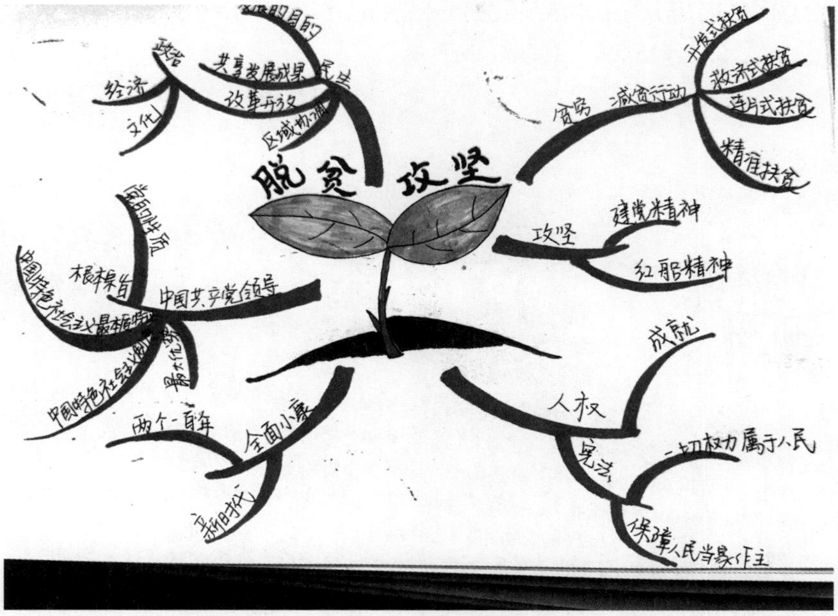

脱贫攻坚
经济
文化
共享发展成果
改革开放
贫穷
减贫行动
开发式扶贫
救济式扶贫
连片式扶贫
精准扶贫
攻坚
建党精神
红船精神
中国共产党领导
成就
人权
宪法
一切权力属于人民
保障人民当家作主
两个一百年
全面小康
新时代

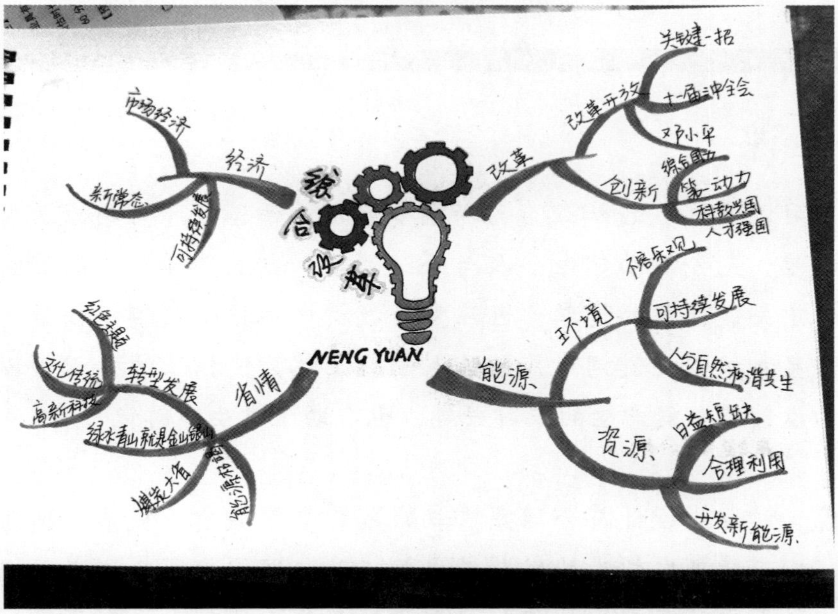

市场经济
经济
新常态
改革
改革开放
关键一招
十一届三中全会
邓小平
创新
第一动力
科教兴国
人才强国
NENG YUAN
能源
环境
可持续发展
人与自然和谐共生
资源
合理利用
开发新能源
省情
转型发展
高新科技
绿水青山就是金山银山

任务三：（需要集思广益，大家说，一人记录）

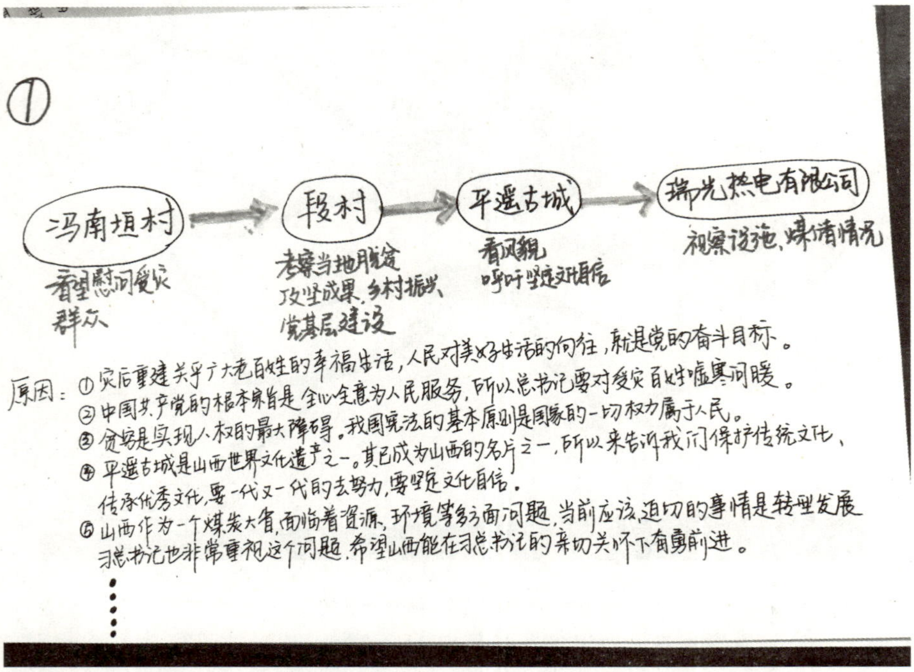

作品点评

本作品以习近平总书记2022年春节前夕慰问山西基层干部群众为背景材料，展开深入探究学习，充分调动学生个人与小组互动，自主选择与统一安排相结合，既注重背景材料中关键信息的提取，也注重与教材中的核心关键词衔接，再通过思维导图把关键信息和核心关键词对应，让人一目了然，使枯燥的知识得以生动活泼地呈现，这样的设计能激发学生的学习兴趣，也有助于学生理解记忆。

作品亮点：该作业设计符合国家“双减”背景下减负、提质、增效的要求，创新作业方式，能有效激发学生的发散式思维，采取思维导图的方式呈现既有助于学生个性的张扬，也有助于学生构建知识之间的联系，达到由点到线再到面的目的，形成相关知识间的一张网。

专家建议：该作业设计中主要是宏观层面的呈现，还可以就其中的某一点展开深入探究，如以平遥古城展开的世界文化遗产探究，加深学生对我国优秀传统文化的认识，从而增强文化自信，这样不仅注重了知识的广度，同时也兼顾了知识的深度。由于学生完成作业的时间有限，在具体操作中可以让不同的组别分担不同的任务，小组完成之后再以组交换，相互补充完善，这样既培养学生的团队合作意识也能起到共享交流的作用。

第二类　单元作业设计

师长情谊

太原市平民中学　何　祥

电子作品扫码下载

特等奖作品

作品信息

作业类型	单元作业
适用范围	统编版《道德与法治》七年级上册第三单元《师长情谊》。
设计意图	“以学生发展为本”是我国目前教育形式下的核心理念，激发学生的学习兴趣，应是当前教学工作的关键所在。 本单元的作业设计采用采访记录的实践性作业与制作思维导图的提升性作业的方式，充分体现了尊重学生的个性，较好地抓住了学生的兴奋点，使学生把被动作业变成主动作业，由过去讨厌作业变为现在的喜欢作业。并且，本单元的作业设计也紧扣道德与法治学科的特点，从学生的学习特点，学习需要出发，注重学生的社会主义核心价值观的培养和实践活动的实施，达到提高学生道德与法治素养的目的。
设计目标	1. 学生近距离和老师接触，深入了解老师的工作生活，观察到老师从早到晚一直陪伴着学生，甚至在老师亲人住院等的情况下，依然首先想到的是自己的学生，此情此景，学生们情不自禁地就会对老师产生尊重与爱戴的情感，可以有效落实尊师敬长的情感态度价值观目标；同时学生在参与小组活动中也能分工合作，服从安排，培养学生的团队精神。 2. 通过绘制思维导图，学生对本节课知识的理解与运用能力会有很大提高，同时学生做作业时也不会感到无趣。学生们有思考地涂画，激发了学生学习的热情，并且挖掘了学生的潜能。学生们之间相互借鉴、对比，促进学生学习的劲头，产生了令人愉悦的成就感。

（续表）

设计特色	作业设计为单元作业、实践性与合作性相结合的多样化形式的作业。 学习本单元前，学生分为两大组。一组学生走近老师，采用视频或笔记的方式记录自己任选的一位科任老师一天的生活与工作情景；另一组学生走近父母，记录父母在家和工作岗位的场景。从学生对老师与父母的记录中，观察发现之前未曾关注的细节，体会老师和父母每一天的辛苦与付出，进而从内心深处产生对老师以及对父母的尊重与爱戴，充分体现学生核心素养目标中社会参与、孝亲敬长、有感恩之心的目标，为学习本单元奠定了情感基础，基本实现了情感态度价值观目标。 布置绘制本单元思维导图，对知识进行完整体系的建构，这为每一位学生创造了良好的学习机会，有助于培养学生归纳整理的思维能力。激发学生的学习热情和创造力。 总之，两个作业设计互为补充，相得益彰，既实现了知识的落实与梳理，提高了学生对知识的完整建构，也使学生对老师与父母有了近距离的了解与认识，从内心深处实现了自我教育，真正落实了核心素养的要求。
作业时长	作业一：实践作业，依据实际情况而定，建议为半天时间。 作业二：预估 25 分钟。

作业内容

作业一：预习作业，记录老师或父母一天的工作和生活的情景

要求：

1. 全班分为两大组，一组（第 1、2、3 小组）记录老师的生活和工作情景；另一组（第 4、5、6 小组）记录父母的生活与工作情景。

2. 利用周六、周日时间到科任老师家做客（各小组组长合理安排分工，如与老师约定时间、集合地点等事项）或利用平时课后时间记录老师工作时的情景，做好相关记录。

3. 利用平时点滴时间记录父母的工作、生活情景。

4. 记录方式可以采用视频或文字方式来进行。

5. 活动结束后，请各小组完成以下记录表格：

《师长情谊》作业设计记录表

班级：

	记录老师让我感动的瞬间	我的感悟	“尊师敬长”我要这样做
第 1 组			
第 2 组			
第 3 组			
	记录父母让我感动的瞬间	我的感悟	“尊师敬长”我要这样做
第 4 组			
第 5 组			
第 6 组			

作业二：制作《师长情谊》单元思维导图

要求：

1. 突出主题、大小适中、颜色鲜明，有创新。
2. 关键词和短句提炼概括准确。
3. 色彩丰富，视觉效果好。
4. 问题考虑比较全面、完整。
5. 思路清晰，层次分明，深度适中。

作业解析

作业一：预习作业，记录老师或父母一天的工作和生活的情景

评价等级	具体评价细则
优　秀	记录内容认真、完整，有强烈的真情实感，全部组员在整个活动过程中积极主动，能与他人很好地合作，有成功感；分工明确，活动完成好。
良　好	记录内容较完整，不够详细，有一定的真情实感，部分组员在整个活动过程积极主动，能与他人合作，分工较合理，活动完成较好。
合　格	记录内容简单，活动兴趣较低，但能参与整个活动过程，能与他人合作，分工不太明确，活动完成一般，有欠妥之处。
不合格	不愿参与活动。

作业二：制作《师长情谊》单元思维导图

评价等级	具体评价细则
优秀	突出主题、大小适中、颜色鲜明，有创新；关键词和短句提炼概括准确；色彩丰富，视觉效果好；问题考虑比较全面、思路完整清晰，层次分明，深度适中，能体现独立的思考。
良好	绘图使用单一颜色，简洁，字迹工整；内容较完整，条理清晰，主题较突出；图文并茂，疏密较相宜，给人简单明了的感觉，较有创意。
合格	绘图简单；内容不够完整，条理较清晰，主题不太突出；基本上是书中目录部分，无创意。
不合格	未完成思维导图。

学生作品展示

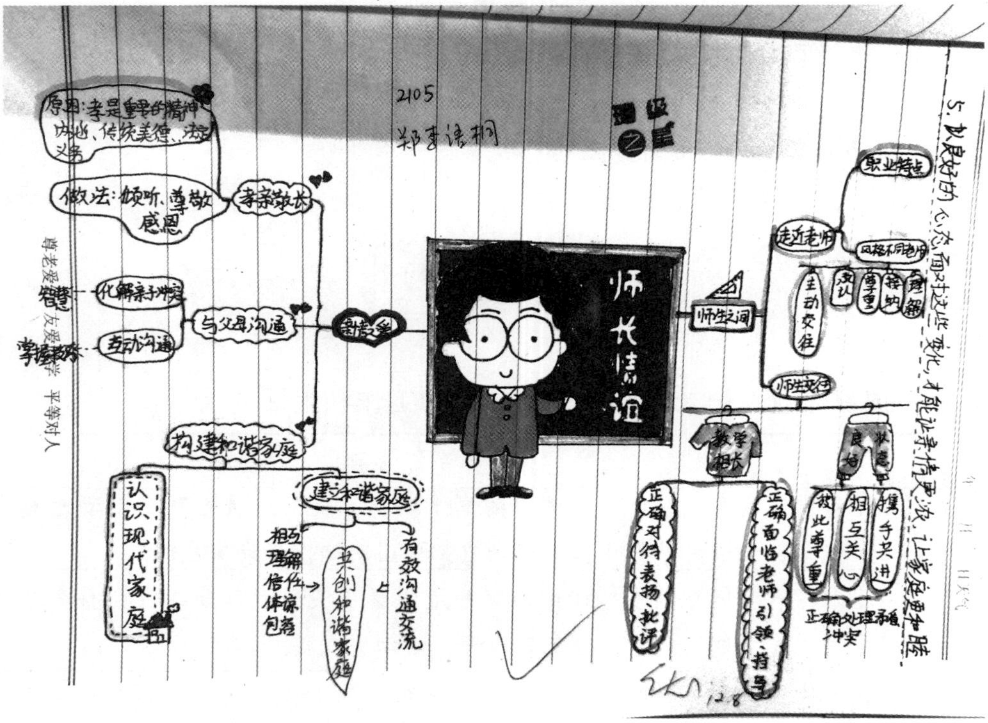

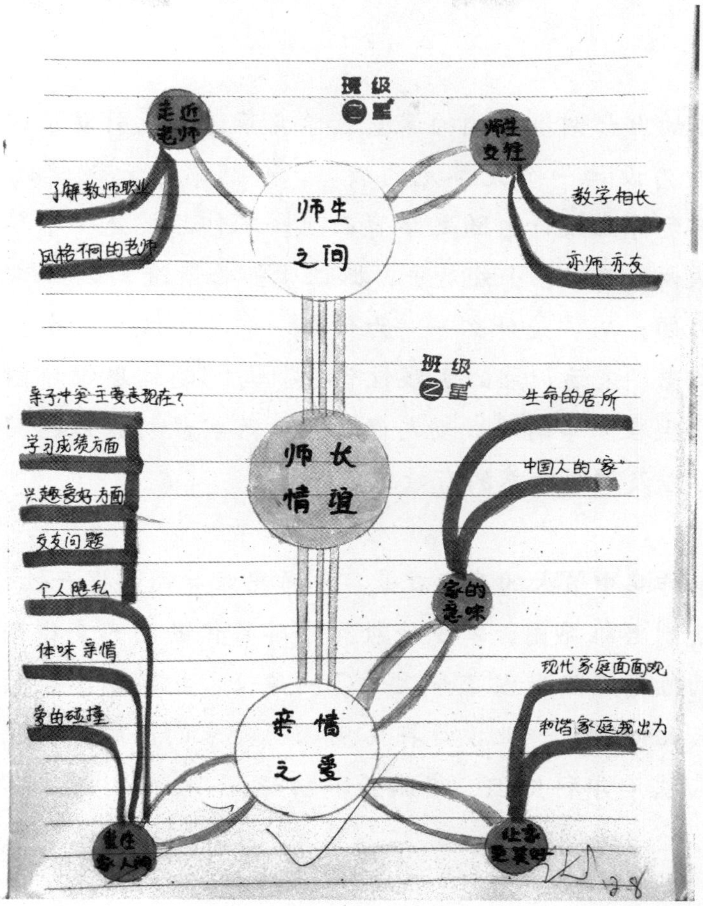
班级之星
走近老师
师生交往
了解教师职业
风格不同的老师
师生之间
教学相长
亦师亦友
班级之星
亲子冲突主要表现在？
学习成绩方面
兴趣爱好方面
交友问题
个人隐私
体味亲情
爱的碰撞
师长情谊
生命的居所
中国人的"家"
家的意味
现代家庭面面观
和谐家庭我出力
亲情之爱
让家更美好

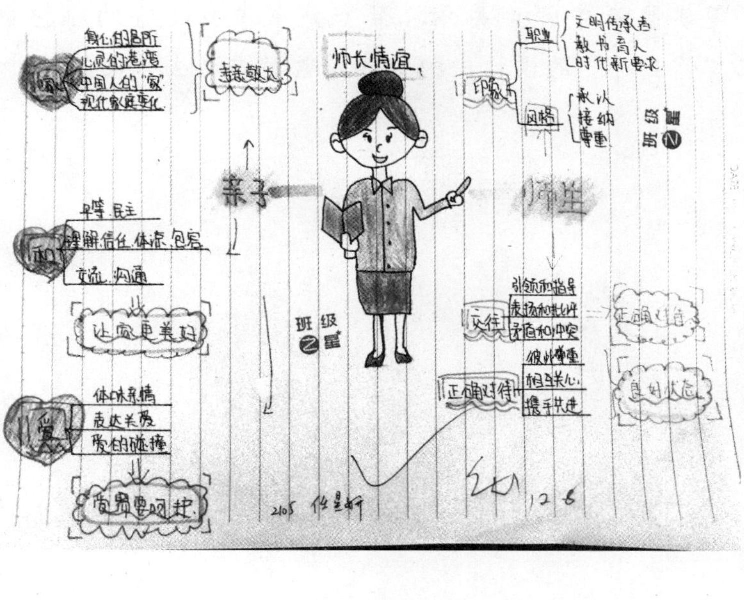
心灵的港湾
中国人的"家"
现代家庭变化
家
师长情谊
职业
文明传承者
教书育人
时代新要求
印象
风格
接纳
尊重
班级之星
亲子
师生
平等 民主
理解信任 体谅包容
交流 沟通
和
让家更美好
班级之星
交往
引领和指导
彼此尊重
相互关心
携手共进
正确对待
体味亲情
表达关爱
爱的碰撞
爱
需要呵护

作品点评

学科核心素养的出台倒逼我们的课堂教学变革，由此引发了课堂教学要从一个知识点或课时转变为设计一个大单元的教学，伴随着单元教学成为我们教学的常态，与之配套的单元作业设计也随之孕育而生。本作品就是一个单元作业设计的范例。作品中作者从大处着眼、小处着手，抓住《师长情谊》这一单元“与教师、父母相处”的核心问题，从“是什么——为什么——怎么做”三个角度梳理教材、整合单元知识，建构出“采访记录的实践性作业”与“制作思维导图的提升性作业”的作业体系，让学生在“学与思、动与做”中，落实教材知识的同时，促成学生归纳整理的思维能力以及学科素养的有效达成。

作品亮点：本作品中最大的亮点就是“制作思维导图的提升性作业”，通过学生动手且有思考地绘制思维导图，不仅使教材中碎片化的内容变得形象直观、简明且具有连贯性、全面性，而且激发了学生学习的热情，挖掘了学生的潜能，提升了学生的美育能力。与此同时，作业设计在落实课标要求的同时，实现了跨学科整合，即学生立足道德与法治学科知识，借助美术功底，“合力”解决“与教师、父母相处”的核心问题。

专家建议：现实生活中师生关系、亲子关系中有甜蜜的碰撞也有不愉快的冲突，建议作者在“作业一”的设计中把这些元素考虑进去，使其设计更加完整。

维护国家利益

太原市第十五中学校　王宇姣

电子作品扫码下载

作品信息

作业类型	单元作业
适用范围	统编版《道德与法治》八年级上册第四单元《维护国家利益》。
设计意图	1. 落实“双减”政策，减负增效统筹作业。 2. 对标课程标准，精准定位作业目标。 3. 对接核心素养，精心策划作业反馈。 4. 匹配学生需求，分层设计作业内容。
设计目标	作业内容力求层次分明，针对性强。在帮助学生巩固知识，提升能力的同时，帮助教师检测教学效果、精准分析学情、改进教学方法。具体而言： 1. 基础知识型作业：旨在帮助学生夯实基础，及时复习，使学困生逐渐跟上进度，从作业中增强自信心。 2. 能力提升型作业：旨在巩固所学，促进学生学习方法改进，挑战最近发展区，从完成作业中获得成就感。 3. 挑战探索型作业：旨在发展学生多元智能，提升实践技能，挖掘多方面潜能，从完成作业中落实核心素养。
设计特色	1. 作业内容、形式多元。 2. 作业数量、难度分层：落实“双减”政策，在控制作业总量和时间的前提下，依据不同学生发展水平，分层设计作业内容，不同类型的作业均略高于学生原有知识水平，遵循层层递进的原则。
作业时长	（下面为书面完成预估时间，开放实践部分时间灵活） 书面作业总时长约 60 分钟，具体到每个学生必做题时长约 40 分钟。 一马平川过基础——20 分钟。 山长水阔提能力——25 分钟。 独上高楼迎挑战——15 分钟。

作业内容

作业一：一马平川过基础（A 组学生全必做，B 组学生必做第 5 题）

（设计意图：巩固基础知识，培养学生获取和解读信息、辨析与判断的能力）

1. 学完《维护国家利益》这一单元之后，小慧在日记本上写了如下三个观点。其观点对吗？如不对，请改正。

（1）国家利益是一个主权国家在国际社会中的生存需求，它包括国家主权、国家安全、领土完整、国家统一、宪法确立的国家政治制度和社会大局稳定、经济社会持续发展的基本保障。

（2）有国才有家，国家利益至上，国家利益是个人利益的集中体现，国家利益与个人利益高度统一。

（3）国家安全是人民幸福生活的前提，我们必须坚持总体国家安全观，以人民安全为宗旨，以经济安全为根本，政治安全为基础，以军事安全为保障，以促进国际安全为依托，走中国特色国家安全道路。

2. 下图是有关概念或外延的关系图。下列选项与之相一致的一组是　（　　）

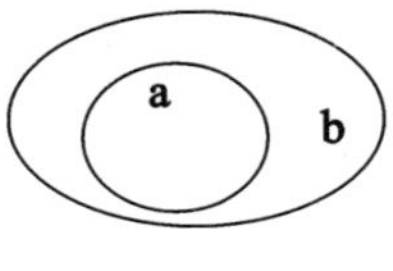

①a 法律　　　b 道德

②a 社会规则　b 纪律

③a 人民利益　b 国家利益

④a 国家安全　b 国家利益

A. ①②　　B. ②③　　C. ②④　　D. ①④

2022 年北京冬奥会开幕式上，由数百名小朋友手持和平鸽模型灯笼表演的节目《闪亮的雪花》让许多网友在感动之余看到了一层“深意”。有人说“一鸽都不能少”象征着盼望台湾早日回到祖国母亲的怀抱。针对“台独”分子在 2022 春节假期不断升高两岸对立的做法，2 月 24 日我国国防部发言人称：“台独”挑衅一日不止，中国人民解放军捍卫国家主权和领土完整的行动一刻不能停、也不会停。

3. 中国人民解放军的行动告诉我们　（　　）

A. 以实际行动维护国家安全，坚决同一切损害国家利益的行为作斗争

B. 维护国家安全是每个公民的权利，也是热爱祖国的具体表现

C. 坚持国家利益至上，为了国家利益，一定要放弃个人的利益

D. 加入人民解放军的光荣行列才能维护国家安全、荣誉和利益

4. 针对右图漫画中人物的行为，下列说法错误的是　（　　）

A. 爱国不是攻击谩骂自己的同胞，而应努力为国家建设贡献力量

B. 在世界经济紧密联系的今天，粗暴的抵制并非良策

C. 坚持国家利益至上，更应合法有序的表达爱国之情

D．我们要向他们学习，只要是出于爱国的任何行为都应该被赞扬

5．学习了《维护国家利益》之后，小慧对国家利益和人民利益的关系有自己的理解，画了两幅思维导图来表现二者的关系。请你将这两幅思维导图补充完整。

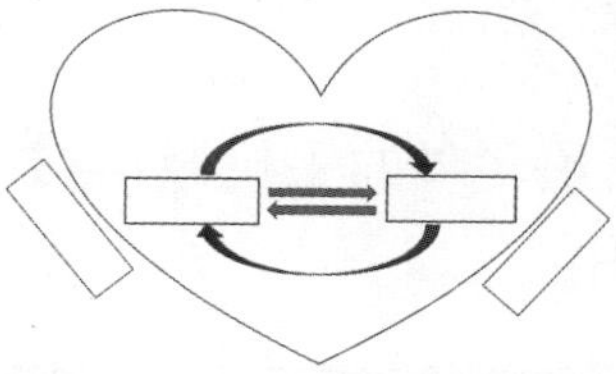

作业二：山长水阔提能力

［A组学生必做6（1）—6（3），B组学生全必做，C组学生必做6（5）］

（设计意图：拓展知识，培养学生学以致用，解决综合性问题的能力。）

6．八年级（3）班同学在学习完《维护国家安全》这一单元之后，班内开展了相关知识趣味挑战，请你也来挑战自我吧！

（1）我国的全民国家安全教育日是每年________月________日，国家安全举报电话是________。

（2）列举与维护国家利益有关的法律名称：__________________。

（3）目前我国的国家安全包括16个方面的基本内容，请你将横线补充完整：

国家安全的内容包括政治安全、国土安全、军事安全、经济安全、文化安全、社会安全、科技安全、网络安全、生态安全、资源安全、核安全、________、________、________、________、________。

（4）下列图片所涉及的内容属于国家安全体系的哪一方面，请你写在图片下方对应的位置。

（　　　　）

（　　　　）

（　　　　）

（　　　　）

(　　　　)　(　　　　)　(　　　　)　(　　　　)

（5）面对致命考验，你能通关吗？请你用父母的手机微信扫描图片中的二维码，完成下面闯关游戏，测测自己的国家安全意识。

诚实勾选你的闯关成绩并结合闯关感受完成下列问题。

①请结合你的闯关感受，说说我们应该如何坚持国家利益至上。

②邀请你的家人和朋友一起完成闯关游戏，在了解他们的国家安全意识情况后，请你写一份“维护国家安全，人人有责”的倡议书。

作业三：独上高楼迎挑战（C组学生必做）

（设计意图：促进学生综合素养的提升，培养学生合作探究、知识迁移的能力）

7. 今年元宵节前夕，远在山东的表哥来到家住太原北中环附近的小慧家走亲戚。下面是小慧和表哥的对话：

（1）周日，小慧准备带领表哥由北向南规划太原市区一日游的攻略，领略家乡太原这两年的巨大变化。

请你帮她简要画出一日游路线图。

（2）在一天的游玩过程中，小慧和表哥接触到了好客的面馆阿姨，热情的出租车司机，认真的地铁工作人员等，这让远道而来的表哥感到十分温暖。面对各行各业的劳动者，小慧不由心生感动：正是这些兢兢业业的劳动者，才成就了家乡的美好今天。

身边的劳动者为什么令我们感动？他们身上有怎样的精神？

（3）一天的游玩结束了，小慧和表哥坐在回家的出租车上不禁感慨：短短两三年，我们的家乡就发生了这么喜人的变化，真是让我想起了一句歌词：我何其有幸生于你怀！

请你和小组成员合作，共同搜集近几年祖国母亲取得的伟大成就的资料，制作成一册“发展成就影集”，并在下周班级内部进行展示解说。

（要求：4 名学生为一组，从经济、政治、科技、文化、军事等不同方面收集发展成就；“影集”制作要图文并茂，美观大方，展示要有精美 PPT；小组内部明确分工，做到人人有事做，人人都参与。）

作业评价反馈

作业评价反馈采用学生自评与师评相结合，老师在评价批阅过程中注重对学生进行价值观的再次引领，巧用激励用语，做到因人而异，具体评价，以优质的评价和反馈让学生感兴趣、有获得感，激发学生对作业的期待和热情。

学生自评参考提前设置的评价标准，使学生在自我评价中认识自己、发现问题、解决矛盾、寻找自信，体会完成作业的成就感。

学生	作业内容	评价标准	自评得分（满分 10 分）
A 组	过基础第 1—5 题	能准确完成第 1—4 题	4 分
		能正确绘制第 5 题思维导图	3 分
	提能力第 6 题（1）—（3）	能查阅资料完成第 6 题（1）—（3）	3 分
B 组	过基础第 5 题	能正确且创造性完成第 5 题的思维导图	2 分
		能独立正确完成第 6 题（1）—（4）	4 分
	提能力第 6 题	能顺利完成闯关并获得“优秀”	2 分
		能与同学合作完成倡议书	2 分

（续表）

学生	作业内容	评价标准	自评得分（满分 10 分）
C 组	提能力第 6 题（5）	能独立准确完成第 6 题（5）的全部任务　3 分 能独立规划太原市区一日游攻略并画出路线图　3 分 能与小组同学合作制作精美“发展成就影集”（收集图片、资料，自主设计影集，图文并茂，小组展示表达逻辑清晰，善于倾听）　4 分	
	迎挑战第 7 题		
填表人：			

作业解析

1.（1）判断（ × ）

改正：国家利益是一个主权国家在国际社会中的生存需求和发展需求的总和。

国家核心利益包括国家主权、国家安全、领土完整、国家统一、宪法确立的国家政治制度和社会大局稳定、经济社会持续发展的基本保障。

（2）判断（ × ）

改正：国家利益是人民利益的集中体现，国家利益与人民利益高度统一。

（3）判断（ × ）

改正：必须坚持总体国家安全观，以人民安全为宗旨，以政治安全为根本，经济安全为基础，以军事、文化、社会安全为保障，以促进国际安全为依托，走中国特色国家安全道路。

2. D　　3. A　　4. D

5. 思维导图示范：

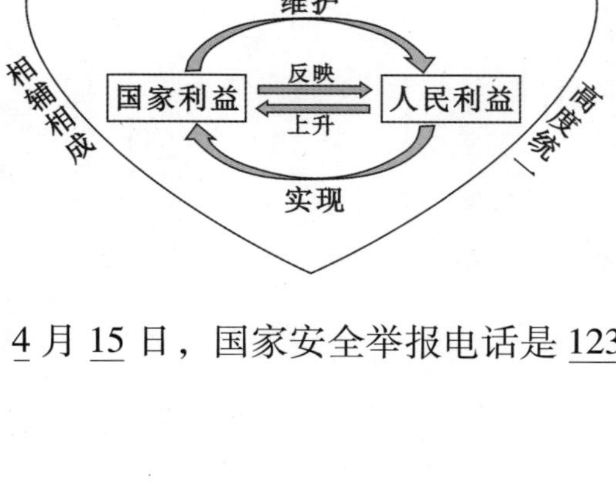

6.（1）<u>4</u> 月 <u>15</u> 日，国家安全举报电话是 <u>12339</u>。

（2）《中华人民共和国国家安全法》《中华人民共和国保守国家秘密法》《反分裂国家法》《中华人民共和国国防法》《中华人民共和国网络安全法》

（3）海外利益安全　生物安全　太空安全　极地安全　深海安全

（4）国土安全　军事安全　生态安全　网络安全　核安全　生物安全　深海安全　太空安全

（5）①略。

②倡议书示范：

维护国家安全倡议书

亲爱的朋友们：

国家兴亡，匹夫有责。生长在风云变幻的时代，我们面临的国际安全形势日趋复杂，世界不安定因素对中国影响日益加深，国家安全面临前所未有的挑战。今天我国国家安全的内涵和外延都比历史上更丰富，时空领域比历史上更宽广，内外因素比历史上更复杂。国家安全不仅关乎国家利益，也关系每个公民的切身利益。

因此，我发出以下倡议：

1. 自觉学习国家安全相关知识和法律法规，不断增强国家安全意识，增强危机防范意识。

2. 严格遵守《中华人民共和国宪法》《中华人民共和国国家安全法》《中华人民共和国保守国家秘密法》《中华人民共和国网络安全法》等相关法律法规，积极履行维护祖国的安全、荣誉和利益的义务。

3. 检举、制止危害国家安全的行为，如实提供所知悉的涉及危害国家安全活动的证据。

4. 为维护国家安全积极建言献策，为国家安全工作提供便利条件或者其他协助。

5. 保守所知悉的国家秘密，注意防范日常生活中手机、网络泄密等。

6. 发现危害国家安全的线索，请拨打国家安全机关举报受理电话：12339 及时报告。

维护国家安全，人人有责！让我们用实际行动“铸就钢铁长城，捍卫国家安全”！

倡议人：×××

7.（1）本题属开放型题，攻略示范如下图：

太原市区一日游攻略：附图

北中环出发，第一站：太原动物园（游玩时间：约2个小时），结束后到地铁2号线涧河站，乘地铁到开化寺站下车。第二站：钟楼街，领略文化商圈的历史韵味，品读最有故事的老街，随后步行至美食城品尝各类小吃（游玩时间：约2.5小时）；结束后继续乘坐地铁至南中环站，随后打车至晋阳湖公园下车。第三站：晋阳湖，乘坐公园观光车游览晋阳湖公园，感受休闲娱乐为一体的大美晋阳湖（游览时间约2小时）；结束后去太原植物园。第四站：植物园，观赏不同园区的植物（游览时间约2小时）。第五站：太原古县城，观赏元宵节花灯展，感受中国优秀民俗文化，品尝山西特色小吃（游览时间约3小时）。

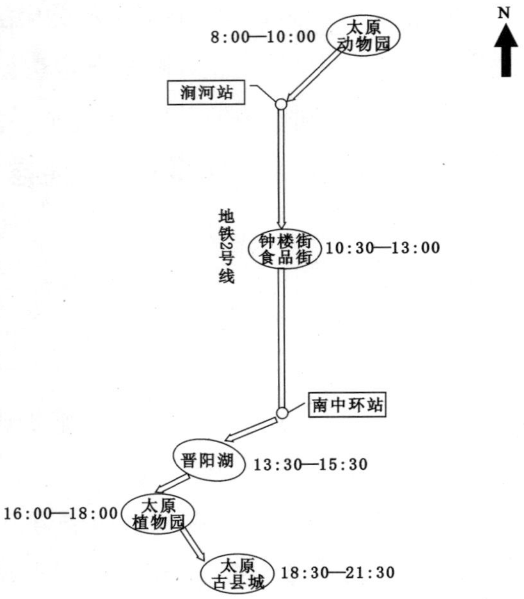

（2）身边的劳动者之所以让我们感动，是因为：①今天，我们国家所取得的每一项成就，都是广大劳动人民用辛勤劳动、诚实劳动、创造性劳动换来的。中国人民用实干精神创造了今天的辉煌。②他们每个人所处的岗位不同，从事不同的劳动，但都为国家和社会发展做出了贡献。

劳动者身上有着实干精神、爱国主义精神，还有爱岗敬业、甘于奉献的工匠精神等。

（3）本题是开放型题。

指导意见：

①从经济、政治、科技、文化、军事等不同方面收集发展成就。

②“影集”制作要图文并茂，美观大方，展示要有精美的PPT。

③小组分工合作有计划，任务分配责任到人，每个小组成员都有具体任务，积极参与。

作品点评

本作品以道德与法治课程标准和学业质量标准为依据，根据不同学生学习能力、认知水平的差异，分层设计不同难度的作业，适应不同学生的能力需求，既面向全体学生，又兼顾学生的差异性需求。

作品亮点：问题设计是作业设计的心脏，是思维活动的起点。在本作业设计中，设计者基于学情设计问题串，将知识问题化，通过问题唤醒学生对知识的掌握，进而引发学生深层次的思考，帮助学生较好地把握《维护国家利益》的核心知识，达到“以问促思，以疑促学”的目的。真正让学生将维护国家利益，热爱伟大祖国内化于心，落实了道德与法治情感态度价值观的目标，有利于培养学生的政治认同、科学精神、公共参与等学科素养。

专家建议：作业设计需再精简、再浓缩，要学会取舍，使作业更符合“双减”政策的要求。

第三类　课时作业设计

特等奖作品

亲情之爱

太原市志达中学校　董秀玲

电子作品扫码下载

作品信息

作业类型	课时作业——课前预习与课堂教学结合使用
适用范围	统编版《道德与法治》七年级上册第三单元第七课《亲情之爱》。
设计意图	学习的目的是为了解决实际问题，为了让同学们真体会、真思考，也为了让学到的东西真有用，我让每个学生描述自己心中“家”的肖像、讲自己家里的故事，让他们成为课堂的男一号、女一号，在讲故事、听故事、析故事的过程中完成本节课的学习，本节课也是展示自我才华的重要平台，同学们积极参与、展示，核心素养在轻松愉快的过程中得到提升。
设计特色	跨学科（美术、语文……）、实践性、探究性、个性化俱全。
作业时长	提前一周布置，预计需要 1.5 课时（每课时 40 分钟）。

作业内容

环节一：感受“家”的意味

我眼中的家（描绘你眼中的家是什么样子的，形式不限，例如：歌曲、诗歌、绘画等）。

环节二：体味亲情与爱的碰撞

“吐槽大会”（进入初中后，你和父母之间的冲突是否增多了呢？心中是否有讲不完的“委屈”，怎么样，来次“吐槽大会”吧）。

我要吐槽父母	变形记（我替父母来吐槽）	我有话想对“您”说

除了你和父母之间的冲突，其他家庭成员之间有没有冲突呢？你认为冲突的原

因是什么呢？来次“家庭关系体检”吧。

其他家庭成员之间的冲突	冲突原因

环节三：让家更美好

我爱我的家，我要好好呵护它

你家的家风和家训是什么？	（家风和家训往往是一个家族长盛不衰的精神法宝，你家的家训是什么呢？和我们分享一下吧！）
你的爸爸妈妈偶尔也会拌嘴吵架吧，你有没有充当过他们关系的“黏合剂”呢？可以和我们分享一下你是怎么做的吗？	
“爱的碰撞”（不仅是亲子冲突，还包括家庭成员之间的冲突）有时候会让家庭变得不太和谐，为了让家更美好，你准备在这方面怎么做呢？	

学生作品展示

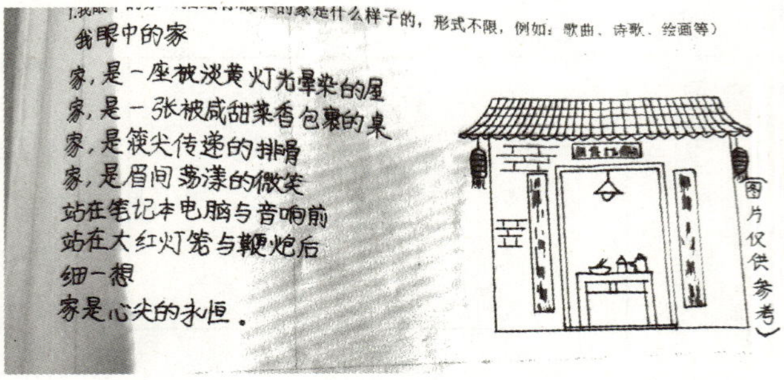

作品点评

本作品属于课前作业设计。作品较为精准地解读教材内容，准确理解课标要求和蕴含的学科素养，作业目标清晰，为教师开展课堂教学，引导大家分享、思考、学习，最终为构建起完整的实施体系和科学的情感、认识体系奠定了坚实的基础；作业适量，难度预估符合学生实际，体现了“双减”政策的要求。

作品亮点：“问题驱动，培养学生的思维能力”是本作业设计的最大亮点。教育心理学认为“思维总是从提出问题开始的”。在本作业设计中，教师设计问题，引导学生走近家庭、基于问题去学习“亲情之爱”的相关知识，探索寻找“让家更美好”的路径，激发了学生学习兴趣，能吸引学生更好地上好本节课。

专家建议：正如作者所述“家风和家训往往是一个家族长盛不衰的精神法宝”，但在现实生活中人们受思想的禁锢，有些“家风、家训”难免会存在片面性和不足，建议作者在“你家的家风和家训是什么？”这一栏中除了让学生分享自己家庭的家风、家训之外，能够引入“评价”这一要素，使教学不再停留在浅层，进而达到本学科立德树人的目的。

维护宪法权威

太原市第十八中学校　郝俊强

电子作品扫码下载

特等奖作品

作品信息

作业类型	课时作业
适用范围	统编版《道德与法治》八年级下册 第一单元第一课第一框《党的主张和人民意志的统一》。
设计意图	依据《道德与法治课程标准》，紧扣“一核·六维·四手段”理念，立足学生实际，以核心素养为导向，基于教学、作业、评价一体化系统设计，既重视学科素养的提高，又重视人文素养的提升，坚持思想性、人文性、综合性和实践性的统一，努力提质增效，促进学生全面发展。 1. 坚持立德树人根本任务。引领学生深入了解习近平总书记来山西考察调研相关情况，发挥作业育人功能，坚守思政课课堂主阵地，在学生中切实落实习近平总书记在山西考察调研重要指示精神，努力设计有“温度”的作业。注重学生的价值判断和情感认同，坚持正确价值观念的引导与学生独立思考、积极实践相统一。学生对中国共产党的认识、对一切权力属于人民、对国家尊重并保障人权等正确价值观念的形成与发展，对党的自觉拥护和高度热爱都离不开学生在社会生活中的独立思考和积极实践。只有通过不断抓住时机、创设情境，让学生在鲜活的生活事例中，积极探究与体验，独立思考与实践，让事实说话，才能使学生真正接受和认同，才能不断树立和增强热爱党、拥护党的意识和行动。 2. 坚持作业分工配合原则。作业设计既包括基础知识巩固性作业，也包括理解运用能力提升性作业和动手实践素养培养性作业，遵循“识记掌握——理解运用——灵活使用”的循序渐进原则，综合考虑学生认识的深浅，思维的强弱和知识面的宽窄等因素，努力设计有“梯度”的作业。第一部分基础性作业难度较小，强化核心观点和基础知识的掌握；第二部分提升性作业难度适中，强化知识的灵活掌握和运用；第三部分实践性作业有一定难度，对能力要求较高，致力于多层次、多维度培养学生搜集、处理和运用信息、阅读分析和语言表达等多方面的能力，发展学以致用的能力，提升学生综合素养。同时，也应当看到对于问题的分析学生可能有分析深浅的差异、全面与否的差距，但对于党的拥护和热爱之心每一个孩子都应是一样的，简单的话语也能表达炽热的爱！

设计意图	3. 坚持作业开放创新原则。在作业的拓展性、生活化上着力，融入社会时事热点、添加学生感兴趣的生活热点等内容，丰富作业形式，不局限于填空、简答等实用性题型，也融合了微信、微博等鲜活的时代元素，为学生创设任务情境，在任务驱动下获得知识的巩固，能力的提升，情感的升华；增加作业的可选择程度，让学生根据自己的情况选择自己感兴趣的作业，增强完成作业的积极性，努力设计有“广度”的作业。在第三部分作业中，努力触发学生思考的深度，引导学生通过对比分析发现问题，多角度思考分析问题，发现事情本质，促进核心素养的培育。在坚持学科逻辑的同时关注生活逻辑，加强与不同学科之间的课程协作；整合学校德育活动与课堂教学活动，注重“过程+体验+感悟”，实现同向同行，发挥综合育人功能。
设计目标	1. 通过材料阅读与分析，深入体会和感悟对“一切权力属于人民”和“中国共产党的性质、宗旨和执政理念”等基础知识的认识。 2. 通过举例，表达自己对国家尊重和保障人权的理解。 3. 通过旧闻搜集、对比分析和时政评论，增强对人民是国家的主人，中国共产党的性质、宗旨等基本价值观念的认同，树立热爱、拥护中国共产党的意识，落实热爱、拥护中国共产党的行动。
作业时长	40 分钟。

作业内容

“共产党就是给人民办事的”

——记习近平总书记春节前夕冒雪访山村

2022 年 1 月 26 日下午，习近平总书记冒着风雪严寒来到我省临汾市，进山村、访农户，为乡亲们送去党中央的关心和慰问，向全国各族人民致以美好的新春祝福。

A. **基础性作业**

牵挂灾后重建

去年 10 月，山西出现有气象记录以来最强秋汛，全省 11 市受灾。霍州市师庄乡冯南垣村是临汾市农房受损较为严重的村庄之一，习近平总书记专程来到这里看望慰问受灾群众。习近平总书记指出，他一直牵挂着灾区群众，今天到山西第一站就来到这里，是要实地看一看灾后恢复重建情况。看到村容村貌干净整洁，生产生活秩序得到恢复，重建修缮的房屋安全暖和，家家都在忙着过年，年货备得也很齐全，庄稼地里孕育着生机，他感到很欣慰。

从 2013 年以来，每年春节前夕，总书记都会走进基层看望慰问干部群众，送上新春祝福。今年已是第十个年头，他的牵挂，一如既往，他的关怀，直抵人心。

1. “民之所忧，我必念之；民之所盼，我必行之。”习近平总书记总是将人民的所忧、所盼挂在心间，这体现了宪法的哪一基本原则？宪法是如何保障其实现的？

2. 习近平总书记为何总是将人民的所忧、所盼挂在心间？同学们纷纷发表自己的观点：有同学认为这与我国的国家性质有关；有同学说这是由党的性质和根本宗旨决定的；有的同学认为这与党的执政理念有关系。大家觉得他们说得都有道理。请你来说说，它们的具体内容。

（1）我国的国家性质：____________________

（2）党的性质：____________________

（3）党的根本宗旨：____________________

（4）党的执政理念：____________________

3. 十年间，从甘肃、四川到山西，每一时、每一地的灾后重建，都彰显着社会主义制度的优越性，印刻着共产党人不变的初心。你知道中国共产党的初心和使命是什么吗？

B. **提升性作业**

关注乡村振兴

2022 年 1 月 26 日，习近平总书记来到汾西县僧念镇段村，考察当地巩固拓展脱贫攻坚成果、接续推进乡村振兴等情况。这个村子属于原吕梁山区集中连片特困地区，2014 年全村还有建档立卡贫困户 894 人。通过种植、养殖、林果、光伏产业等多元发展，于 2019 年整村脱贫。

4. 2020 年，我国如期实现了全面建成小康社会目标，历史性解决绝对贫困问题，这是最大的人权工程、最好的人权实践。你知道我国在尊重和保障人权方面做出了哪些努力呢？请举例说明。

C. **实践性作业**

主题一：总书记山西行

2012 年，党的十八大以来，习近平总书记先后于 2017 年、2020 年和 2022 年三次来山西考察。大家可以通过网络、报刊等多种途径了解总书记三次考察的相关情况，尝试对比分析三次考察的重点工作，谈谈你的发现和理解。

主题二：新春万里行

党的十八大以来，每逢新春佳节前夕，习近平总书记都会深入基层一线，走进人民群众中间，拉家常、问冷暖，听民声、送祝福。今年已是第十个年头，大家可以通过网络、报刊等多种途径了解总书记十次新春走基层的相关情况，尝试梳理总书记十次春节前夕考察的相关情况并进行对比分析，看看你能从中发现什么。

1. 要求：（1）从中任选一个主题完成。（2）呈现形式：自拟题目，写一段评论并配图，在自己的朋友圈发一条信息。

2. 指导：（1）确定主题，搜集、整理和筛选相关资料，概括提炼重点。（2）对比分析。（3）通过对比结果分析体现的观点。（4）组织语言形成文案。

评价标准

1. 基础性作业要求准确地再现核心观点。

2. 提升性作业要求列举的案例具有时政性、代表性，说明要有理有据。

3. 实践性作业要求标题突出，内容紧扣主题，能运用所学知识，有自己的见解，杜绝抄袭。

作业评价反馈

（一）评价反馈形式

1. 学校评价：教师个性化批改，批写以肯定及激励性语言为主的评语。

2. 社会评价：完成实践性作业时学生需要在微信发朋友圈，通过好友点赞、留言等评价，获得更丰富多样的社会评价。

（二）合理性分析

1. 及时批改、点评作业有利于学生落实作业质量并明确改进方向，并在一定程度上体验完成作业的成就感。

2. 在微信发朋友圈是中学生生活的一部分，既可以激励学生完成作业的积极性，让学生展示学习成果，又可以使学生看到不同角度的评价，更全面客观地认识自己。

作业效果反馈

从学生完成的情况看，整体完成效果良好，达到了基本预期。一切权力属于人民和中国共产党的性质、宗旨、执政理念等基础知识得到进一步巩固；对国家尊重和保障人权的原则进一步理解，绝大多数的同学能用事例向他人说明；在实践性作业中虽然同学们分析的质量有差异，但都能积极参加并且主动晒朋友圈，绝大多数同学都灵活运用了人民是国家的主人，国家尊重并保障人权和中国共产党的性质、宗旨等基础知识，也表现出对这些基本价值观念的认同，并由衷地表达出对党的热爱，拥护中国共产党的意识和行动进一步树立和增强，更有一部分同学意识到了自己肩负的时代使命和责任，愿为实现社会主义现代化和民族伟大复兴而奋斗！

教师反思改进

1. 明确标准要求。进一步明确作业的评价标准和要求，使学生方向清晰，提高完成作业的效率和质量，在作业设计中应出示评价标准。

2. 及时讲评指导。及时进行作业讲评，加强对学生学习方法的指导，不断提高学生阅读材料提取有效信息的能力、据理结合分析问题的能力和转化迁移运用知识的能力。

3. 跟进个性化辅导。对学困生针对“困点”强化指导；对学优生引领指导，打磨提升；对完成作业态度不端正的同学教育引导，要求认真完成。

作业解析

A. 基础性作业

1. 体现了国家的一切权力属于人民，这是我国宪法的基本原则。

宪法确认我国国家性质，明确人民当家作主的地位；宪法规定的社会主义经济制度奠定了国家权力属于人民的经济基础；宪法规定的社会主义政治制度明确了人民行使国家权力的基本途径和形式；宪法规定广泛的公民基本权利，并规定实现公民基本权利的保障措施；宪法还规定国家的武装力量属于人民。

解析：习近平总书记作为党和国家领导人，总是将人民的所忧、所盼挂在心间，这源于我国是人民民主专政的社会主义国家，人民是国家的主人，体现了一切权力属于人民的宪法原则。 我国宪法通过明确国家性质，规定社会主义经济制度、政治制度，公民的基本权利及保障措施和武装力量的归属来保障一切权力属于人民。

2.（1）我国的国家性质：工人阶级领导的，以工农联盟为基础的人民民主专政的社会主义国家。

（2）党的性质：中国工人阶级的先锋队，同时是中国人民和中华民族的先锋队，是中国特色社会主义事业的领导核心，代表中国先进生产力的发展要求，代表中国先进文化的前进方向，代表中国最广大人民的根本利益。党的最高理想和最终目标是实现共产主义。

（3）党的根本宗旨：全心全意为人民服务。

（4）党的执政理念：立党为公，执政为民。

3. 党的初心使命：为中国人民谋幸福，为中华民族谋复兴。

B. 提升性作业

特等奖作品

4. 指导意见：我国在尊重和保障人权方面取得了诸多成就，可以从立法、执法、监察、司法、守法宣传等角度，或从减贫行动、人民生活水平大幅提高、抗击新冠肺炎疫情、建立健全社会保障体系等方面举出具有时政性、代表性的事例，运用尊重并保障人权的相关知识，据理结合展开分析。（具有开放性、言之有理即可）

C. 实践性作业

指导意见：1. 围绕自己选定的主题，通过新华网、人民网等主流媒体官网或其他途径搜集整理和筛选相关资料，概括提炼视察的重点工作。2. 对比分析数次视察的重点工作，找到共性之处。3. 运用本课所学的知识和自己已有的知识储备，深入分析思考，通过现象看清事物本质。4. 围绕主题确定标题，选配图片，组织语言形成文案。

学生作业展示

1. 民之所忧，我必念之；民之所盼，我必行之。习近平总书记总是将人民的所忧、所盼挂在心间，这体现了哪一宪法基本原则？宪法是如何保障其实现的？

基本原则：国家的一切权力属于人民

①宪法确定我国的国家性质，明确人民当家作主的地方，“中华人民共和国的一切权力属于人民

②宪法规定的社会主义经济制度奠定了国家权力属于人民的经济基础是生产资料的社会主义公有制；③宪法规定的社会主义政治制度明确了人民行使国家权力的基本途径和形式；

④宪法规定广泛的公民基本权力，并规定实现公民基本权利的保障措施

⑤宪法规定国家武装力量属于人民

2. 民之所忧，我必念之；民之所盼，我必行之。习近平总书记为何总是将人民的所忧、所盼挂在心间？同学们纷纷发表自己的观点：有同学认为这与我国的国家性质有关；有同学说这是由党的性质和根本宗旨决定的；有的同学认为这与党的执政理念有关系。大家决定他们说得都有道理。请你来说说，它们的具体内容。

（1）我国国家性质：我国是工人阶级领导的，以工农联盟为基础的人民民主专政的社会主义国家

（2）党的性质：中国共产党是中国工人阶级的先锋队，同时也是中华民族和中国人民的先锋队

（3）党的根本宗旨：全心全意为人民服务

（4）党的执政理念：立党为公，执政为民

基础知识掌握扎实，加油！

3. 十年间，从甘肃、四川到山西，每一时、每一地的灾后重建，都彰显着社会主义制度的优越性，印刻着共产党人不变的初心。你知道中国共产党的初心和使命是什么吗？

为中国人民谋幸福，为中华民族谋复兴

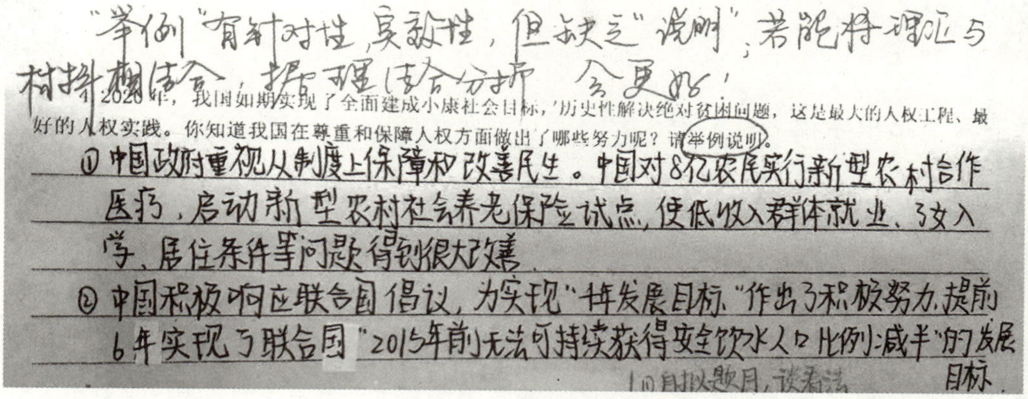

"举例"有针对性，实效性，但缺乏"说明"；若能将理论与材料相结合，把理论结合分析，会更好！

1. 2020年，我国如期实现了全面建成小康社会目标，历史性解决绝对贫困问题，这是最大的人权工程、最好的人权实践。你知道我国在尊重和保障人权方面做出了哪些努力呢？请举例说明。

①中国政府重视从制度上保障和改善民生。中国对8亿农民实行新型农村合作医疗，启动新型农村社会养老保险试点，使低收入群体就业、子女入学、居住条件等问题得到很大改善。

②中国积极响应联合国倡议，为实现"千年发展目标"作出了积极努力，提前6年实现了联合国"2015年前无法可持续获得安全饮水人口比例减半"的发展目标

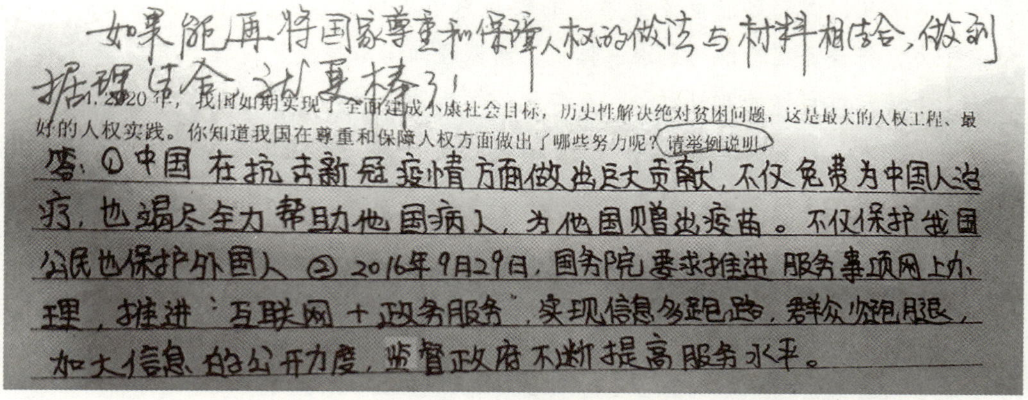

如果能再将国家尊重和保障人权的做法与材料相结合，做到据理结合就更棒了！

1. 2020年，我国如期实现了全面建成小康社会目标，历史性解决绝对贫困问题，这是最大的人权工程、最好的人权实践。你知道我国在尊重和保障人权方面做出了哪些努力呢？请举例说明。

答：①中国在抗击新冠疫情方面做出巨大贡献，不仅免费为中国人治疗，也竭尽全力帮助他国病人，为他国赠出疫苗。不仅保护我国公民也保护外国人 ②2016年9月29日，国务院要求推进服务事项网上办理，推进"互联网＋政务服务"，实现信息多跑路，群众少跑腿，加大信息的公开力度，监督政府不断提高服务水平。

作品点评

本作品的设计立足学生认知及思维水平，遵循"识记掌握——理解运用——灵活使用"的循序渐进原则，以时事热点为切入点，设计出涵盖"基础性、提升性、实践性"这样三个"有温度""有梯度"且"有深度"的作业。让学生在"过程+体验+感悟"的作业完成过程中，掌握本课新知，积极探究"中国特色社会主义最本质的特征"，触发学生深思，进而达成课标要求，促进核心素养的培育。

作品亮点：正如作者所述"让事实说话，才能使学生真正接受和认同"。这也是本作业设计的亮点所在。在作业设计中，作者充分运用"时事热点"创设情境，引导学生独立思考、积极实践，让学生在鲜活的生活事例面前，增强热爱党、拥护党的意识和行动，提升学生的价值判断和情感认同，实现了让事实说话的目的。

专家建议：在作业评价时应引入具体且可操作性的评价指标，以此更完美地体现作业设计的价值。

关爱他人

太原市第六十七中学校　范彩红

电子作品扫码下载

特等奖作品

作品信息

作业类型	课时作业
适用范围	统编版《道德与法治》八年级上册第三单元第七课第一框《关爱他人》。
设计意图	实践探究题注重考查学生的创新意识和能力以及分析、解决实际问题的能力，符合课程标准的要求，体现了新课程知识与技能、过程与方法、情感态度价值观三维目标的有机统一。八年级的学生通过对第二单元的学习，已经掌握了尊重他人、以礼待人与诚实守信等有关道德这一社会规则的相关知识，因此对关爱他人有一定的见解和认识。通过设置“识关爱”“品关爱”“行关爱”三个环节，让学生知道关爱他人是维系友好关系的桥梁，帮助学生树立关爱他人的意识，在关爱他人时做到心怀善意，尽己所能，把握策略。
设计目标	1. 学生能结合自身实际，在日常生活中感受关爱的力量，帮助学生养成关爱他人的好习惯，并在实际生活中付诸行动。 2. 学生通过分析材料，理解关爱的重要性，培养学生的关爱情怀。 3. 学生通过解读材料，能够在具体的情境中学会关爱他人，帮助学生树立关爱他人的意识，学会关爱他人的正确方法。
设计特色	在本框题的作业设计中，引用村上春树《兰格汉斯岛的午后》中“小确幸”一词，设置“识关爱”“品关爱”“行关爱”三个问题情境，层层递进，让学生通过对日常生活事例进行发言、讨论与总结，促使学生对关爱他人有进一步的认识，有利于学生养成关爱他人的好习惯，并在实际生活中付诸行动。 第一题“识关爱”，通过设置开放性的提问，锻炼学生的思维，从实际生活的小事开始体验，从而去感受“关爱”。第二、三题紧密结合实事，立足学生实际，由于学校地处尖草坪，邻近太原市第六十六中学校，疫情发生后学生大部分居家学习，也亲历了几轮核酸检测，问题情境的设置贴近学生生活，容易引发学生共鸣。第二题“品关爱”，设置问题情境，让学生回顾疫情发生后，身边涌现出来的各行各业抗击疫情的英雄楷模，让学生深刻感受到关爱无处不在，关爱传递的美好情感，以及给人带来的温暖和希望。第三题“行关爱”，以“与爱同行同心抗疫”为题开展关爱行动，学生以小组为单位，按照书信、图画、微视频等形式完成作业。
作业时长	30 分钟

作业内容

小　确　幸

小确幸，出自日本著名作家村上春树《兰格汉斯岛的午后》一书，意思是心中隐约期待的小事刚刚好发生在自己身上的那种微小而确实的幸福与满足。你一直被他人关爱着，所以你也要学会去关爱他人，当爱与被爱在你的生命中生生不息，源源不断地流淌，你的生命就会成为奔流不息的河流。

1.【识关爱】

关爱是一个眼神，给人无声的祝福。关爱是一缕春风，给人身心的舒畅。关爱是一个微笑，给人亲切的关怀。关爱他人是一种幸福。请你完成知识树，用几个词语描述你所理解的关爱是什么。

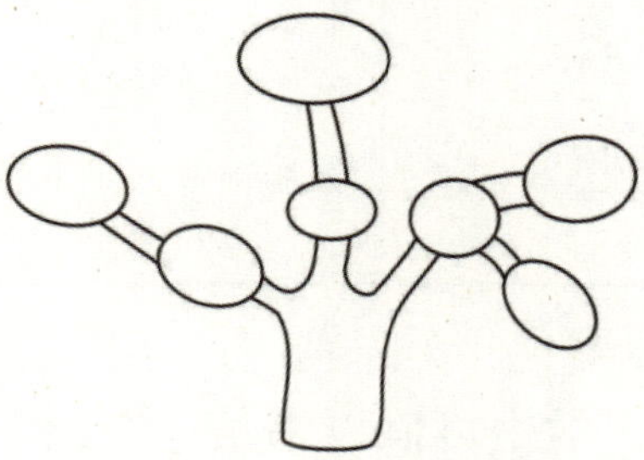

2.【品关爱】

关爱无时不在，无处不在。2022 年 2 月 24 日，太原市发现 1 例新冠肺炎确诊病例，疫情猝不及防，打乱了我们正常的学习和生活。在抗击疫情的一线，涌现出一大批英雄楷模，他们用最平凡的行动，迸发出最强大的力量。请你完成下列表格并谈谈自己的感悟。

角色	责任	感悟
医生		
教师		
志愿者		
（补充完整）		

3.【行关爱】

大疫无情，人间有爱。受疫情影响，太原市第六十六中学校的全体师生被紧急隔离。他们的情况牵动着我们每一个人的心，大家都很关心他们的学习、生活和心理状况。请

你以“与爱同行 同心抗疫”为题开展关爱行动，让关爱的春风吹拂每个人的心田。

要求小组合作，可以以书信、图画、微视频等形式完成作业。

作业解析

1.【识关爱】

学生可以从温暖、关怀、关心、爱护、问候、助人为乐等角度回答问题。

2.【品关爱】

角色	责任	感悟
医生	救死扶伤	关爱传递着美好情感，给人带来温暖和希望，是维系友好关系的桥梁。关爱是社会和谐稳定的润滑剂和正能量。关爱他人往往能赢得他人的尊重。
教师	坚守岗位、教书育人	
志愿者	协助疫情防控工作	
（补充完整）	……	
……	……	

3.【行关爱】

本题是一道开放性试题，学生可以以书信、图画、微视频等形式完成作业，要以“与爱同行　同心抗疫”为题开展关爱行动，学会关爱他人的正确方法。

学生作品展示

第一题：学生通过绘制“关爱树”，进一步理解关爱的深刻内涵。

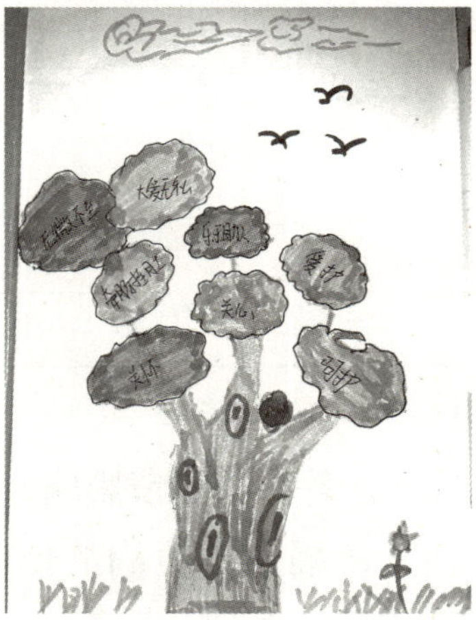

第二题：通过完成表格内容，体会关爱给人带来的温暖和希望。

角色	责任	感悟
医护	救死扶伤	在这个世界
教师	培育祖国栋梁	上总有人愿意
志愿者	协助	舍小家为大家
社区工作人员	管理社区	为人民无私奉
警察	维护人民安全	献

第三题：分为书信组、图画组、视频组三组，通过不同的形式开展关爱行动。

书信组：

写给六十六中同学们的一封信

同学们，你们好！

我是兄弟学校六十七中179班的周宇彬。突如其来的疫情，打破了太原城的安宁，现如今你们在隔离点集中隔离，告别了昔日书声朗朗的课堂，离别了亲爱的父母。我此时此刻可能无法体会到你们想家的愁绪和对再次踏进生机勃勃的校园的期盼之情，但是我想说，当困难来临的时候，我与你们同在！无论疫情将如何猖狂肆虐，只要我们怀揣必胜的决心，团结一心，众志成城，就一定会战胜困难战胜疫情！

我们共患难，我们共风雨。全市人民都希望你们能在隔离期间积极配合，同时不要落下功课。风雨过后见彩虹，期待疫情之后的见面。加油，同学们！

图画组：

学生提交作业后，分小组进行了展示活动，各个小组相互打分，评选优秀作业，采取多样的评价形式，激发学生做作业的热情，让学生在完成作业中体验到成就感。

特等奖作品

作业效果

作业设计是完整教学过程中必不可少的一环，初中道德与法治课是一门综合性的必修课程，在设计有效作业时，利用开学初的疫情防控等学生熟知的生活素材，引导学生独立思考，针对学生知识能力不同等问题，将学生分为书信组、图画组、视频组三个小组，采取多种形式开展作业活动，使每一个学生都成为教学活动的主体，彰显各自才能，激发学生的兴趣，在具体的实践中体验，在体验中感悟，在感悟中成长。

作品点评

该作业紧密结合疫情形势，以学生身边发生的真实事件为情境设计作业；注重充分发挥学生主体作用，通过不同层次的三个问题引导学生逐层深入体会“关爱”的内涵、关爱的意义，并最终引导学生落实关爱他人的行动，由学科知识的学习走向价值观的升华和行为的落实上。

作品亮点： 1. 以真实的生活情境设计作业。学生感同身受、可以有感而发。让教材知识回到了知识生产的本源中。 2. 三个作业任务充分体现以学生为主体，学生在真切体会中学习知识、感受意义。 3. 最后一个作业任务充分考虑到学生不同的兴趣、特长，允许学生以多样的形式展示作业成果，是对学生的充分尊重和信任，体现了以学生为本的理念。 4. 充分考虑到该教学内容其目标达成的关键在于价值观目标，而该目标的达成不能靠讲，是靠深切的体悟和感受。特别是最后践行环节，更是把道德与法治课的实践性充分地体现了出来。

专家建议：“品关爱”环节应进一步强化引导，要帮助学生更深切地体会关爱的重要意义。另外，“行关爱”环节稍显粗糙，需要帮助学生深刻体会“关爱他人是一门艺术”，而不能只是简单地通过写封信、画幅画就能达到目的。也就是说，即便是设计作业，也应该建立在对教材深入研究的基础上。课时作业，应尽可能全面完整地将教材的重点及难点问题予以突出和突破。

人民当家作主

太原市第三十六中学校　关　静

电子作品扫码下载

特等奖作品

作品信息

作业类型	课时作业
适用范围	统编版《道德与法治》八年级下册第三单元第五课第一框《根本政治制度》和第六课第一框《国家权力机关》。
设计意图	统编版《道德与法治》八年级下册第三单元《人民当家作主》分为第五课《我国的政治和经济制度》和六课《我国国家机构》两课内容。八年级是学生道德与法治意识和行为形成的重要时期，但从总体上看，学生们此时还处于感性思维为主的阶段，而这两课内容与他们的日常生活又有一定距离，学生掌握起来会有一定的困难。 《根本政治制度》和《国家权力机关》这两框内容比较抽象，但又有高度相关性，因此，将两框内容整合后通过课堂学习与课下实践相结合，可以增进学生对相关教学内容的理解与掌握。
设计目标	通过课下实践作业的完成，可以帮助学生正确认识宪法规定的国家制度，特别是让学生了解人民代表大会制度如何保证人民当家作主，国家机构如何实现人民当家作主，这些有助于他们认识相关政治现象，增强对中国特色社会主义的制度自信，增强他们的政治认同。同时还能够学以致用，提高学生分析、解决实际问题的能力以及养成亲社会行为。有利于增强他们的道德与法治意识，养成遵守道德和法律的良好习惯，初步形成合格公民所应有的态度、能力、价值观和行为，为他们在今后的人生道路上做合格的公民奠定基础。

（续表）

设计特色	本课时作业为课后实践类作业，强调实践性和探究性。 作业从设计依据上看，符合道德与法治这门课程的基本理念即思想性、人文性、实践性、综合性，对应的课程标准是“我与国家和社会”中的“认识国情，爱我中华”相应部分，同时还依据了《青少年法治教育大纲》中的相关要求，注重发挥学生的主体性，在“双减”之下，促进学生学习“增效”，符合山西中考命题“一核·六维·四手段”的方向要求。 从内容上看，是针对我国根本政治制度进行的设计。这部分内容相对抽象，与学生生活有一定距离，需要学生结合课堂学习，收集关注现实生活中有关人大会议的相关内容，进行适度拓展，也便于将书本知识转化为政治生活常识，真正实现学以致用。由于时间有限、学生精力有限，本次作业的完成及展示以小组合作的方式进行。 从目标上看，此作业属于中高阶任务，不仅要求学生将所学知识进行掌握、巩固，更重要的是提升其理论联系实际的能力，培养其作为一名初中生的核心素养和公民意识。
作业时长	两天，每天各 40 分钟。

作业内容

“省人大会议”召开了

——八年级下册第五课和第六课有关内容实践类作业

近日，在八年级下册《根本政治制度》这一框内容的教学中，我班准备举办“模拟省人大会议”的活动，并与学校正在推进的项目化学习有机结合起来，计划利用两个下午的活动时间进行，每次四十分钟；地点在学校阶梯教室。具体如下：

任务 1：筹备会议，布置现场

下面是同学们收集到的新闻报道，并据此按比例由全班 50 位同学分别代表：

本次省人大代表共 500 余名，其中来自全省一线的工人、农民代表有 78 名，占代表总数的 15.7%，比上届提高 2.3 个百分点；专业技术人员代表队 112 名，占代表总数的 21.5%，比上届提高了 0.15 个百分点；妇女代表 131 名，占代表总数的 24.7%，比上届提高 1.5 个百分点。

作业一：

（1）上述人大代表的产生大致经过了怎样的一个选举过程？

（2）我们三十六中的学生能成为其中的一员吗？

（3）上述人大代表构成有什么变化？它说明了什么？

同学们在布置会场时，许多细节都需要考虑。

作业二：

（4）主席台幕布中央应该悬挂下列哪一个徽章呢？（　　）

A

B

（5）上述代表应该在哪里就座？

任务 2：会议开始，议程满满

会议计划召开四天，首先是公布某同学草拟的会议议程：

> ①审议政府工作报告。
> ②审查 2021 年度国民经济和社会发展执行情况与 2022 年国民经济和社会发展计划草案的报告。
> ③审查 2021 年地方预算执行情况与 2022 年地方预算草案的报告。
> ④审议高级人民法院工作报告。
> ⑤审议省高级人民检察院工作报告。
> ⑥审议《……条例》。

作业三：

（6）上述议程都正确吗？如果请你修改，你该如何制定呢？

（7）政府工作报告通常惯例是安排在哪一天？

（8）小刘怀疑上述议程中应该是漏掉了监察委员会的报告，可找老师请教时，老师说监察委员会不在人大会议上做报告。你能猜测一下其中的原因吗？

（9）下图是会议最后一天对一项立法结果的表决情况。这一立法在中国特色社会主义法律体系中属于哪一种类型？这一结果是否意味着表决通过？为什么？

任务3：会议结束，总结反思

模拟人大会议活动结束后，同学们的回顾反思仍在继续。

作业四：

（10）从上述会议议程中，可以体现出人民代表大会作为国家权力机关，在行使哪些职权？此外享有哪些职权但在上述议程中没有体现？人大代表参加行使哪些国家权力？

（11）从上述议程中可以看出人民代表大会在国家机关体系中居于怎样的地位？人民代表大会与其他国家机关之间的关系具体是怎样的？

（12）推测一下，在上述几个报告中，哪一个报告是相对更为重要的？报告人应该担任的是什么职务？

作业五：以下是王同学在活动结束后整理的一份知识结构图：

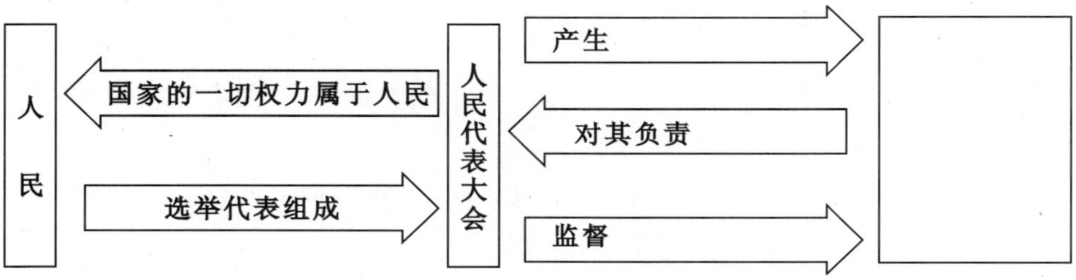

（13）你能否帮他把结构图的后半部分补充完整？

（14）老师说，补充完整的结构图其实已经基本把人民代表大会制度的内容比较完整地表达了出来。建议大家来个“看图说话”——根据结构图阐述人民代表大会制度的主要内容。请你来完成。

（15）作为“省人大代表”，小李认真履行职责，准备在人大会议上提交一个议案，以便更好地落实国家“双减”政策。关于这个问题，你有哪些好的建议和想法？请你来谈谈。

作业解析

（1）省人大代表应该通过间接选举产生，所以省人大代表首先应该由选民选举后当选为县区级人大代表，然后再经过市人大间接选举后，才能当选为省人大代表。

（2）不能，人大代表必须除应该具有中华人民共和国国籍外、未被剥夺政治权利等条件外，还应年满 18 周岁。所以初中学生不可能当选。

（3）在上述人大代表的构成中，工人和农民代表的数量、妇女代表的数量及专业技术人员代表的数量都在逐渐增加。这就意味着人大代表当中官员的数量在逐渐减少，代表当中有了更多的基层群众，这就保证了人大代表能够代表更多的普通基层群众的意志和意愿，使人大会议有了更大的广泛性和更充分的代表性。

（4）A

（5）除主席团成员外，其他代表应该在主席台下就座。

（6）议程⑤错误，应该是“审议省人民检察院工作报告”。

（7）政府工作报告通常安排在会议的第一天进行。

（8）监察委员会工作会涉及一些不宜公开的国家秘密，所以它不会公开做报告。

（9）属于地方性法规。赞成票数已过半数，意味着表决通过。

（10）从上述会议议程中可以看出人大在行使监督权、立法权、决定权；此外人大还享有任免权，但在上述议程中没有体现。人大代表在行使审议各项议案和报告、表决各项决定的权力。

（11）从议程中可以看出人民代表大会在国家权力体系中居于最高地位。其他国家机关由它产生、对它负责、受它监督。

（12）在上述议程中的几个报告中，政府工作报告最为重要，做报告的人是省长。

（13）结构图空白处应从上至下依次填写：人民政府、监察委员会、人民法院、人民检察院。

（14）国家的一切权力属于人民；人民通过民主选举选出代表，组成各级人民代表大会作为国家权力机关；由人民代表大会产生国家行政机关、监察机关、审判机关、检察机关，这些国家机关依法行使各自的职权，并对人民代表大会负责，受人民代表大会监督。

（15）略。

作品点评

本作业属于一个课时设计。作者在作业设计时立足八年级下册第三单元《人民当家作主》这一整体观念，对相关知识及学科素养进行整体性学习和探究，设计出能够体现知识整体性、思维连贯性、思想一致性、逻辑系统性的系列问题进行实践探究，让学生在亲身体验中，掌握有关我国根本政治制度、国家权力机关等内容，提高学生对中国特色社会主义的制度自信，增强他们的政治认同，达成教学目标。

作品亮点： 1. 注重知识的重组梳理，帮助学生进行在大概念统领下的知识学习。 2. 让学生走入社会，通过社会实践活动使教材中难于理解的内容变得立体和生动。 3. 在实践活动中完成系列的问题链，帮助学生实现思维的一致和连贯，从而进行深度学习。

专家建议： 作业评价是作业设计中不可忽视的一个重要元素，这也是本作业设计中所缺失的部分。建议结合教学实际和学生学习实际补充完整。

历史部分

LISHI BUFEN

第一类　课时作业设计

青铜器与甲骨文

太原市第五十六中学校　陈　茜

电子作品扫码下载

作品信息

作业类型	课时作业
适用范围	人教社统编教材《中国历史》七年级上册第二单元第5课《青铜器与甲骨文》。
设计意图	通过完成课前自主学习作业1，能从教材中提取信息，初步探知青铜器、甲骨文的概况；通过对司母戊鼎铸造过程的探究，培养学生的跨学科学习能力和历史想象能力；通过参观青铜器博物馆、绘制文物小档案，了解中国古代青铜工艺的成就；通过观察书写甲骨文活动，探索和研究甲骨文的结构，使学生了解今天的汉字与甲骨文的渊源；认识到夏、商、西周时期青铜文明的辉煌灿烂，一脉相承，源远流长。
设计目标	通过完成作业，学生能认识到甲骨文是经发现的中国古文字中年代最早、体系较为完整的文字；认识到青铜器和甲骨文是夏、商、西周时期文明的典型代表，也是我国古代劳动人民勤劳和智慧的结晶，认识到青铜器文化序列完整，从更多元的角度深入感受青铜器独特的魅力。
设计特色	围绕教学目标，选择相应的具有典型性和代表性的课程资源，多方面开发和利用校外历史课程资源，有助于学生对学习重点的掌握。鉴于学生认知水平和个性的差异，考虑学生实际和可操作性，在设计作业时遵循“以学生为本”的理念，优化作业设计，创新作业形式，设计符合学生特色的开放性、探究性作业，调动学生积极参与历史学习活动。根据学生的实际情况进行历史作业难度的分层，让学生根据自己的兴趣选择不同的作业，使不同学习层次的学生都能从作业中找到自己的兴趣点。这样的设计，首先可以减轻学生过重的课业负担，走出题海；其次有利于提升学生对历史学科的学习兴趣，落实历史课程核心素养；再次，可有效激发学生潜力，促进其个性发展，使其在学习中获得满足感，感受学习的快乐。

（续表）

作业时长	课内知识性作业：用5分钟左右时间完成自主学习作业1（填写表格）；用6分钟左右时间完成自主学习作业2（合作探究）；用3分钟左右时间开展课后自主检测作业。 课外个性探究作业：划分小组，根据组内成员的学习安排合作讨论时间。

作业内容

课内知识性作业

导学任务单以表格和材料的形式设计了如下自主学习作业。

1. 阅读教材，填写表格。

<table>
<tr><td rowspan="3">青铜器</td><td>繁荣时期</td><td></td><td>政治意义</td><td colspan="5"></td></tr>
<tr><td>组成成分</td><td></td><td rowspan="2">典型器物</td><td></td><td rowspan="2">特点</td><td></td><td></td><td></td></tr>
<tr><td>铸造技术</td><td></td><td></td><td></td><td></td><td></td></tr>
<tr><td rowspan="3">甲骨文</td><td>使用时期</td><td></td><td>书写载体</td><td></td><td>发现时间及人物</td><td colspan="3"></td></tr>
<tr><td>造字方法</td><td></td><td></td><td></td><td></td><td colspan="3"></td></tr>
<tr><td>历史地位</td><td colspan="7"></td></tr>
</table>

2. 阅读材料，合作探究。

材料一　图1司母戊鼎高133厘米，口长110厘米，口宽79厘米，重832.84千克。1939年河南省安阳市武官村出土。现藏中国国家博物馆。

材料二　古书记载：铸造一件精美的青铜器必须具备“典范正、金锡美、工冶巧、火齐得”几个条件，图2是现代人对司母戊鼎制作过程的想象图。

图1　司母戊鼎　　图2　司母戊鼎制作过程图（想象图）

（1）商代熔铜的坩埚每个只能熔铜12.7千克，假如你是司母戊鼎铸造工程的总设计师，你会怎样完成这项浩大的工程？

（2）结合材料和教材分析这一时期青铜铸造业的特点。

课后自主检测作业

1. 如图是汉字“鱼”字演变的简单历程，据此可知　　（　　）

甲骨文	周代金文	小篆	隶书	楷书
			魚	魚

A. 汉字是我国唯一文字

B. 汉字的发展一脉相承

C. 汉字的演变由简到繁

D. 汉字都来源于象形字

2. 小华同学在参观山西博物院举办的商周文物展览时，拍摄了一组青铜器的图片，从中不能得到的历史信息是 (　　)

商代酒器鸮卣

西周叔矢方鼎内铭文

西周乐器晋侯稣钟

A. 青铜铸造业规模宏大，组织严密

B. 青铜器种类繁多，用途广泛

C. 青铜器物具有重要的史料价值

D. 青铜铸造业的工艺水平高超

课外个性探究作业：(选做)

1.【吉金光华】以小组为单位，参观青铜博物馆，设计研学记录卡。

评价指标：是否对夏、商、周时期青铜器的发展与演变有明确的时序观念，能否认识青铜器的功能、工艺，阐释对商周时期青铜文明的认识。

2.【器物中国】绘制国宝会说话档案（青铜器专题）解读文物，为文物撰写个性化“档案解说”。

评价指标：能否运用所学有关青铜器器形、用途、铭文、纹饰和制作工艺方面的知识解读某一具体的青铜器；理解如何从文物中获取历史信息。

3.【以器载道】仿制文物：查阅青铜器的有关知识，了解青铜工艺发展历史和青铜器纹饰内涵，体验青铜器的制作过程，动手制作青铜器。展示作品，讲述制作流程。

评价指标：仿制青铜器除了客观呈现作品外，也应有一定的艺术要求。

4.【汉字探源】甲骨文创意之星：自主查阅资料，以甲骨文绘画、塑形或泥刻作品展现甲骨造字的特点和或演变过程，感受文字对文化的延续和传承。

评价指标：对于作品的排版布局要具备一定的审美情趣。

作业解析

课内知识性作业

1.

<table>
<tr><td rowspan="3">青铜器</td><td>繁荣时期</td><td>商周时期</td><td>政治意义</td><td colspan="5">代表国家权力，反映权力大小和严格的等级界限</td></tr>
<tr><td>组成成分</td><td>铜锡铅</td><td rowspan="2">典型器物</td><td>司母戊鼎</td><td rowspan="2">特点</td><td>数量众多</td><td>用途广泛</td><td>功能多样</td></tr>
<tr><td>铸造技术</td><td>泥范铸造法</td><td>利簋</td><td>种类丰富</td><td>工艺高超</td><td>分布广泛</td></tr>
<tr><td rowspan="3">甲骨文</td><td>使用时期</td><td>商周时期</td><td>书写载体</td><td>龟甲、兽骨</td><td colspan="2">发现时间及人物</td><td colspan="2">清朝 1899 年王懿荣</td></tr>
<tr><td>造字方法</td><td colspan="2">象形</td><td colspan="2">指事</td><td>会意</td><td>形声</td><td>假借</td></tr>
<tr><td>历史地位</td><td colspan="7">中国已发现的古代文字中年代最早、体系较为完整的文字。</td></tr>
</table>

2.（1）通过学生自己的计算，能够较为形象地了解铸造司母戊鼎的复杂：

①832.84÷12.7≈66

铸造该鼎需要 60 多个坩埚同时搅熔，二三百人同时操作。

②铸造过程应考虑的实际问题：为什么一定要 60 多个坩埚同时进行熔化，进行浇铸，怎样才能协调好 200 余人同时行动等。

（2）规模宏大，组织严密，分工细致，多人同时协作，工艺高超等。

课后自主检测作业

1. B

2. A

课外个性探究作业

落实“双减”政策，向课堂要效率，确保学生能在课堂上认真完成“自主学习作业”和“自主检测作业”，减轻学生课后的学业负担。学生在展示学习成果时，不仅展现作业中的知识点，还能积极思考、讨论，展现答题的思路和方法。通过对“作业成果”进行学生自我评价、组内同学互评和教师点评，使学生成为主体，亲自感受知识产生、发展、形成与运用的过程，有效提升学生的学习能力和综合知识的掌握水平。

探究开放性的作业形式有较大的自主性，有利于发挥学生特长、激发学生兴趣、调动学生积极性。要注意作业的完成过程和学生的体验，培养学生动手动脑、合作学习和创新思维的能力。

【吉金光华】参观青铜博物馆，设计研学记录卡

学生在参观前要查询相关资料，提炼参观项目、确立研学任务，设计研学记录卡，感受“史由证来”“论从史出”的学科特征，培养获取有效信息、归纳分类历史信息的学科素养。

带着问题参观，参观的过程就是发现问题和解决问题的过程。通过听讲解员讲解、现场采访游客，收集照片和视频资料、记录实践收获，完成研学记录卡。在实践活动基础上增加研究性学习方式，让学生开阔眼界、勤于思考、善于总结、乐于合作。使学生理解青铜器是历史的见证，青铜器的制作反映了当时的社会生产力水平；体现了古代工匠的聪明才智。感悟家乡青铜器之美，领略青铜文明的绚丽多彩，感叹中华文明的博大精深，同时也进一步增加了学生从文物中汲取精神滋养的浓厚兴趣。

【器物中国】绘制国宝档案（青铜器专题）解读文物

通过“国宝档案”的绘制，促进学生自主探寻知识，在自主探究搜集相关资料的过程中建立起学习历史知识须具备的时空观念。

学生在经历完整的探究过程之后，进一步开放视野，助其感知多姿多彩的青铜文化，最终的探究结果会给他们带来极大的成就感和喜悦感，逐步让他们建立起民族自豪感。学生深刻体会到历史不再是“故纸堆”，文物不再只是一件博物馆中的陈列品，而是能够让他们感受到“生命”的文化传奇，通过对青铜器发展基本序列的了解，体悟波澜壮阔的青铜时代和中华文明的博大精深。

【以器载道】仿制文物

学生自主完成对仿制青铜器的详细观察（包括器物名称、所属年代、用途等），体会距今四五千年以前中国古人的智慧，为中国丰富而厚重的文化感到自豪。

展评课上，学生们积极组织参与班级作品展览与讲解活动。出示的作品异彩纷呈，五花八门，实现了文物的“穿越”。学生们通过自评畅谈了制作的艰辛与不易，

交流了制作技巧，他们的创造力超乎想象，小组内的互相评价也异彩纷呈。

除课堂上集中展示外，还利用作业展板、手抄报、单独鼓励等多样的形式来提升历史素养，胸中有丘壑，眼底宇宙宽。

【汉字探源】甲骨文创意之星

通过查阅资料，学生追溯到中华文化的活水源头，寻觅到中国汉字文化的起源，通过仔细观察甲骨文的字形，了解甲骨文的造字方法，认识到甲骨文已经具备了汉字的基本结构，繁简有道，尽显其妙，很多字体至今仍在使用，是汉字形成与发展的重要阶段。仿写古老的甲骨文，揭开了古老文字的神秘面纱。本次活动，使学生明白，随着社会的发展和历史的进步，甲骨文不断演变，但是无论字体怎样变，我们还是能够从历史中找到根源，领悟中华民族生生不息的创造力与蓬勃生机、中华文明的源远流长与一脉相承，铸牢最坚实的文化认同。

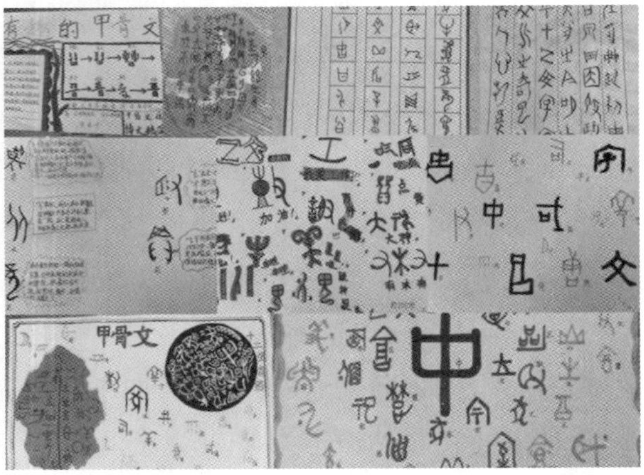

作品点评

本作品属于带有分层性质的课时作业，分为基础类和创新探究类两部分，让学生有自主选择作业的权利，使其个性飞扬，能够满足不同学习层次水平学生的需要，属于分层性作业类的上乘之作。

作品亮点：首先，课内知识性作业分为两部分，第一部分的自主学习作业1属于一个简单的知识归纳整理，有助于学生及时巩固所学内容，同时也有助于教师在下一次的教学过程中及时调整教学；自主学习作业2属于培养学生学习能力类的作业，既有选择题也有材料分析题，训练了学生从材料中提取信息的能力、知识的再认再现、分析归纳能力。其次，第二部分属于课外探究性作业，分为四个类型：设计研学记录卡，撰写个性化“档案解说”，讲述青铜器制作流程，观察、研究并仿写甲骨文。活动形式的活泼多样改变了作业枯燥无趣的模式，还培养了学生的创新意识，发展了学生的创新探究能力，能充分激发学生学习的兴趣和发展个体潜能，体现了学生学习的主体性，培养了思维的开放性，提高了学生分析问题和解决问题的能力、收集和分析信息的能力、合作和交流的能力、动手实践操作的能力，让学生在探究过程中得到了情感体验，形成了正确的情感态度价值观，达到了本课时作业的设计目标。

专家建议：作为课时类作业的代表，本作品充分挖掘了教材的内涵和外延，注重了基础知识和个体兴趣之间的有效衔接，但需要注意时间的合理安排，课内和课外、基础和个性探究之间的把握，切不可既增“质”也增“量”。

青铜器与甲骨文

太原市第三十九中学校　安　宝

电子作品扫码下载

特等奖作品

作品信息

作业类型	课时作业
适用范围	人教社统编教材《中国历史》七年级上册第二单元第5课《青铜器与甲骨文》。
设计目标	目标1：观察青铜图片，识别和判断各类青铜器的用途和功能。（不同层次的学生均可在观察的基础上猜测青铜器的用途，从而了解其用途、种类、特点，初步体会青铜工艺成就。） 目标2：认识到青铜文物史料，是我们了解商周时期社会状况的重要依据，具有极高的历史价值，感受我国青铜制作工艺水平的高超技术和古代劳动人民的智慧。
设计意图	在观察图片的基础上，概括青铜器的用途、价值。通过呈现的素材创设情境，提取有效信息，进一步加深对这一时期中国灿烂文明的理解。运用考古实物史料，渗透史料实证意识，培养“论从史出”的思维习惯。客观分析实物史料，从不同角度进行解读，激发学生学习历史的兴趣，理解中国高度发达的文明源远流长，增强民族自豪感和民族自信心。充分运用教材已有资源进行深度挖掘，如教材中的图片资料、文字资料。设计不同层次的问题，通过直观和理性分析相关图文材料，了解当时的社会状况。学生充分挖掘图片、铭文、文字所蕴含的丰富历史信息最终上升到情感认知，感受青铜器之美和古代劳动人民的智慧。

（续表）

设计特色	（1）材料一出自教材第28页“课后活动”的三组图片《夏代青铜器》《商代青铜器》《周代青铜器》，《课标》教学活动建议要求“搜集青铜器的图片，说说我国古代青铜工艺的成就”，充分利用教材考古史料创设学习情境。 （2）材料二出自教材第26页图片《司母戊鼎》，并增加了相关辅助材料。紧扣《课标》“了解青铜工艺的成就”这一要求。通过直观和理性分析青铜器图文材料，了解当时的社会状况，即青铜器作为礼器是身份和等级的象征。 （3）材料三出自教材第26页插图，通过考古史料创设情境。本设问在前两问的基础上进行提升，紧扣“青铜工艺的成就”这一要求，从青铜器的价值角度进行考查。针对学优生，要求他们充分挖掘图片、铭文、文字所蕴含的丰富历史信息进行提炼概括。 （4）经过上述探究，要求学生从不同角度理解中国古代青铜工艺的高超成就，例如，从青铜器的制作工艺、特点、用途、价值等方面，进而上升到情感认知，感受青铜器之美和古代劳动人民的智慧。
作业时长	10分钟左右

作业内容

材料一

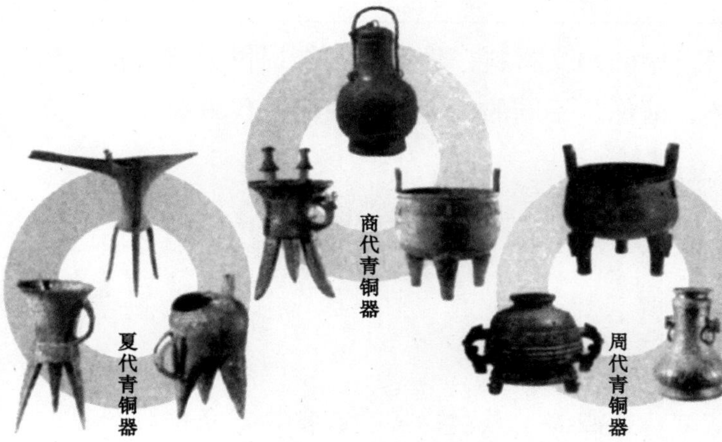

（1）仔细观察材料一中的青铜器，议一议：它们的用途可能是什么？并展示你课下搜集的其他种类青铜器的图片。

材料二

周代列鼎列簋（guǐ）制度一览

司母戊鼎	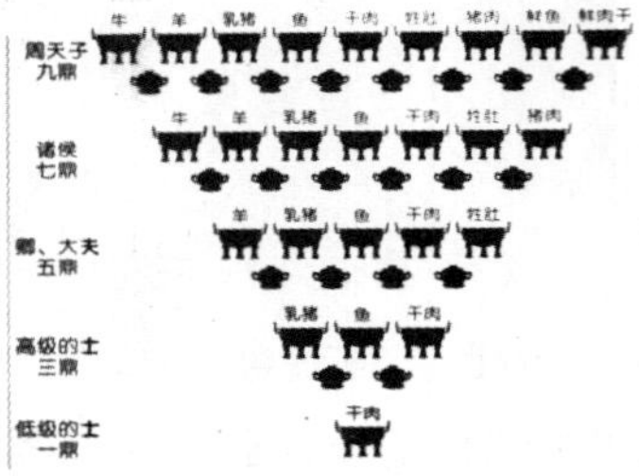	西周崇尚礼制，青铜器以礼器鼎、簋为主，这与前朝明显不同。周王朝针对礼器使用规格专门制定了制度，鼎和簋配合使用，鼎是奇数，簋配偶数，如天子为九鼎八簋，诸侯为七鼎六簋，卿大夫为五鼎四簋等。

（2）材料二中的《司母戊鼎》是迄今世界上出土的最重的青铜器，我国许多成语中也含有“鼎”字，你能说出两例吗？请你结合材料二中的图文材料，说明鼎簋制度反映了当时怎样的社会状况。

材料三

		内底镌刻着周武王在讨伐商纣之前占卦问神的铭文，共32个字。铭文的大意是：武王伐纣，在甲子日黎明，对伐商能否取得胜利进行了卜问，兆象很好。武王赐给有事（官名）利（人名）以金（青铜），利觉得很荣耀，遂铸此簋作为纪念。

（3）分析材料三中的图文材料，你认为它能提供哪些有价值的信息？

（4）综上所述，请你从不同的角度谈谈中国古代青铜工艺的高超成就。

作业解析

一、参考答案

（1）用途：饮酒、盛酒器、煮食物、盛放食物、祭祀等。

（2）一言九鼎、问鼎中原、人声鼎沸、大名鼎鼎、三足鼎立等。鼎簋制度反映了当时森严的社会等级制度。

（3）可考查西周高超的青铜制作技术，铭文提供了武王伐纣的史实，为研究书法演变提供了资料等。

（4）工艺精美；呈现种类多、规模大、用途广、造型独特等特点；用于生产、生活、军事、祭祀等各领域；了解商周时期社会状况的重要实证，具有极高的历史价值，代表古代劳动人民的智慧等。

二、完成效果

等级 1：学生回答与图示材料无关。如：答案无法描述青铜器的用途。

等级 2：学生对图片解读角度单一，或者与图片关系不紧密。如：第二问只回答“青铜器是酒器”“青铜器制作复杂”。

等级 3：能够使用多个材料得出结论，但未能构建其逻辑关系，关系不严密。如：第三问不能在上述材料基础上谈感受，或者空洞无物。

等级 4：能够与多个材料建立起联系，材料运用较充分，论证严密，表达清晰。如“从利簋可以考察当时青铜器的生产情况；从铭文可以了解或推测发生的事件，还可以和历史记载相印证；同时还可用于研究书法的演变，所以青铜器具有丰富的价值”等。

等级 5：在等级 4 的基础上能够扩展材料，联系现实。材料运用充分，论证严密，表达清晰。如“青铜器蕴含丰富的价值，代表了古代劳动人民的智慧，是我国夏商周时期灿烂文明的代表。”

作品点评

本作品属于课堂类性质的课时作业，在给予大量丰富情境素材的基础上，设置了适合不同层次学生的梯度问题，让不同层次的学生在基础和能力上各得其所，既能调动学生的积极性，又能激发学生的竞争意识，还关注到了每位学生的成长。

作品亮点：首先，本作品短小精干，可以作为一个很好的课堂类作业，以 PPT 的形式呈现给学生，促使“讲台上的教学”转化为“课堂上的学习”，加深了学生对教材的理解和巩固，使之进一步掌握相关的技能技巧，还能帮助教师了解学生的学习状况，及时发现学生的知识空缺或者技能缺陷，进行必要的纠正，调节、完善自己的教学，从而提高教学效果，同时也有效地减轻了学生的学业负担。其次，本作品作为一个带有问题梯度的作业，可以因“层”而练，因“层”而测，从而使得教育教学更适合每个学生的需求和成长。优等生能够充分发展自己的个性，最大限度地挖掘潜能，学困生可以从非智力因素的教育着手，激发他们的学习热情。也可以对不同层次的学生运用相对评价，有利于学生反省自身学习行为，为其持续成长提供依据。

专家建议：本作品时间安排比较合理，各种层次的问题可以在课堂中穿插使用，对于基础知识和基本能力，可放在课前和课中解决，对于一些高阶思维含量的问题可以在下课前集中解决。

东汉的兴衰

太原市第三十九中学校　戴　敏

电子作品扫码下载

特等奖作品

作品信息

作业类型	课时作业
适用范围	人教社统编教材《中国历史》七年级上册第三单元第13课《东汉的兴衰》。
设计意图	通过不同的历史现象、历史人物、历史事件以及历史文献，了解、分析和解释历史问题，如通过呈现的素材创设情境，提取有效信息，了解东汉的兴衰之路。以实事求是的态度分析历史与现实问题，如探究历朝历代兴衰的原因，并吸取历史的教训来解决现实问题。通过解读史料，观察文物，培养史料实证的意识，养成“论从史出”的思维习惯及解读史料的能力。充分运用史料来创设历史情境，如教材中的图片资料、文字资料及《后汉书》等有说服力的史料文献。设计不同层次的问题，通过直观和理性分析相关的图文材料，了解当时的社会状况，分析探究东汉兴盛和衰落的原因。
设计目标	目标1：通过史料研读，了解东汉初期国家的情况；（史料摘自《后汉书》） 目标2：通过观察图片、解读数据，知道光武中兴的表现，归纳总结光武帝采取的措施。 目标3：通过解读表格，结合教师讲述，分析东汉走向衰亡的原因，认识皇权衰亡的危害。 目标4：探讨总结历朝历代兴盛与衰亡的原因，感悟国家统治者的政策与国家兴亡之间的关系，成由俭、败由奢等结论。
设计特色	（1）材料一、材料二的文献史料摘自《后汉书》，属于史料情境。给出这两则史料可使学生充分利用史料了解当时的社会情况，即通过阅读史料，了解汉光武帝初建国家的境况和管理国家的措施。（对学生的古文素养有一定的要求） （2）材料三是比较直观的数字史料和形象的文物史料，能真实反映光武中兴的社会场景。（直观的数字及形象的宅院画像砖比较符合七年级学生认知水平） （3）材料四是东汉中后期皇帝的年龄和寿命表、轮流执政示意图，能直观而生动地呈现外戚宦官交替执政的状况。 （4）材料五是历史故事，材料六是民间童谣，都是真实的历史情境，能真实地反映出东汉后期的社会动荡。紧扣《课标》解决“东汉外戚、宦官专权造成的社会动荡”。
作业时长	10分钟左右

作业内容

阅读下列材料，结合所学知识回答问题。

材料一 “祸拏（ná）未解，兵连不息，刑法弥深，赋敛愈重……父子流亡，夫妇离散，庐落丘墟，田畴（chóu）芜秽”，以致“匹夫僮妇，咸怀怨怒”。

——《后汉书》

材料二 光武帝下诏：被略为奴婢者，皆一切免为庶人。……建武六年（30），下诏恢复西汉前期三十税一的赋制。……并省四百余县，吏职减损，十置其一……而复欲远事边外乎！不如息民。

——《后汉书》

材料三

时间	全国户籍人口
东汉初	1000 多万
57 年	2100 多万
105 年	5300 多万

弋射收获画像砖

东汉宅院画像砖

材料四

皇帝	和帝	殇帝	安帝	顺帝	冲帝	质帝	桓帝	灵帝	少帝	献帝
即位年龄	10	1	13	11	2	8	15	12	17	9
寿命（岁）	27	2	31	30	3	9	36	34	18	54

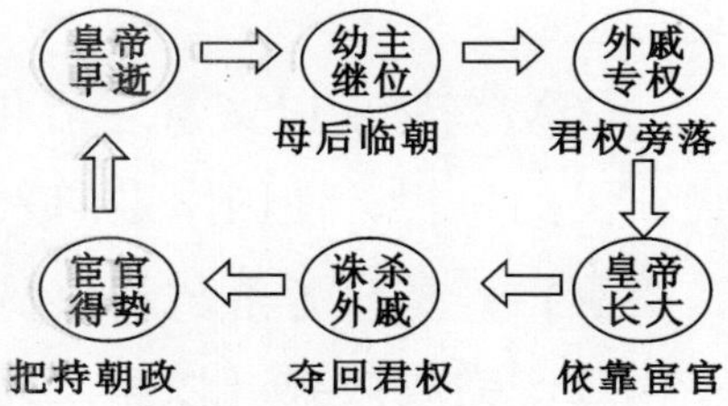

材料五 外戚梁冀先后立了三个皇帝，独揽朝政 20 余年。他一家人全都当官封侯，横行霸道，把数千平民当作自己的奴婢，各地上贡朝廷的物品先要送到他家后才敢献给皇帝，年幼的汉质帝不满梁冀专政，说他时“跋扈将军”，梁冀居然令人在面食中下毒，毒死了汉质帝。

——《中国历史》人教版七年级上册

材料六 汉顺帝末年，京都流传一首童谣：直如弦，死道边。曲如钩，反封侯。

——《中国历史》人教版七年级上册

（1）根据材料一，指出汉光武帝刚刚建立东汉时国家的境况。

（2）根据材料二，概括汉光武帝恢复经济的措施，并分析这些措施的目的分别是什么。

（3）根据材料三，说一说经过光武帝的一番治理，国家境况发生了哪些变化。

（4）根据材料四，算一算东汉皇帝即位时的年龄平均是多少岁？东汉后期的小皇帝年幼时和长大后分别依靠谁来治理国家？这会给当时的政局带来哪些影响？

（5）根据材料五、材料六，分析东汉衰亡的原因有哪些。

（6）综合上述材料，思考：影响国家兴衰的因素有哪些？

作业解析

一、参考答案

（1）经济萧条，人民怨恨。

（2）释放奴婢是为了增加农业劳动力，轻徭薄赋和合并州县是为了减轻农民负担，这些都体现了统治者休养生息、恢复经济的目的。

（3）经济得到恢复和发展，社会比较安定，史称“光武中兴”。

（4）东汉后期 10 位皇帝即位时平均年龄为 9.5 岁，平均寿命不足 24 岁。这些皇帝继位年龄小，寿命短，大多不能实际掌控朝政，常常成为外戚宦官操弄政权的傀儡，与东汉后期外戚宦官交替专权密切相关。

（5）外戚宦官交替专权导致政治腐败不堪，正直的官员受到排挤陷害，社会混乱，人民遭殃。外戚、宦官交替专权的恶性循环，动摇了东汉经济，东汉王朝走向衰亡。

（6）兴盛：以文景之治和光武中兴为例，都重视农业的发展，都以民为本，减轻农民的负担，使国家走向兴盛等。

衰亡：皇权旁落、朝政腐败、天灾人祸、农民起义等。

二、完成效果（以第二问为例）

等级 1：学生回答与图示材料无关。如“休养生息”。

等级 2：对材料解读角度单一，措施与目的没关系。如：第二问只回答“释放奴婢”。

等级 3：能够使用多个材料得出结论，但未能构建其逻辑关系，关系不严密。如：释放奴婢是为了增加农业劳动力，轻徭薄赋是为了减轻农民的负担。

等级 4：与多个材料建立起联系，材料运用较充分，论证严密，表达清晰。如释放奴婢是为了增加农业劳动力，合并州县和轻徭薄赋是为了减轻农民的负担，这些都体现了统治者休养生息、恢复经济的目的。

等级 5：在等级 4 的基础上能够扩展材料，联系现实。材料运用充分，论证严密，表达清晰。如“以文景之治和光武中兴为例，都重视农业的发展，都以民为本减轻农民的负担，使国家走向兴盛”等。

作品点评

本作品可以作为课后类的课时作业，是课堂教学的重要补充和延伸，它有利于进一步巩固和消化课堂所学知识，起到了将知识转化为技能的作用。教师设计完成作业的时间符合“双减”政策，不仅激发了学生学习的兴趣，而且达到了减负增效的目的。

作品亮点：首先，本作品丰富的情景素材，例如：文献史料、数字史料、文物史料、示意图、历史故事和民间童谣让人眼前一亮，给学生展现了一部东汉简史；其次，问题的设置紧扣课标和重难点知识，让学生清楚自己的所长所短，明确了提升的目标和内容，清楚自己能力的欠缺之处，起到了及时检查学习效果的作用；最后，给出了答案的分级标准，体现了对学生的思维层级水平的要求，同时也能指导教师在教授知识的同时，训练学生的发散性思维，能够多角度思考问题。

专家建议：针对七年级学生也可以布置一些阅读类的作业，例如，本课中的汉光武帝刘秀是一位经历很独特的皇帝，可以指导学生阅读名人传记，然后布置制作人物名片的相关作业。

统一多民族国家的巩固和发展

电子作品扫码下载

太原市第五十六中学校　王红利

作品信息

作业类型	课时作业
适用范围	人教社统编教材《中国历史》七年级下册第三单元第 18 课《统一多民族国家的巩固和发展》。
设计意图	围绕主题——清朝统一多民族国家的巩固和发展，通过创设学习情境运用名画、文献、地图等多种方式呈现历史，形象生动、真实有趣地再现历史；针对情境，精准设计问题，难度由易到难，目标由低到高，层层设问，环环相扣，提高观察与阅读的能力，提升提取历史信息的能力，提升归纳概括的能力和多角度分析问题的能力，实践时空观念、史料实证的历史学科素养。深刻理解了清朝统一多民族国家的巩固和发展的史实，突出了本课的重点，进一步认识国家统一的重要性，增强国家认同感和历史使命感，提升唯物史观和家国情怀的历史学科素养。
设计目标	素养目标： 目标 1：通过观察名画、研读史料，知道清朝在台湾的建制，册封达赖；平定噶尔丹叛乱等加强西北边疆的巩固，提升史料实证的历史学科素养。 目标 2：识读地图，运用时空观念，理解清朝为统一多民族国家的巩固和发展所做出的贡献。 目标 3：感受民族独立和国家统一的家国情怀。 能力及价值观目标： 通过观察名画、研读史料，提升从图片、史料中提取历史信息的能力。认识台湾、西藏、新疆是中国不可分割的一部分。 识读清朝疆域图，提升从地图中提取历史信息的能力。清朝为统一多民族国家的巩固和发展所做出的贡献。 认识民族独立和国家统一是国家发展的重要前提和基础，维护和巩固国家统一始终是历史发展的主题。
设计特色	围绕主题，创设情境，作业设计体现分层：目标分层、问题分层，层层设疑，环环相扣，任选其一作答体现问题设计具有开放性，三个探究性的任务分别体现历史与美术、历史与语文、历史与地理等跨学科整合，注重实践性和探究性。
作业时长	15 分钟

作业内容

国家统一是国家发展的重要前提和基础，我国自古以来就是一个统一多民族国家，维护和巩固国家统一始终是历史发展的主题。我校学生以“清朝统一多民族国家的巩固和发展”为主题进行探究。

任务一　【名画中的历史——维护国家统一】

图 1　五世达赖觐见顺治皇帝

图 2　清代《平定准噶尔图卷》（局部）

（1）上面名画分别反映了中央政府维护国家统一的场景，请你任选其一为其写出简介。（目标 1）

任务二　【文献中的历史——加强国家统一】

（1683 年）遣侍郎苏拜至福建与督抚及琅议善后事。有言宜迁其人、弃其地者，琅疏言：“……台湾虽在外岛，关四省要害，断不可弃。并绘图以进。”疏入，下议政王大臣等议，仍未决。上召询廷臣，大学士李霨奏应如琅请。寻苏拜等疏亦用琅议，并设县三、府一、巡道一、上命允行。

——《清史稿》

（2）上述材料反映了清朝统治者进入台湾后，采纳施琅的建议，实行哪些措施加强对台湾的管辖，有什么重要意义？（目标 1）

任务三　【地图中的历史——巩固国家统一】

（3）参考《中国历史　七年级　下册》第 94 页《清朝疆域图》，并结合史实说明清朝为统一多民族国家的巩固和发展所做出的贡献。（目标 2）

（4）综合上述材料，谈谈你对国家统一的认识。（目标 3）

作业解析

一、参考答案

（1）示例1：清朝入关后，西藏地方藏传佛教格鲁派首领五世达赖喇嘛亲自入京朝贺。顺治皇帝隆重接见，1653年正式赐予他金册、金印和“达赖喇嘛”的封号，此后逐渐形成册封制度，加强了清朝对西藏地区的管辖。示例2：康熙三次亲征，平定噶尔丹叛乱，稳定西北部边疆地区；说明：任选一例，从不同角度进行简介。

（2）措施：1684年，清朝设置台湾府，隶属福建省。

意义：台湾府的设置，加强了中央政府对台湾的管辖，巩固了祖国的东南海防，台湾的社会经济发展也步入了新的历史时期。

（3）贡献：1684年，清朝设置台湾府，加强了中央政府对台湾的管辖，巩固了祖国的东南海防；1885年，台湾正式建省，成为中国的一个行省；册封达赖、班禅，确立册封制度；设置驻藏大臣，同达赖、班禅共同管理西藏政教事务；颁布《钦定藏内善后章程》，规范了西藏地方行政体制和法规；康熙三次亲征，平定噶尔丹叛乱，稳定西北部边疆地区；乾隆平定回部大、小和卓叛乱；设置伊犁将军，管辖包括巴勒喀什池在内的整个新疆地区，驻军设哨，加强对西北地区的管辖；积极反抗外来侵略，抗击沙俄侵略者，签订第一个边界条约《尼布楚条约》。说明：任选两例，从史实和意义两个角度说明。

（4）我国自古以来就是一个统一多民族国家，民族独立和国家统一是国家发展的重要前提和基础，维护和巩固国家统一始终是历史发展的主题。

二、答题状况

90%以上的同学完成目标1，60%以上的同学完成目标2，30%以上的同学完成目标3。

三、完成效果

以作业第三问为例，不同水平学生作答情况如下表，学生整体完成情况良好。

不同水平学生作答	主要特征	结合史实说明清朝为统一多民族国家的巩固和发展做出的贡献。
行为表现1	没有应答，应答与材料或问题无关。	如“三国时期，吴国船队曾到达夷洲，加强了内地和台湾地区的联系”。

（续表）

行为表现2	对材料解读角度单一，事件与影响没有关系。	如“清朝册封达赖、班禅，确立册封制度；设置驻藏大臣，同达赖、班禅共同管理西藏；巩固了祖国东南海防；积极反抗外来侵略”。
行为表现3	使用多个材料得出结论，但未能构建其逻辑关系，关系不严密。	如“1684年，清朝设置台湾府；1885年，台湾正式建省；册封达赖、班禅，确立册封制度；设置驻藏大臣；康熙三次亲征，平定噶尔丹叛乱；乾隆平定回部大、小和卓叛乱；抗击沙俄侵略者”。
行为表现4	与多个材料建立起联系，材料运用较充分，论证严密，表达清晰。	如“1684年，清朝设置台湾府，加强了中央政府对台湾的管辖；册封达赖、班禅，确立册封制度；设置驻藏大臣，颁布《钦定藏内善后章程》；康熙三次亲征，平定噶尔丹叛乱；乾隆平定回部大、小和卓叛乱；设置伊犁将军，管辖包括巴勒喀什池在内的整个新疆地区，驻军设哨，加强对西北地区的管辖；积极反抗外来侵略，抗击沙俄侵略者”。
行为表现5	在行为表现4的基础上能够扩展材料，联系现实。材料运用充分，论证严密，表达清晰。	如“1684年，清朝设置台湾府，加强了中央政府对台湾的管辖，巩固了祖国东南海防；1885年，台湾正式建省，成为中国的一个行省；册封达赖、班禅，确立册封制度；设置驻藏大臣，同达赖、班禅共同管理西藏；颁布《钦定藏内善后章程》，规范了西藏地方行政体制和法规；康熙三次亲征，平定噶尔丹叛乱，稳定西北部边疆地区；乾隆平定回部大、小和卓叛乱；设置伊犁将军，管辖包括巴勒喀什池在内的整个新疆地区，驻军设哨，加强对西北地区的管辖；积极反抗外来侵略，抗击沙俄侵略者，签订第一个边界条约《尼布楚条约》。”

作品点评

本作品是一个带有分层和开放性的课时作业，能够让学生在完成作业的过程中体验幸福和快乐，使作业成为学生成长的内在需要，而且也尊重了学生的个体差异，在设计中体现了对学生三维目标的逐级考查，是课堂类作业的典型案例。

作品亮点： 首先，作业对三维目标进行了考查，通过问题的设置，考查学生的素养和能力；其次，在情景的选取上，通过两幅有代表性的历史图片的对比，巧妙地考查了清王朝的民族政策，减少了学生的阅读时间；再次，本作品也具有文本再创型作业的特征，这种建构是基于教材、学生、教师本身的素养及教学风格进行的再度开发、大胆建构，从而形成新的情境、更有现实意义的可操作性的可观、可读、可感的独立文本；最后，第三问的答案采用了分层评价方式，可以考查学生的思维认知水平，也是本作品的一大亮点。

专家建议： 作为七年级的学生，本作品的设计符合这个阶段的学生学习能力要求，同时要注意在有限的时间内，达成目标不可过多，应以“精”为主，同时课时内的作业设计目的要以诊断为主。

中国工农红军长征

太原市迎泽区朝阳中学　曹娟娟

电子作品扫码下载

特等奖作品

作品信息

作业类型	课时作业
适用范围	人教社统编教材《中国历史》八年级上册第五单元第 17 课《中国工农红军长征》。
设计意图	通过设计课前预习任务卡（见附录），引导学生初步了解红军长征的路线及长征过程中发生的重大事件；体会革命先烈不畏艰险、艰苦奋斗、勇于献身、追求崇高理想的革命英雄主义精神，加深对长征精神的认识和理解。主要进行时空观念和家国情怀的学科素养渗透。通过设计课前预习任务卡中的活动“走红军路”，引导学生厘清历史线索，培养时空观念；通过设计课前预习任务卡中的活动“走红军路、唱红军歌、讲红军事”，引导学生体会革命先烈崇高的革命英雄主义精神。以长征路线为线索，加深对长征艰苦过程的了解；利用文学影视作品的感染力，感知历史，认识时代特征。结合我国科技创新和重大工程建设取得的丰硕成果，以“‘胖五’的今生、‘胖五’的前世、精神的传承”三部分设计课前探究性作业，以长征五号运载火箭作为突破口，把学习的主动权还给学生，通过自主、合作、探究方式展开学习，充分调动学生的学习积极性，激发学生对学习历史的兴趣，让学生养成勤于思考的学习习惯。
设计目标	1. 通过识读地图重走长征路，以红军长征的路线为线索，了解长征过程中发生的重大事件，知道遵义会议的召开及其伟大意义。 2. 通过文学影视作品等个性化资料的感染力，感知历史，形成历史概念，认识时代特征；体会革命先烈不畏艰险、艰苦奋斗、勇于献身、追求崇高理想的革命英雄主义精神，加深对长征精神的认识和理解。通过对“胖五”的研究，感悟长征精神的传承，激发热爱中国共产党，热爱人民军队，热爱社会主义祖国的崇高感情。
设计特色	本次作业设计以我国航空航天领域的重大科技成果“长征号运载火箭”为突破口，将基础性作业设计（识读地图重走长征路）和个性化作业设计（走红军路、唱红军歌、讲红军事三选一）相结合。以“‘胖五’的今生”激发学生的探究欲、以“‘胖五’的前世”达成课标要求、以“精神的传承”落实国家立德树人的根本任务。 在作业设计的实践性、探究性、学科综合性基础上落实五育并举的基本要求。
作业时长	60 分钟

特等奖作品

作业内容

一、“胖五”的今生

“可上九天揽月，可下五洋捉鳖。”近年来，我国科技创新和重大工程建设取得丰硕成果，从天空到深海，处处可见五星红旗的身影。长征号运载火箭、长征号核潜艇、长征号客货船……长征精神是一种跨越时代的传承。正是这种不畏艰险、永不言败的精神财富，引领着我们在中华民族伟大复兴的道路上，创造了一个又一个奇迹。

探究性学习作业：

1. 上网查阅资料：“胖五”是谁？它有多胖？采用制作卡片、书签的形式列举“胖五”家族的荣誉。

2. 思考并与同学交流：“胖五”家族姓氏的由来。

二、“胖五”的前世

《义务教育历史课程标准》（2011 年版）第四部分实施建议中对初中历史教学的教学建议提出：要充分激发学生的历史学习兴趣，提倡教学方式、方法和手段的多样化，例如开展课堂讨论，组织辩论会，举行历史故事会，进行历史方面的社会调查，观看并讨论历史题材的影视作品，写历史人物小传，编辑历史题材的板报、通讯、刊物，举办小型历史专题展览等。

探究性学习作业：

1. 走红军路：识读红军长征路线图，并结合教材上的文字了解并叙述长征的经过，选择一个长征曾经过的重要地点，写一段导游词，介绍当年红军经过此地的情况和当地的风土人情，并在课堂上模拟导游，带领同学重走该地。要求制作一个简单的 PPT 课件，展示相关地点的图片。

2. 唱红军歌：学唱一首与红军有关的歌曲。

3. 讲红军故事：可以采访长辈，或者观看影视作品、阅读材料（教师提供网址或书名，见附录），讲一个关于长征的故事。

三、精神的传承

长征过程中，红军战士展现了勇往直前、排除万难的革命英雄主义精神；坚定信念、积极进取的革命乐观主义精神；众志成城、团结互助的集体主义精神；这些精神是一种伟大的精神象征，具有强烈的现实意义，是中国社会主义建设的强大动力。

探究性学习作业：

同伴交流：说一说什么是长征精神。这种精神对你有怎样的帮助？比如今后你在学习或生活中遇到困难会怎么办？找一找身边其他的例子。

附表：实践探究性作业卡片

<table>
<tr><td>题目</td><td colspan="6">世代传承　长征记忆</td></tr>
<tr><td>学校</td><td colspan="2"></td><td>班级</td><td></td><td>姓名</td><td></td></tr>
<tr><td>作业要求</td><td colspan="6">利用双休日观看影视作品，查阅资料。
（一）“胖五”的今生
1. 上网查阅资料：“胖五”是谁？它有多胖？采用制作卡片、书签的形式列举“胖五”家族的荣誉。
2. 思考并与同学交流：“胖五”家族姓氏的由来。
（二）“胖五”的前世（作业三选一）
1. 走红军路：识读红军长征路线图，并结合课本上的文字了解并叙述长征的经过，选择一个长征曾经过的重要地点，写一段导游词，介绍当年红军经过此地的情况和当地的风土人情，并在课堂上模拟导游，带领同学重走该地。要求制作一个简单的PPT课件，展示相关地点的图片。
2. 唱红军歌：学唱一首与红军有关的歌曲。
3. 讲红军故事：可以采访长辈，或者观看影视作品、阅读材料（教师提供网址或书名，见附录），讲一个关于长征的故事。
（三）精神的传承
同伴交流：说一说什么是长征精神。这种精神对你有怎样的帮助，比如今后你在学习生活中遇到困难会怎么办？找一找身边其他的例子。</td></tr>
<tr><td rowspan="4">本次作业呈现形式</td><td>形式</td><td colspan="2">数量</td><td>形式</td><td colspan="2">数量</td></tr>
<tr><td>卡片</td><td colspan="2"></td><td>小报</td><td colspan="2"></td></tr>
<tr><td>剪贴画</td><td colspan="2"></td><td>书签</td><td colspan="2"></td></tr>
<tr><td>资料</td><td colspan="2"></td><td>其他</td><td colspan="2"></td></tr>
<tr><td>收获体会</td><td colspan="6"></td></tr>
<tr><td colspan="3">自评意见：</td><td colspan="4">小组互评意见：</td></tr>
<tr><td colspan="3">家长评价意见：</td><td colspan="4">教师评价意见：</td></tr>
</table>

作业解析

学生通过自主、合作、探究方式展开学习，激发了学习兴趣，在真实情境中解决真实问题，提升了学生的综合分析问题和解决问题的能力。同时作业中也渗透了德育内容，培养了家国情怀、社会担当。

一、“胖五”的今生

1. 长征五号系列运载火箭，又称“大火箭”“胖五”，它是我国目前高度最高、体积最大、运载能力最强的火箭。该系列火箭总长57米，约20层楼高；箭体直径5米；起飞质量约878吨；精确到微米级的零部件10万多个，可广泛应用于探月三期、火星探测、载人空间站等多种宇宙探索项目。

1970年4月24日，我国成功地发射了第一颗人造卫星，载星火箭就是长征一号。长征一号的研制也是一次长征，从1958年开始研制到1970年发射成功，足足走了12年。1972年首次发射长征二号火箭、长征三号运载火箭是在长征二号火箭基础上于1984年研制成功、长征四号是长征三号火箭的同宗型号，2016年长征五号在中国文昌航天发射场首飞成功，由此成为中国运载能力最强的火箭。

2. 火箭设计之初，大家都想给火箭起个什么名字。中国运载火箭技术研究院第一总体设计部总体设计室的同志们，有感于毛主席著名的《七律·长征》中表现出来的红军为实现革命目标，藐视一切困难、不惧任何艰难险阻的顽强斗志和勇往直前、不怕牺牲的大无畏精神，提出建议并经上级领导批准，将火箭命名为“长征”，寓意我国火箭事业一定会像红军长征一样，克服任何艰难险阻，到达胜利彼岸。我国的航天事业，从无到有、从小到大，每一步发展都凝聚着航天人巨大的付出。从长征路到飞天路，折射出薪火相传的精神。不同的长征，同样的精神。

二、“胖五”的前世

1. 遵义会议会址导游词示例：各位团友大家好，很荣幸今天由我陪伴各位参观历史文化名城遵义的标志性人文景观——遵义会议会址。遵义会议会址是全国重点文物保护单位、全国红色旅游景点景区、国家4A级旅游景区。1935年1月15日至17日就在这里召开了著名的遵义会议。遵义会议是中国共产党历史上的一次重要的会议，会议结束了王明“左”倾冒险主义在党中央的领导，确立以毛泽东为主要代表的领导地位，在极其危急的情况下，挽救了党，挽救了红军，挽救了中国革命，是中国共产党历史上一个生死攸关的转折点，是中国共产党走向成熟的标志。

2. 查阅音频、视频学唱即可。

3. 讲清故事的时间、地点、主要内容，谈谈感受。

三、精神的传承

长征精神的基本内涵是：①把全国人民和中华民族的根本利益看得高于一切，坚定革命的理想和信念，坚信正义事业必然胜利的精神；②为了救国救民，不怕任何艰难险阻，不惜牺牲一切的精神；③坚持独立自主、实事求是，一切从实际出发的精神；④顾全大局、严守纪律、紧密团结的精神；⑤紧紧依靠人民群众，同人民群众生死相依、患难与共、艰苦奋斗的精神。

在学习中一次次绞尽脑汁的思考解答、在生活中和同伴们的互帮互助、在赛场上一次次的努力拼搏，都是长征精神的传承。

作品展示

红军长征书签

长征五号运载火箭书签

长征小报

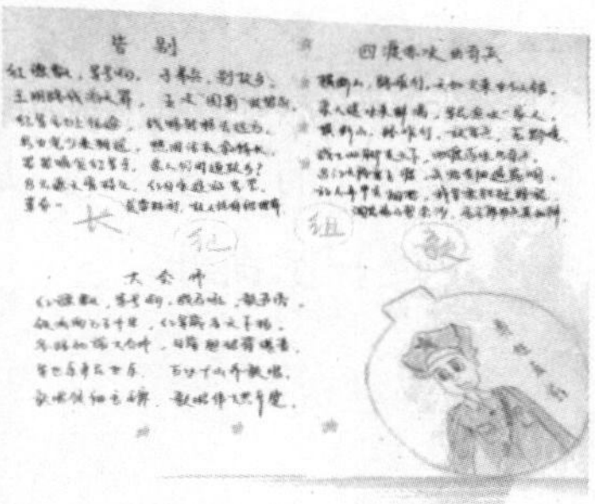

《长征组歌》

作品点评

本作品属于带有拓展素养性的课后作业，将基础性作业和个性化作业相结合，同时具备了分层性、实践性、探究性等特征，是综合性比较强的一个作品。此类作品脱离了单纯的依赖模仿与记忆，通过与书本相关联的知识与能力的拓展，通过动手实践、自主探索以及合作交流等多种形式，激发了学生的学习兴趣，锻炼了学生的动手实践能力，让每个学生都在各自不同的起点上提升学科能力，发展学科核心素养。

作品亮点： 首先，将基础性作业和个性化作业相结合，充分考虑了学情，建立多层次的弹性作业机制，为各类学生设计难易适度的作业，学生可以根据自己的学习能力及兴趣自由地选择，每个人都能享受到成功的喜悦，都能拥有更大的自主发展空间，使之有信心地投入学习之中；其次，在个性化作业中，有制作 PPT、唱红歌、制作宣传小报、制作相关红色书签和讲故事等活动，把知识和生活联系在一起，让学生在完成练习的过程中运用多种方法，并将之结合起来。在经过小组合作、交流、调查、收集资料、咨询家长、制作表格、个人缜密思考等实践性活动后，学生的能力随之得到相应发展和进步，而这些体验都是极具个性化和创新性的。学生在展示作业成果的同时，积极性很高，并将自己完成的作品分享给大家，既激发了学生完成作业的兴趣，打开了学生思路，诱发其求异思维，也激发了学生的发散性思维，促进了学生创造性思维的发展。

专家建议： 作为用时一个小时的课时作业，可以放在周末休息的时间内完成。针对作业完成较好的学生，可以让他们在自习课上集中展示作业，使学生能力在展示交流中得到进一步提升。

抗美援朝

太原市第五十六中学校　杜红梅

电子作品扫码下载

特等奖作品

作品信息

作业类型	课时作业
适用范围	人教社统编教材《中国历史》八年级下册第一单元第2课《抗美援朝》。
设计目标	1. 立足“减负提质”，聚焦历史学科素养培养，突出历史学科育人功能，依据教学内容和学生身心发展规律设计，丰富作业内容，彰显作业功能，落实“立德树人”目标。 2. 课堂作业分层设计，通过项目化学习以“缅怀志愿军英烈　弘扬抗美援朝精神”为主题，以真实情境中的问题为驱动任务，将学习内容以项目活动形式呈现，设问由低阶能力到高阶能力循序渐进，既面向全体学生，也考虑不同层次学生的层级作业。 3. 课后作业力求开拓课程资源，丰富作业内容，采用开放式实践作业张扬学生个性。初步学会从多种渠道获取历史信息，掌握查找和收集历史信息的途径和方法，实现了历史、语文与政治学科的融合，学生通过充分利用最优化的学习资源进行探究，帮助学生巩固所学知识、形成历史思维、提升素养。
作业时长	课堂作业10—15分钟，课后作业依学生自身能力而定。

作业内容

<table>
<tr><th>作业类型</th><th>作业内容</th><th>达成目标</th></tr>
<tr><td>课堂作业（时间：10—15分钟）</td><td>

项目化学习

李明同学寒假参加了抗美援朝纪念馆组织的“缅怀志愿军英烈　弘扬抗美援朝精神”主题项目化学习活动。下面是他们探究活动的镜头，请你一起来参与，回答下列问题。

镜头一：重温历史　走近“最可爱的人”

【照片再现历史】

项目小组的同学走进“英雄模范烈士馆”，墙上一幅幅“最可爱的人”的照片再现了残酷的战争环境，下面两张照片深深地吸引了李明，请你帮他简要介绍一下。

图 1

图 2

任务一：说出图中“最可爱的人”的姓名并简述其主要事迹。人们为什么称他们为“最可爱的人”？

【文字记录历史】

参观“陈列室”时，李明摘录了如下文献资料，请你一起来分析。

材料一　“打得一拳开，免得百拳来。”我们抗美援朝，就是保家卫国。

——毛泽东《毛泽东年谱（1949 — 1976）》第一卷

材料二　我们不出兵让敌人压至鸭绿江边，国内国际反动气焰增高，则对各方都不利，首先是对东北更不利，整个东北边防军将被吸住，南满电力将被控制。……总之，我们认为应当参战，必须参战。参战利益极大，不参战损害极大。

——毛泽东《中国人民志愿军应当和必须入朝参战》

材料三　西方侵略者几百年来只要在东方一个海岸上架起几尊大炮就可霸占一个国家的时代是一去不复返了。

——彭德怀《关于中国人民志愿军抗美援朝工作的报告》

任务二：（1）根据材料一指出抗美援朝的目的。

（2）根据材料二分析毛泽东当时认为“应当参战，必须参战”的理由。

（3）根据材料三，结合所学知识分析抗美援朝战争胜利的意义。

</td><td>

任务一：

学会从图片中提取历史信息，讲述战斗英雄黄继光、邱少云的英雄事迹。理解“最可爱的人”名称的由来。体会抗美援朝精神。

任务二：

通过解读文字史料，提升处理史料的能力，学会在特定的时空环境下，深入理解抗美援朝是为了保家卫国、反对侵略的正义战争，学会以史料为依据解释历史、对历史事件进行理性分析的方法。

</td></tr>
</table>

（续表）

课后作业（时间：利用周末时间，依自身能力而定）	镜头二：联系现实　感悟“最可爱的人” 任务三：李明同学在项目学习活动后收获颇丰，作为班长，他准备举办一期纪念抗美援朝的主题班会，请你配合他来收集资料并制作PPT。（可以访问抗美援朝老兵并做好访谈记录、去图书馆或通过网络查找反映抗美援朝的文学、影视、歌曲作品、搜集抗美援朝时期的文物、信件、日记等。） 任务四：项目学习活动结束后，项目小组的同学觉得生逢盛世，享受着新时代的和平阳光，新时期各行各业还有许多值得我们敬佩的人，他们可以被誉为新时期“最可爱的人”。请以四人小组为单位，搜集生活中“最可爱的人”的事迹，为他们制作一张人物明信片或者创意小报，为最可爱的人加油打气。 （温馨提示：图文并茂，人物事迹简明扼要、语言精练。）	1. 学会从身边搜集历史史料，了解获取历史信息的多种途径。 2. 综合运用不同学科的知识和方法分析问题，联系现实理解“最可爱的人”的内涵，弘扬以爱国主义为核心的民族精神，培养家国情怀。

设计特色：1. 作业设计以“缅怀志愿军英烈　弘扬抗美援朝精神”为主题进行项目化学习。

2. 基于真实情境的基础上，以学生为主体，细化作业目标，充分考虑不同层次学生的学习现状，设问层级由易到难，帮助学生巩固知识的同时促进综合能力的持续发展。

3. 围绕维果斯基的“最近发展区理论”，教师提供“脚手架”，通过分组让不同层次的学生参与进来，让每一个学生体验学习的乐趣，实现历史与语文、政治、音乐等学科的整合。

4. 评价量表采用量化与质性结合的方式，形成自我互动与他人互动的评价格局，真正做到过程性评价与总结性评价的有机结合。

作业解析

任务一：中国人民志愿军

主要事迹：黄继光，在上甘岭战役中，用自己的胸膛堵住敌人的机枪射口，为战友开辟了前进道路，自己英勇牺牲。邱少云，严守潜伏纪律，纹丝不动，直至被大火吞噬，壮烈牺牲。

中国人民志愿军被誉为“最可爱的人”，是因为中国人民志愿军有着高度的爱国主义、革命英雄主义、革命乐观主义精神；志愿军战士在战斗中英勇顽强，不畏艰险，不怕牺牲；志愿军战士保卫了中国人民和平生活，也为国家、为民族在国际上赢得了荣誉；中国人民志愿军具有革命忠诚及国际主义精神。

任务二：（1）抗美援朝是为了保家卫国。

（2）朝鲜战争爆发后，美国的侵略活动严重威胁中国安全；若不参战，国内国际反动气焰增高，对中国和朝鲜都不利。

（3）抗美援朝的胜利，抵御了帝国主义侵略扩张，捍卫了新中国安全，保卫了中国人民和平生活；稳定了朝鲜半岛局势，维护了亚洲和世界和平，大大提高了我国的国际地位。是中国人民站起来后屹立于世界东方的宣言书，是中华民族走向伟大复兴的重要里程碑。

任务三和任务四属于实践性作业，指导建议：依据个人的特长以小组为单位围绕主题搜集资料、制作 PPT、编撰小报或明信片等，小组合作组内分工明确、具体，各组员按照要求落实自己承担的任务，大胆表达自己意见的同时用心倾听别人的建议。搜集资料时要注重思想导向、典型性和可行性。

【作业评价】

要让学生较好地完成作业，作业设计就要有激励性和指导性的评价。通过评价量表形成自我互动与他人互动的评价格局。学生活动过程中，通过评价表进行组内自评互评、小组间互评。评价表是对本次作业的一个评价反馈，体现了以学生为主体的原则，最后真正做到过程性评价与总结性评价的有机结合。作业评价的设计体现了多元主体原则，提高学生的主体参与和自我管理意识，“勤于反思”是《中国学生发展核心素养》中的基本要点之一，填写活动评价表正是学生反思自己作业的表现，学生通过自我评价、互相评价后才能正确审视自己的不足，扬长避短，激发内驱力。

（附评价量表如下）

评价等级				
评价指标		A	B	C
基础知识（50%）	基本史实掌握程度	能在规定时间内全面准确地掌握抗美援朝的相关史实，并能迁移运用	基础知识已落实但不能良好地理解、迁移、运用	不能按时完成作业，抗美援朝的基本史实没有落实

（续表）

方法能力（30%）	分工合作的能力和解读信息的能力	组内分工明确，能够从图片中获取有效信息，解读史料时能找到关键句并转化为历史语言	小组有一定分工，解读史料获取的信息不全，角度单一，语言不够精简	自主学习能力差，组内没有分工，照抄史料不会转化
素养习得（20%）	收集整理资料、动手实践、创意能力、语言表达	资料搜集多元丰富、明信片制作、小报编撰有创意、讲解清晰、语言生动流畅	资料呈现方式单一且不够完整，讲解比较清晰，基本符合主题但跨学科知识储备欠缺	资料不完整，讲解逻辑混乱，PPT、小报与主题不符
同学自评、互评：请用一句话概括自己及小组其他成员最大的优点，写一句鼓励的话。				
自己： 组员： 组员： 组员：				
教师综合评价：				

1. 作业内容立足课标及教学活动建议要求：认识抗美援朝、保家卫国的正义性。课标教学活动建议：学唱《我的祖国》《英雄赞歌》等歌曲，学习志愿军战士的爱国主义和革命英雄主义精神。

2. 依据学习目标和素养目标创设问题情境

能力价值观目标	素养目标
目标 1. 通过解读图片，生动描述战斗英雄黄继光、邱少云等英雄人物的英雄事迹，提高从图文材料中提取有效信息的能力；联系现实制作PPT、明信片、小报等理解“最可爱的人”的内涵，弘扬抗美援朝精神。	通过阅读反映抗美援朝的文学作品、观看影视作品、采访抗美援朝老兵、参观纪念馆等活动，学会从身边搜集历史史料，了解获取历史信息的多种途径，联系现实诠释“最可爱的人”并担负起时代赋予的家国责任。
目标 2. 解读史料，分析中国人民志愿军出兵朝鲜的原因及抗美援朝胜利的意义，提高以史料为依据分析问题的能力。	通过丰富的历史材料研读，树立“史料实证”的证据意识。学会在特定时空下以史料为依据，历史理解为基础，掌握阐释历史事件的方法。
情境来源：任务一属于图片史料，任务二属于文字史料。任务一的史料选自教材第 11 页的图片，任务二中的材料一和材料三选自教材第 12 页的“课后活动”，材料二选自教材第 9 页的“材料研读”。	

著名物理学家丁肇中说："成功的真正秘诀是兴趣，因为兴趣总在鼓舞着你向未知世界挑战。"事实证明，当学生对历史产生浓厚兴趣时，将促使学生主动地学习和探索。兴趣是成才的起点和求知的动力。本节课作业设计时根据学生已有的认知水平，引发学生的思考，从中感受"最可爱的人"称谓的由来，激发学生的学习兴趣，借此向同学们进行爱国主义教育和革命英雄主义教育。

从促进学生全面发展来看，项目化学习的作业设计内容丰富、形式多样，既有人物事迹的描述，又有课件的制作，还有人物明信片的设计。这些作业形式顺应了学生的多元智能倾向，张扬了学生个性，激发了学生潜能。

总之，学生学会的不只是历史知识，更重要的是要学会用唯物史观思考问题的学习习惯和寻求全面信息的能力。科学的作业评价不仅能集思广益，完善教学，而且能通过学生作业的反馈来反思自己的教学行为，更能够重建课堂完成教学目标并发展核心素养，从而真正达到"减负增效"的目的。

作品点评

本作品属于带有分层类性质的作业，分为课堂实时作业和课后实践类作业两部分，既可以帮助学生及时巩固课堂所学的知识，让教师尽快获得教学反馈，又能让学生在深入实践中完成作业，让知识"活"起来，滋润学生心灵，激发学生学习兴趣。

作品亮点：首先，课堂作业的任务一和任务二，进行项目化学习，让学生在基于真实情境的基础上，充分考虑学情，让每个学生都得到最好、最适宜的发展，而且进行了跨学科的整合，既调动学生的积极性，激发学生的竞争意识，又关注到学生对于相关学科的理解表达能力；其次，课堂作业的任务三和任务四，符合新课程标准和核心素养对学生能力培养的要求，增强了学生的知识应用意识，巩固了所学知识，加深了对所学内容的理解，开阔了视野，培养了学生搜集、筛选信息的能力，提高其阅读和写作能力；最后，在小组合作中，激发了学生积极的情感态度和价值观，使学生在发现问题、生成问题和解决问题的探索讨论中成长，在知识与能力的不断互动中发展。

专家建议：作为分层类性质作业的典型案例，建议一线教师在设计和布置这类作业时，要按照课标要求，设置真实情境，控制好作业的难度，照顾到各层次的学生，激发学生的学习热情；设计要体现综合化，不固定书本，不限定某个场所，不局限于某个学科，保证结果的多样性和探索的创新性。

二战后资本主义的新变化

太原第十八中学校　李相伯

电子作品扫码下载

作品信息

作业类型	课时作业
适用范围	人教社统编教材《世界历史》九年级下册第五单元第 17 课《二战后资本主义的新变化》。
设计意图	目标设计：通过本节课学习和作业的完成，学生了解并掌握欧洲联合的趋势和日本经济的发展，知道社会保障体系的建立，初步了解战后资本主义发展的新特点等知识要点。 教学策略：九年级学生经过两年多的历史学科学习，具备一定的读图能力和获取有效历史信息、分析概括的能力，利用图片、文献史料等素材，通过问题设计，使学生掌握课标要求内容和提升学生的自主思考能力。 学科素养：通过图片培养学生的读图能力和提取信息能力，建立一定的时空观念；通过文献史料培养学生的历史解释、史料实证、唯物史观等历史核心素养；通过对西欧、日本等国家二战后经济发展，树立学生的忧患意识，培养家国情怀。
设计目标	素养目标： 1. 运用数据、史料并结合课本内容等进行论证，渗透史料实证意识，培养“史料实证、历史解释、时空观念”等的历史素养。 2. 通过辩证分析问题，使学生认识到欧洲国家走向联合是新形势下必然的选择，有利于世界的和平发展。 能力及价值观目标： 1. 分析相关材料，得出第二次世界大战后欧洲经济变化的表现并分析其原因；分析材料得出欧洲在新的世界形势下如何发展并带来哪些影响。 2. 通过分析欧洲国家走向联合的过程，认识欧洲国家联合是符合历史发展的趋势。
设计特色	课后作业分为基础作业和拓展作业两个部分，基础作业以选择题为主，拓展作业以材料题为主，学生根据自身的能力进行选择。作业的设计要符合本节课对应的课标内容，突出学生自主学习的能力。
作业时长	基础作业：6 分钟　　拓展作业：12 分钟

作业内容

第一部分：基础作业（必做）

1. 1959—1969 年间，欧洲共同体六国国内生产总值的年平均增长率为 5.5%，高于美国的 4.3%。共同体国家间的相互贸易更为迅速，从 1958 年到 1972 年的 15 年间，增长了 9.7 倍。这表明（　　）

A. 欧洲经济超过美国

B. 西欧国际地位迅速提高

C. 西欧实现联合自强

D. 欧洲实现政治经济一体化

2. 尤金·赖斯在《现代欧洲史》中写道："苏联解体以来，欧洲比以往任何时候都更深地融入全欧洲及全球维度的经济过程中，这需要多国采取协调一致的行动。"此"行动"是成立（　　）

A. 欧洲煤钢共同体

B. 欧洲原子能共同体

C. 欧洲经济共同体

D. 欧洲联盟

3. 如图，第二次世界大战后到 20 世纪 80 年代日本经济快速发展，尤其是 1961—1970 年，日本经济发展的主要原因是（　　）

第二次世界大战后日本经济发展速度(%)

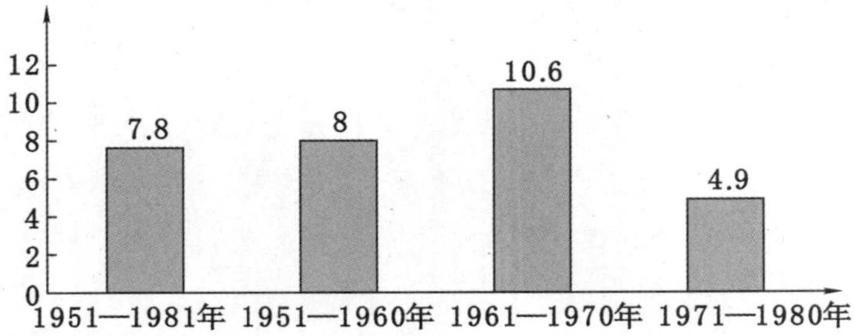

A. 获得马歇尔计划的援助

B. 朝鲜战争中获得大量军需订单

C. 中日正式建立外交关系

D. 日本政府制定适当经济政策

4. 英国前首相撒切尔夫人曾说过："社会有一个梯子和一张安全网，梯子用来

供人们自己努力改善生活，安全网则用来防止人们跌入深渊。”这里的“安全网”指的是（　　）

A. 大力发展第三产业

B. 社会保障制度的完善

C. 成立世界贸易组织

D. 联合国安理会的设置

5. 医疗、养老、教育等社会保障制度是当今世界各国普遍关注的重大问题。下列国家最早颁布《社会保障法》的是（　　）

A. 联邦德国

B. 英国

C. 法国

D. 美国

6. 下列哪项不是第二次世界大战后西欧和日本经济迅速发展的共同原因（　　）

A. 重视科技教育

B. 美国的经济援助和扶持

C. 走上经济联合之路

D. 制定适当的经济政策

第二部分：拓展作业（选做）

世界形势风云变幻，扫清迷雾追根溯源；国际关系错综复杂，抽丝剥茧正本清源。阅读下列材料，结合所学知识，回答问题。

材料一　到 1952 年，西欧地区工业产量比第二次世界大战前上升 35%，农业产量比战前提高 10%，经济完全得到恢复。

——《欧洲经济史》

材料二　20 世纪四五十年代以来，人类在原子能、电子计算机、航天技术、生物工程等领域取得了重大突破，这标志着新的科学技术革命的到来。第三次科技革命提高了社会生产力水平，加速了战后世界经济的恢复和发展，对人类生产和生活方式的各个方面产生了深远的影响。

——九年级统编教材《世界历史》

材料三　（1950 年 3 月联邦德国总理阿登纳说）如果我们欧洲人不想在起了根本变化的世界上走下坡路的话……欧洲的联合是绝对必要的。没有政治上的一致，欧洲各国人民将会沦为超级大国的附庸。

——摘编自《阿登纳回忆录》

材料四　英国《金融时报》：纵观欧盟 60 多年发展的历程，我们谁也不能否认它在不断壮大。正如哈斯自己也承认的那样，欧洲目前是世界最大经济体，其经济规模还略大于美国……而且欧盟作为有着27个成员国的国家联合体在国际事务中作用越来越大，越来越展示为21世纪世界上一支不可忽视的主要力量之一……我们所说的多极化发展趋势，欧洲或者说欧盟就是多极化发展中的一支重要力量。

（1）根据材料一，总结西欧经济在第二次世界大战后有哪些变化。

（2）根据材料二，并结合所学知识分析欧洲经济复苏的原因有哪些。

（3）根据材料三，指出“根本变化的世界”有何变化。面对这种变化作者认为欧洲该怎么做。

（4）根据材料四，结合所学知识归纳欧洲联合带来哪些影响。

作业解析

【基础作业答案】1. C　2. D　3. D　4. B　5. D　6. C

【完成程度】全部完成

【完成效果】优秀：70%　良好：15%　合格：10%　不合格：5%

【拓展作业答案】

（1）欧洲的工农业产值较第二次世界大战前有明显提升，欧洲经济复苏。

（2）马歇尔计划、采用最先进的科技成果和恰当的经济发展政策等。

（3）变化：第二次世界大战后美苏争霸；欧洲国际地位下降；欧洲有成为大国附庸需要的可能。应对方式：欧洲走向联合，提升国际地位。

（4）促进了西欧国家经济的发展和国际地位的提高；大大加快了欧洲一体化的进程；冲击美苏两极格局，推动世界多极化趋势。

拓展作业属于情境创设，材料既有来自课本的知识拓展，也有来自课外的文献史料。材料一是数据和文献史料，属于真实的历史情境。通过分析数据以“工业”“农业”为基础得出欧洲经济在第二次世界大战后变化的表现。材料二是文献史料，属于史料情境。通过阅读史料并结合教材，可以了解欧洲经济原因。材料三是文献史料，属于史料情境。通过阅读史料，意识到欧洲在经济复苏后，面对新的国际形势提出了自己的思考，希望通过联合提升国际地位。材料四是文献史料，可以归纳出欧洲联合后的影响，除了自身地位提升，对于国际格局也产生了深远的影响。

不同水平学生作答	主要特征	第二次世界大战后资本主义的新变化
行为表现1	有应答，但是概括不准确，不能够全面地概括	如“欧洲经济复苏了”

（续表）

行为表现 2	对材料解读角度单一，不能根据材料得出结论	如“马歇尔计划的实施”，“欧洲自身的基础”
行为表现 3	能够得出一定的结论，但未能构建其逻辑关系	如“欧洲的国际地位提高了”，但不知提高原因
行为表现 4	与多个材料建立联系，可从多角度进行论证，得出结论	如“欧洲联合在一起带来的影响”

【完成程度】选做学生全部完成

【完成效果】优秀：20%　良好：30%　合格：40%　不合格：10%

作品点评

本作品属于多层次作业，基础作业（必做）和拓展作业（选做）两部分，将作业在数量和内容上进行了分层，内容上安排的梯度合理，让不同层次的学生在基础和能力上各得其所，照顾到各层次的学生，调动了学生的学习热情，挖掘了学生的内在潜能，有利于学习成绩评价合理化。

作品亮点：首先，从时间来看，符合“双减”政策下“提质减负”的要求，时间设置合理，关注到学生的个体差异，基础作业各层次学生当堂即可完成，拓展作业优等生当天完成当天交，中等生隔天交作业，学困生可以根据具体情况进行具体安排；其次，从题量来看，针对不同层次的学生，设计了不同的题型，基础作业运用了少而精的原则，提升了学生的学习效率，体现了质优取胜的学习原则，帮助绝大多数学生体会到了成功的喜悦，培养了自信心；最后，从难度来看，拓展作业结合了维果斯基提出的“最近发展区”理论，为学生确立了相应的目标，设计了难易有别的作业，学困生能实现基础目标，打好基础，提升问题分析解决能力，基础好的学生可以实现拓展目标，培养了探究意识和创新精神。

专家建议：作为多层次作业的典型案例，建议一线教师在设计和布置这类作业时，从题量入手，布置适量、适当的作业；从难度入手，按照学情确立基础、发展、创新三级目标；从要求入手，针对同一道题，进行分层；从完成时间入手，关注学生个体差异，进行分层要求。这样既能照顾到各层次学生，也能激发学生学习兴趣。

第二类　综合与实践（项目化学习）作业设计

特等奖作品

中国传统节日的起源

垣曲县英言初级中学　卫倩倩

电子作品扫码下载

作品信息

作业类型	综合与实践（项目化学习）作业
适用范围	人教社统编教材《中国历史》七年级下册第22课《中国传统节日的起源》。
设计意图	通过图片展示和相关视频资料，让学生了解元宵节的起源、相关习俗，增强学生对中华传统文化的认同感和自豪感。根据目标让学生以图文结合的方式，写出和画出自己对中国传统节日的理解。以手抄报的形式让学生充分发挥自己的主动性，一方面展现学生的绘画功能，另一方面加深学生对传统文化的认知。
设计目标	传统节日凝结着中华民族的民族精神和民族情感，承载着中华民族的文化血脉和思想精华，开展好“我们的节日”主题文化活动，增强对中华传统文化的认同感和自豪感。
作业时长	30分钟

作业内容

1. 画一画——元宵节习俗

要求：学生通过观看相关视频，画出元宵节插画。

2. 讲一讲——讲述元宵节的起源、习俗、故事

要求：学生通过搜集资料，讲一讲元宵节的起源、习俗、故事。

3. 写一写——升华情感

要求：学生在对元宵节习俗有一定了解的基础上，写一篇小短文，表达自己对中华传统文化的认同感和自豪感。

特等奖作品

作业呈现

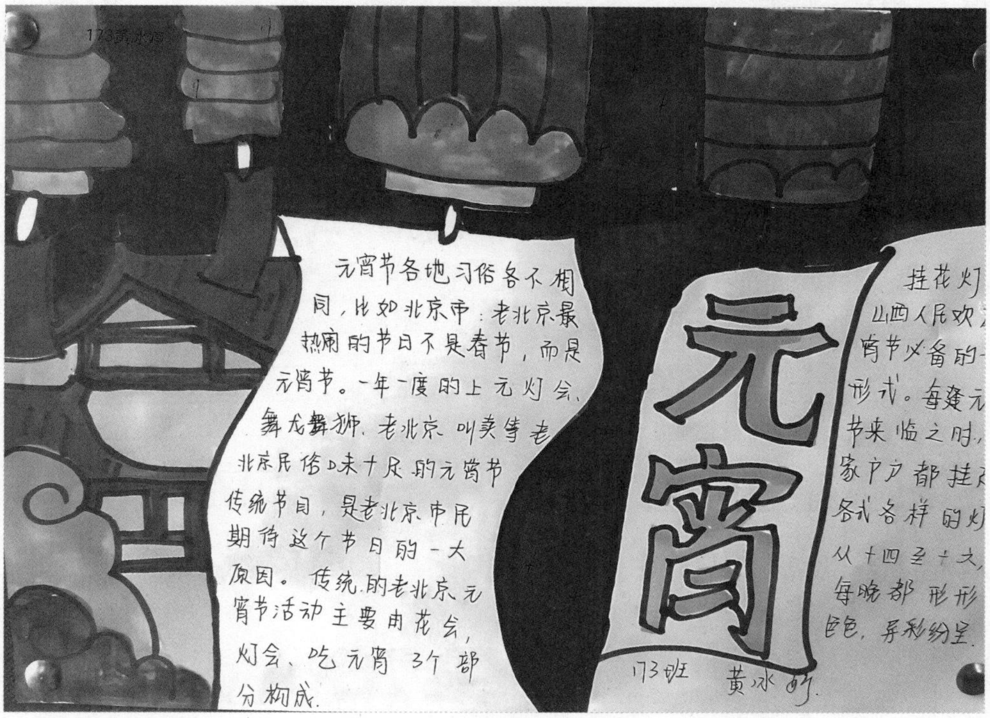
元宵节各地习俗各不相
同，比如北京市：老北京最
热闹的节日不是春节，而是
元宵节。一年一度的上元灯会、
舞龙舞狮、老北京叫卖等老
北京民俗味十足的元宵节
传统节目，是老北京市民
期待这个节日的一大
原因。传统的老北京元
宵节活动主要由花会、
灯会、吃元宵3个部
分构成。
元宵
173班
挂花灯
山西人民欢
宵节必备的
形式。每逢元
节来临之时，
家家户户都挂
各式各样的灯
从十四至十六
每晚都形形
色色，异彩纷呈。

元宵节
小报
173班
李雅洁
元宵节的起源
元宵节的形成有一个较长的过程，根源于民间开灯祈福古俗。据一般的资料与民俗传说，正月十五在西汉已经受到重视，不过正月十五元宵节真正作为全国民俗节日是在汉魏之后。从唐代起，元宵张灯即成为法定之事。
元宵节文化内涵
中国传统节日习俗适应了中国社会广大民众在物质、精神、伦理和审美等方面的综合需要。在物质生活层面，中国的传统节日具有许多不同节日独特的食品。元宵佳节，全家人在一起吃汤圆，"汤圆"象征着一家人团团圆圆。

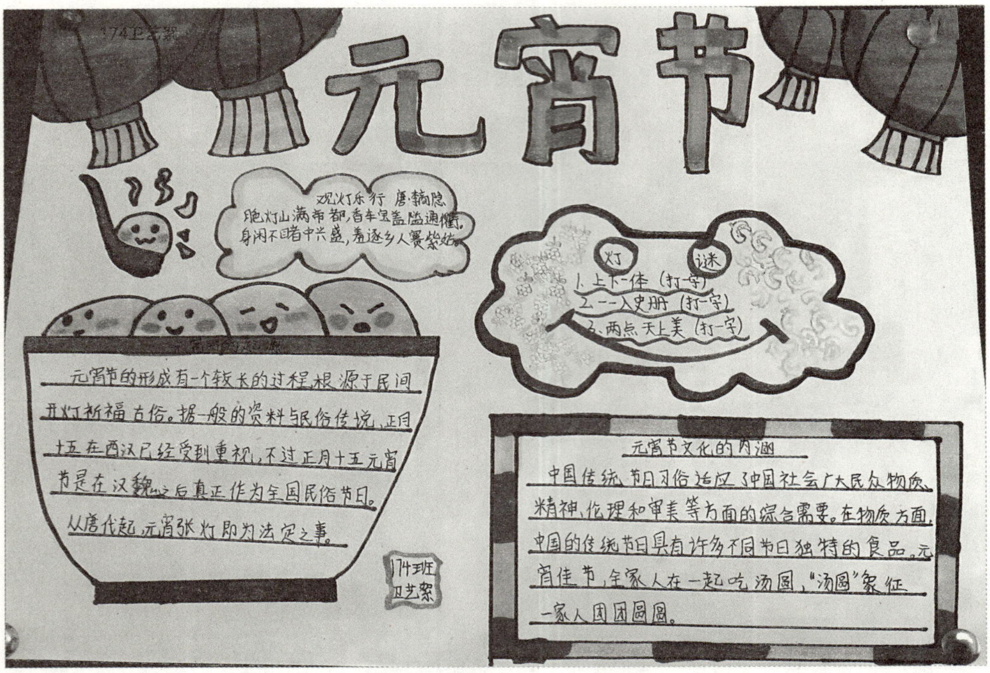

作品点评

本作品作为综合实践体验型作业，积极落实课标教学活动建议的相关内容，培养学生逐步掌握学习历史的一些基本方法，包括阅读教科书及有关历史读物的方法，查找和收集历史信息的途径和方法等。同时该作业的设计关注了学生学会与教师、同学共同对历史问题进行探究与讨论，并运用多种形式表达自己的观点，积极汲取他人的正确见解、善于与他人合作。本作品的教学目标明确，通过读、写、画等符合初中生身心发展水平的多种方式激发学生的学习兴趣。另外，学生作品的呈现，也真实再现了学生的学习发展能力。

作品亮点：首先，本作品把绘画艺术的美融入历史学习中来，增添了历史学科的乐趣和美感，也达到了学科间融合的目的。作为人文学科之一的历史，其学科育人功能恰恰就是引导学生对“真、善、美”的追求，树立正确的情感态度价值观。其次，本作业设计体现了教师的教学观，即将知识的学习与素养的提升并重，学生在学习和训练历史思维的同时，也提升了历史素养。再次，本作业设计体现了教师的学生观。根据加德纳的多元智能理论，形成对学生多元化的评价。以学生制作手抄报的形式，聚焦元宵节这一中国传统节日，引导学生进一步理解中国优秀传统文化。作业完成的过程不仅是对学生课堂知识的巩固，更是方法的习得、能力的提高，价值观的塑造。在学科思维培养的过程中，培养了学生的科学精神、人文情怀，发展了核心素养，促进了学生的成长和发展。

专家建议： 作为此类作业的典型案例，建议一线教师在设计和布置这类作业时，根据课标活动建议的要求，将知识问题结合到作业设计中，调动学生的多感官系统参与学习过程，通过做中学，真正达到培养学生学以致用、提升综合素养的目的。

生活环境的巨大变化

电子作品扫码下载

太原市第三十九中学校　武燕珍

作品信息

<table>
<tr><td>作业类型</td><td>综合与实践（项目化学习）作业</td></tr>
<tr><td>适用范围</td><td>人教社统编教材《中国历史》八年级下册第20课《生活环境的巨大变化》。</td></tr>
<tr><td>设计目标</td><td>1. 目标分析
<table>
<tr><th>微观层面</th><th>中观层面</th></tr>
<tr><td>（1）以身边的街道、社区、家庭、邻居等为调查对象，对“改革开放以来衣食住行变化发展”进行调查研究。
（2）通过设计、实施和整理人物采访，制作手抄报；录制抖音、微视频；撰写调研报告等，探究社会发展成就。</td><td>（1）衣食住行的变化与经济的发展、人们思想观念的变化发展密不可分。
（2）感受中国共产党领导下的民族复兴之路及伟大的祖国不断走向繁荣富强。</td></tr>
</table>
2. 分层目标
目标1（全部学生达成）：初步掌握社会调查研究的方式，参与合作，学会搜集、整理材料的方法，认识经济发展影响人们的衣食住行、思想观念；感受中国共产党的伟大建设成就。（难度★）
目标2（中等生达成）：在社会实践活动中，积极参与并承担主要调查任务，选择自己喜欢的形式展示调查成果，探究社会发展成就。（难度★★）
目标3（学优生达成）：在社会实践活动中，策划、协调，保证活动的顺利进行，撰写调研报告等，能对社会现实形成正确认识。（难度★★★）</td></tr>
<tr><td>设计特色</td><td>1. 本作业属于实践性作业。学生自由组合，在操作、统计、调查等活动中，合作完成作业，在解决问题、动手操作、合作交流等方面都能不同程度地得到提高。
2. 本作业实现了历史、语文、数学、地理等跨学科整合，为学生提供展示舞台，分享收获喜悦，吸引他们投入到想学、会学、乐学的行动中来。</td></tr>
<tr><td>作业时长</td><td>学生自由组合（四人或六人最佳），完成该作业约40—60分钟。（建议利用周末或假期进行）</td></tr>
</table>

作业内容

【作业呈现】

2021 年恰逢中国共产党百年华诞，基于“四史”学习，开展社会调查。

1. 围绕“调研城市变迁，探究时代风貌”这一主题进行社会调查，形成访谈报告。并根据访谈报告，结合所学知识撰写调研报告、录制抖音或微视频、制作美篇或手抄报等（任选一例），对“太原城市变迁”做出合理的历史解释。

2. 访谈报告需明确访谈时间、地点，受访人的基本情况及访谈内容。

【设计意图】

1. 目标设计：通过调查，了解社会变迁，养成积极参与社会活动、关心社会发展的意识；运用所学知识，概括、分析、判断历史现象，提高学科基本能力，发展学科素养；学会开展社会调查的基本方法，能设计调查问卷、统计并分析调查结果、写出调查报告；在活动中，培养待人接物、与人沟通的能力。

2. 学科素养：

（1）学会去伪存真，践行史料实证。在本次作业中，学生可利用自主搜集史料的机会，学会史料考证的方法。

（2）加深历史理解，增强历史解释。以社会调查收集的材料为依据，对历史事物进行客观评判。从众多史料中提取关键信息，形成自己的观点。

（3）注重情感升华，彰显家国情怀。通过对身边城市、人物的调查，加强“四史”学习，对党史、新中国史、改革开放史、社会主义发展史有进一步的了解，并在完成实践作业的过程中，深化思政教育，厚植红色基因，涵养家国情怀。

3. 教学策略：

（1）认知发展策略：学生从实践活动中获得知识；教育活动以学生为中心；教学是个别化的；社会交往在教学中起重要作用等。

（2）概念形成策略：收集实例、确认概念、强化理解、发展思维水平。

作业解析

示例一　社会调查记录（难度★★）

太原市第三十九中学校 314 班　第一小组

采访地点：山西省太原市五一路　　时间：××××年×月×日　　记录人：×××

【A】采访人：×××

【B】接受采访者：×××　　职业：事业单位职工　　年龄：35岁

A：您好！叔叔。我们是×××的学生，正在参与社会实践，您能回答几个问题吗？

B：当然可以。

A：您在五一路社区居住多长时间了？

B：30多年了。

A：听说，五一路最有代表性的建筑是和平照相馆和新华书店，您能给我们讲讲吗？（1. 询问基本情况）

B：嗯。和平照相馆和新华书店是五一路的地标性建筑，（叔叔随手打开手机，指着几张照片给我看）。在这座中华人民共和国成立前就建起的砖瓦楼里，承载了老太原人的影像记忆。20世纪80年代，和平照相馆就是时髦和新潮的代名词。五一路的这家新华书店应该算是太原市最早的书店了。听长辈说，20世纪五六十年代时它就在。那个年代书店很少，更不要说像新华书店这样的国营书店了，想要买一本自己喜欢的书并不容易。

A：能给我说说您小时候和这条街的故事吗？（2. 沟通交流、拉近与被采访人的感情）

B：每天放学后我和小伙伴们从太师一附小步行回家，五一路两旁有笔直的银杏树。秋天，叶子变黄，结出了白色的银杏果，傍晚阳光从银杏叶的缝隙里透过来洒在地面上，变成了星星点点的光斑，给我留下了深刻的印象。那时放学后我经常在照相馆里转悠，看着一张张照片在药水的作用下从相纸上慢慢显现出来，觉得特别神奇。每次路过新华书店时，总能看到不少人在排队买书！

A：您的童年真幸福！那在您印象中，照相馆一年当中什么时候人最多呢？（3. 以照相馆为例，了解五一路人民生活的变迁）

B：当时印象最深刻的就是每到年底就有很多家庭来拍全家福，看着不同的面孔洋溢着幸福的笑容，我就觉得年味儿特别浓。而我们家更是每年都会在照相馆里拍一张全家福，那是我最期待的事情，这样每年一次的全家福从我很小一直拍到了我参军、工作。后来生活条件好了，可以随时拿出手机拍照，照相馆也去得少了。

A：那后来这条路上有什么变化吗？（4. 发展）

B：随着照相馆几轮翻新和装修，五一路也变得繁华起来，我放学回家的这段路也变得越来越长：王萍面皮、天津小笼包、烤羊肉串……好吃的东西越来越多，每天都能发现新的美食。

A：有人说五一路具有历史性，政府不应该改造，您怎么看待这个问题呢？（5. 看法）

B：说实话，工作结婚后我就开始不喜欢这条街，因为它太拥堵了！这条路上学校较多，每天上下班高峰期人流量和车流量很大，很容易造成拥堵。尽管修路对我们的工作和生活暂时会有影响，但是，我真心希望能改善这里的状况。

A：假如给您见市长的机会，你想对市长说些什么？（6. 提意见）

B：希望在道路改造的同时，尽量保护那些有着太原市民深刻记忆的建筑，特别是改造、建设城市的同时，要注意保护环境。

A：谢谢！

B：不用谢！

示例二 社会调查报告（难度★★★）

改革开放四十年来家乡变化状况
调 查 报 告

执教者：太原市第三十九中学校 武燕珍

调查报告主创人员：太原市第三十九中学校 314 班 第三小组

组长——×××　组员——××、×××、×××

1978 年，十一届三中全会做出改革开放的重大决策，由此开启了中国改革开放历史新时期。2021 年，我们迎来中国共产党百年华诞、改革开放 43 周年。在家乡太原，经济的发展和人们生活状况发生了哪些变化？我们小组四名同学，利用休息日就“太原改革开放以来的成就”进行了社会调查。

一、调查时间：

2021 年 8 月 2 日至 2021 年 8 月 9 日

二、调查地点：

太原市五一路社区、六味斋食品有限公司

三、调查对象：

社区 60 岁及以上老人、我们的父母、六味斋食品有限公司职工

四、调查方式：

访问社区居民及亲朋好友，整理访谈笔记；网络查询，以发放调查小问卷的方式，获得详细情况，编写调查报告。

五、调查内容：

以改革开放前后太原市人民物质、精神生活的新变化，老城区和老企业为主题进行调查。

六、改革开放前后的总体状况：

改革开放以来，太原发生了巨大变化。经济发展迅速，人们的精神文化生活也日益丰富多样起来，老城区和老企业都焕发了新的生机。

（一）衣食住行的变化

首先谈穿，看着现在满大街样式新潮、色彩艳丽的服饰，你很难想到改革开放

前人们的穿衣情况。社区的爷爷奶奶讲他们小时候穿的是哥哥、姐姐穿剩下的衣服，衣服穿坏、穿破也舍不得扔掉，总是缝缝补补，洗干净又穿在身上。即使到了爸爸妈妈那个年代，他们一年也就过年过节才有新衣服穿。而且那时的衣服布料粗糙，样式单一，颜色基本上就是蓝、绿、灰。在清一色粗布衣服的岁月里，“的确良”代表着时髦和前卫。他们都为能穿上一件“的确良”衬衫而骄傲。爸爸妈妈上中学时最流行的鞋子是白边鞋，每次洗完鞋子要用卫生纸裹了边阴干。

老照片：爷爷奶奶的童年、青年

新世纪的我们

其次说吃，爸爸妈妈记忆中的童年，中国的经济还没开始复苏，人们还不能吃饱穿暖。豆腐、萝卜、白菜是日常三餐，肉、蛋都很难吃上一顿，更不用说牛奶、鱼肉了，一年也吃不上几次。现如今，每家每户的饭桌上几乎天天都要摆上好几种菜，荤素搭配，科学合理。过时过节，爸爸妈妈还会带我们去饭店吃饭。

在住房方面，20 世纪 60 年代住的都是简易砖瓦房，做饭、取暖烧的都是蜂窝煤，家家户户都要打煤糕，对环境污染严重，而且还会发生煤烟中毒事故。现在，取暖有集中供热，做饭有天然气，还使用了饮水机。改革开放前，国家未实行计划生育，几乎每家都有四五个孩子，一家人通常挤在一个屋里，居住条件极差。现在，人们住房条件得到了极大的改善，搬进了楼房。屋内有客厅、卧室、卫生间和厨房。家里有彩电、冰箱、洗衣机等各种家电应有尽有。

老物件：蜂窝煤

新生活：燃气灶、饮水机

改革开放前，城里人们的出行工具主要是自行车和公交车。20 世纪六七十年代，家里自行车的地位不亚于现在家里的小汽车。那时，乘坐公交车都要按里程买车票。现如今有骑电动车的、有骑摩托车的，过去想都不敢想的小汽车，已经进入了千家万户。公共汽车、出租车、火车、地铁、飞机构成了立体交通网，日行千里已不是梦想，太原市已经通了地铁，我们的家乡明天一定会更好。

老物件：当年的自行车

老照片：爸爸小时候多神气

我家的第二辆小汽车

（二）精神生活的变化

改革开放前，人们的娱乐方式非常单一。吃过饭后，大家就只能围坐在一起聊聊家长里短。偶尔单位组织看场电影，父母会带上孩子前往。谁家有台黑白电视机，那一定是“土豪”。改革开放后，国家大力提倡物质文明和精神文明建设，影视歌舞、读书看报、琴棋书画、花鸟虫鱼、上网冲浪、旅游远足、运动健身等这些娱乐项目已进入寻常百姓家，极大地丰富了百姓的业余生活。为改善人们的生活条件，政府加大公园改造力度，文化生活变化显著。

20 多年前的迎泽公园

现在的迎泽公园

（三）老城区的变化

城市道路的有机更新、历史街区的有机生长，这样的城市才是鲜活的。在本次调查中，我们走访了五一路社区的居民，从他们那里和网络上搜集了不少照片，我们挑选了其中一部分内容编辑如下：

表一　中华人民共和国成立以来，太原市五一路城市改造缩影

<table>
<tr><th>时间</th><th>改革开放前</th><th>改革开放后</th></tr>
<tr><td rowspan="2">城市发展缩影</td><td>
20 世纪 50 年代五一大楼前街景</td><td>
20 世纪 90 年代末五一大楼前街景</td></tr>
<tr><td>
改造前，五一路路面狭窄，出行不畅</td><td>
2016 年改造后的五一广场至府东街段，街上车水马龙，道路宽阔</td></tr>
<tr><td colspan="3">感悟：图像是城市发展的见证。
本次调查活动，在我们生活的社区展开。通过这些老照片和新照片的对比，更加感受到美丽太原日新月异的建设成果，古老的城市焕发出勃勃生机。</td></tr>
</table>

（四）老企业的变化

如同北京人信得过全聚德、天津人离不开“狗不理”一样，太原人对六味斋情有独钟。它是我省的名优企业，根据网上查阅到的资料，再结合对六味斋老员工的采访，我们了解到以下情况。

“六味斋”始建于清朝乾隆年间，是一家有着两百多年历史的老字号。1950 年，它开在一间只有 40 多平方米的旧木板楼内，销售加工在一起，日产量由中华人民共和国成立前的不到 30 公斤增加到 50 公斤左右，人员由 4 人增加至 8 人。资本主义工商业改造后，国家投资对“六味斋酱肉店”进行了整修扩建，将原来的木板楼拆除重建，一楼专门经销“六味斋”熟肉制品。“文化大革命”期间，六味斋也遭受摧残，老字号被当作“四旧”横扫，店名改为“太原酱肉店”。党的十一届三中全会后，乘改革开放的春风，地方名优特产品像雨后春笋般地发展起来，“六味斋”的老字号得以恢复，经营规模不断扩大。1992 年，党的十四大召开，提出建立社会主义市场经济体制。1997 年，六味斋实现了股份制改造，成立了太原六味斋实业有限公司，企业从此踏上了快速发展之路。纵观六味斋的历史，起初姓“私”，而后姓“公”，今日姓“众”，经历了三个社会、三个时代、三种体制，跨越四个世纪两百多年，几经波折，历尽沧桑，但老字号的光华始终未泯，而且越来越熠熠生辉！

表二　中华人民共和国成立以来，太原“六味斋”的变迁

企业变迁	文字说明	企业变迁	文字说明
	“文化大革命”期间，“六味斋”店名当作“四旧”被横扫，更名为“太原酱肉店”		“文化大革命”结束后，太原酱肉店的生产车间
	20 世纪 80 年代，柳巷六味斋酱肉店店面		现在柳巷“六味斋”新店面
  六味斋实业有限公司新园区			
感悟：历史就在我们身边。 从“六味斋”的企业发展之路，我们深切感受到党的政策的伟大，中国特色社会主义道路的伟大建设成就。			

本次社会调查，我们还采访了家住五一路社区 65 岁的老赵爷爷。1978 年他是一名在永兴饭店工作的年轻厨师。

老照片：老赵爷爷及同事合影

历史瞬间：今天的永兴饭店顾客盈门

采访中，老赵爷爷给我们介绍了永兴饭店的发展历程，还让我们翻看了他记录的月工资收入表。根据采访内容，×××同学整理工资数据表，并完成了柱状统计图（见右图）。从照片中，我们不难看出永兴饭店规模的不断扩大。结合数据图我们更加明确了 1978 年以后，职工收入的逐年提高，特别是进入 21 世纪以来，人们生活条件有较大幅度的改善等。

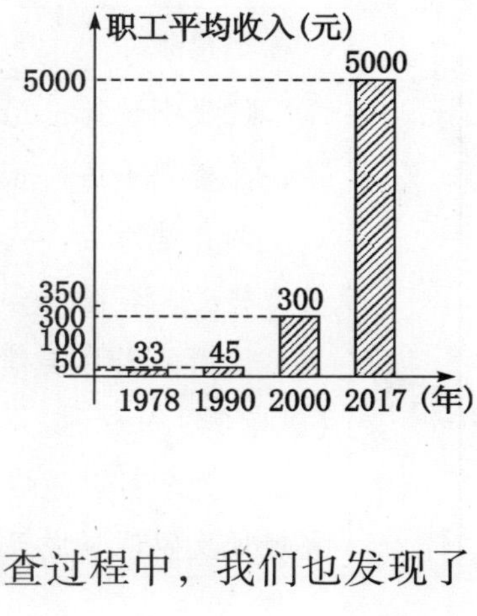

七、调查分析：

改革开放 40 多年取得的成就是前所未有的，然而在调查过程中，我们也发现了许多问题：

1. 自然环境污染较为严重。环境问题一直是全世界人们所关心的问题，对于太原来说，环境问题也是一个亟待解决的问题。太原市政府已经下大力气治理环境，但环境问题仍不容忽视。

2. 生产、生活的科技性不足。通过网络资源和向长辈请教，我们认识到：近几年太原市政府在科技培训上给予了很大的经费投入，但是由于受到多种因素的影响，比如实用科技成果的推广还有待加强，科技培训的技术人员仍然匮乏，导致实用新型技术在我市的推广工作亟待加强。对此我们提出以下几点建议：

①改善环境建设的同时要努力提高市民的文化素质，培养市民爱护环境的意识，尤其要从孩子们抓起。

②重视对市民的文化教育。政府部门应多开设一些“市民文化站”，针对市民需求，丰富“市民文化”的形式和内容，提高他们的文化素质，更新他们的思想观念，为共同建设美好家园贡献自己的力量。

（花絮：学生进行社会调查）

设计下面的评价量表，依据社会实践活动进行自评、互评，并由教师根据作业完成情况进行针对性评价，在表内记录量化得分。（示例）

题目	调研城市变迁，探究时代风貌				
班级	314 班	小组编号	第三组	时间	2021 年 8 月
作业呈现形式	形式	数量	形式	数量	
	调查问卷	3	手抄小报	3	
	剪贴画	4	调研报告	2	
	小视频	1	其他	1	
作业呈现内容	按提纲设计出几个具体的问题，经调查对象同意后形成采访的录音、拍照、录像等，并整理采访内容形成书面形式的记录。（见示例一） 调查结束后，将各种不同类型的资料汇总整理，并分析、撰写调查报告。以小组长为核心，各组结合调查内容特点，选用适合的表现形式，如表格、柱状图、折线图等。使用的图片要简明扼要标注图片内容，争取用多种表现形式，锻炼动手能力。（见示例二） 另外还可以做成图文并茂的调查成果演示文稿或与文稿相配的 PPT、微视频等，直观地反映调查成果。				

收获体会	我们作为新时代的青少年，沐浴在改革开放的温暖阳光中长大，通过本次社会调查的实践作业，我们了解了改革开放43年来翻天覆地的变化，见证了党在百年华诞所取得的建设成就，学会了感恩。我们坚信，在中华民族伟大复兴的征程上，必将出现一个又一个的辉煌！薪火相传，生生不息，通过我们一代代人坚持不懈的努力和奋斗，祖国越发繁荣富强，人们的生活也会越来越美好。						
评价指标	评价标准				得分		
	A（5分）	B（4分）	C（3分）	D（2分）	自评	互评	教师评
参与态度	积极参与，主动提出合理化建议，出谋划策。	主动参与，能提出建议。	只关心自己，不关心小组任务。	被动参与，漠不关心。	5	5	5
研读材料	多角度思考，开展与主题相关的调查实践活动。	理解正确，没有建立和主题相关的联系。	不能全面展开调查，认识不全面。	不能运用所学完成社会调查。	4	4	4
任务完成	不需要提醒，熟练准确且提前完成任务。	能按时完成，几乎不需要提醒。	需要提醒，才能基本完成任务。	依赖性强，不能完成任务。	4	3	4
合作交流	善于沟通，积极配合，听取同学意见，积极协调小组开展工作。	有表达能力，能听取同学意见，配合小组开展工作。	能够表达，但不愿听取别人的意见。	固执己见，不能听取别人的意见和建议。	4	3	3

作品点评

本作品作为综合实践体验型作业，在知识和学生生活之间架起了一座沟通的桥梁，为学生提供了运用所掌握的知识、思想方法和思维方式解决生活实际问题的机会，也为学生接触社会、了解社会创造了条件。在完成作业的过程中，学生学会了开展社会调查的基本方法，能通过设计调查问卷、统计并分析调查结果、写出调查报告，并对各小组完成作业情况做具体的评价，很好地发挥了作业评价的功能。作业设计目标明确，呈现方式多样，通过学生作品的呈现，真实再现了学生的学习发展能力。教师设计完成作业的时间符合学生实际，且激发了学生学习兴趣，达到了减负增效的目的。

作品亮点：首先，本作品增强了学生的知识应用能力。借助于完成此类作业，学生可以有意识地观察身边的事物，并学会用知识去解释一些生活问题，增强知识应用意识，从而提高学习能力。其次，学生在实地走访调研的过程中，必须要通过与人交流、寻求合作等方式完成作业，这有利于学生的综合素养得到全面发展。再次，因作业具有开放性，故本作业的目标设定进行了分层设计，每个学生都可以根据自己的知识水平和生活经验，在完成作业的过程中使其潜能得到开发，个性特长得以发展，有利于培养学生勤于实践、善于思考、勇于探究的能力。同时，本作业设计使学生对书本知识在实际生活中的运用产生兴趣，让学生以饱满的热情去发现和研究生活中的问题，并且能用学习知识的眼光、解决问题的态度去思考和感悟生活。最后，本作品从作业的设计到学生完成作业后的作品展示，再到作业评价量表的检测，为我们呈现出一个完整的实践类作业案例，不仅有效地实现了历史学科的育人价值，而且对实践类作业设计提供了有益的启迪，更好地达到教、学、评的一体化。

专家建议：此作品可以说是对实践类作业的完美呈现，作为此类作业的典型案例，建议一线教师在设计和布置这类作业时，根据课标活动建议的要求，从学生实际出发，真正践行“寓教于乐”，让学生充分发挥研究精神、创造精神，从而学会学习。

生活环境的巨大变化

山西省实验中学　马　攀　王　旭　张郁松　骞　浩　贺豪江

电子作品扫码下载

作品信息

作业类型	综合与实践（项目化学习）作业
适用范围	人教社统编版《中国历史》八年级下册第20课《生活环境的巨大变化》。
设计意图	1. 以立德树人为本：历史是人类在时间和空间上留下的生活痕迹，是过去人们创造生活的印记，同学们从观察家庭生活的变化到关注社会面貌的变迁，进而培养有思想品德、有学习创新、有社会责任、有国际视野的公民。通过此次社会实践型作业，来呈现“家国合一”的理念，实现立德树人的价值追求。 2. 落实“双减”政策：此次社会实践作业中，同学们通过搜集家中老物件、走访太原街巷、撰写“旅游推介词”等形式，培养论从史出、史料实证的历史学科素养；学生学会社会调查的基本方法，学会应用所学知识分析和解释历史问题及现象；学生认识到学习不仅在课堂上，也在生活中，做到课堂与社会的衔接。通过布置有弹性、多样性、生活化、跨学科的常规化作业和个性化作业，分组、分层，因材施教，学生普遍有所学、有拓展、有提高。 3. 契合课标要求：依据《义务教育历史课程标准（2011年版）》，引导学生通过走访调查，培养参与社会活动、关心社会、关注生活的意识；通过感知家庭生活的变化，城市面貌的变迁，体会到中国共产党为人民谋幸福、为民族谋复兴的初心，从而激发热爱中国共产党、热爱家乡之情。
设计目标	1. 通过对比家中新老物件、探访街道街巷、实地考察等形式，了解历史的变化。 2. 通过视频录制、对话录音、撰写旅游推介词等方式，培养综合运用知识的能力、语言表达的能力以及情境应激的能力等。 3. 通过完成社会实践作业，感受改革开放以来太原巨大变化背后的因素，逐步养成“爱太原、爱家乡、建设家乡”的历史价值观念；增强对中国特色社会主义的认同，提升国际视野；拉近他们与身边历史的距离，形成家国意识。

（续表）

作业特色	本次社会实践性活动，从家庭生活看历史变化，从城市面貌看历史变迁再到对城市规划建言献策，循序渐进，不拘泥于课本知识，适当进行了拓展和延伸。学生通过整理采访记录，撰写文字稿等活动，进行史料的收集、整理和审读以及对史料的批判性解读和选择性使用，初步形成“史料实证”意识，给学生创造了自主学习、独立思考和实践探究的平台，促进学生德智体美劳全面发展，开拓国际视野，形成家国情怀。作业形式多样，传统和开放相结合，语言表达和书面兼顾，独立与合作相互渗透。尊重学生个体在基础知识和综合能力方面的差异，将作业分为基础型、提升型、拓展型三类任务，并针对小组成员的学习能力，分层次设计，尽量使作业适应学生的个体差异。在作业完成过程中，需要学生利用多方面的知识和技能来解决社会实践作业中的问题，学生被引导积极主动地进行跨学科、跨领域知识的整合，具有一定的深度和广度，实践探索是逐层深入的。
作业时长	基础型作业：预估时长 1 周，所需总时长为 3 个小时。 提升型作业：预估时长 4 周，所需总时长为 12 个小时。 拓展型作业：预估时长 1 周，所需总时长为 2 个小时。

作业内容

从小家的日新月异看国家的沧桑巨变，体会中国共产党执政为民的初心理念，故设计作业如下：

基础型任务（必选项目）

从家庭生活看历史变化：全班同学以衣、食、住、行、用的变化为主题，寻找家中的老物件并采访长辈，深刻感受改革开放以来社会生活的巨大变化。

探究方式：

1. 采访家中长辈、亲历者。
2. 翻找老物件、老照片、旧衣服、旧家具、旧电器等。
3. 寻找过去的日记、信件、旧报刊。

呈现方式：

1. 课堂上，以实物为例进行介绍和解说，时长 5 分钟。
2. 实物携带不方便可以在家中拍摄视频进行介绍和解说，时长 5 分钟。

老物件归纳统计表

物品名称	大致生产年代	撰写介绍、说明（造型、工艺、功能、新旧产品对比等）	被采访者感想

提升型任务（非必选项目）

从城市面貌看历史变迁：通过对比不同时期太原市的变化，让学有余力的同学触摸历史，感受到太原的日新月异。

探究建议：1. 实地走访太原老字号和著名品牌，如：六味斋、双合成、老鼠窟、清和元、开明照相馆、亨得利、华泰厚等。

2. 访谈亲历人物，在征得受访者同意后录音、录像、拍照。

3. 全班同学自由组合小组（每组 4—6 人），组内根据组员特长进行分工，明确各自承担的任务。

4. 提问要紧扣主题，既要严肃、严谨，又要注意活跃气氛。

5. 注意民族风俗习惯、礼节礼仪。

呈现方式：调查报告、拍摄视频、历史小论文、手抄报、板报等形式。

拓展型任务（非必选项目）

从建言献策践行社会担当：通过对太原城市规划提出合理化建议或撰写“旅游推介词”，感受家乡变化之美，激发对家乡的热爱之情。

任务 1. 作为太原的一名中学生，请你根据实际情况为太原街巷改造保护提出合理化建议，可通过绘画、手工制作、小论文等形式呈现。

任务 2. 关注太原城市规划，聚焦钟楼街改造。2021 年，随着太原市政府对钟楼街保护与更新工程的完工，“千年古街”重现新生，现向市民发出“导游征集令”，请你为钟楼街写一段“旅游推介词”。

作业解析

★ 基础型作业案例

车票变革见证时代进步

——山西省实验中学 2003 安子航

老物件归纳统计表

物品名称	大致生产年代	撰写介绍、说明（造型、工艺、功能、新旧产品对比等）	被采访者感想
车票	1971 年	纸质粗糙，圆珠笔手写，纸张较大，不易携带	速度越来越快，用时越来越短，越来越舒适、方便、干净。感受到科技的进步，国家的富强。
	1997 年	纸张变小，易携带打印版	
	2016 年	使用二维码扫描进站	
	2021 年	无票，刷身份证进站	

新中国成立至今，一趟又一趟列车穿梭于煤炭大省山西与首都北京之间。乘坐火车往返于此区间的旅客也深刻感受到，太原至北京的时间距离在日渐缩短。1971 年，我爷爷乘坐 88 次绿皮火车前往北京，用了近 13 个小时，车上没有空调，坐的是硬座，旅途很辛苦。

后来，1997 年，我姑姑去北京的时候就大不一样了，她回忆说：进京列车配有空调和电加热取暖设备，而且设计更加人性化，硬座椅加了白色布罩，硬卧铺加了挡板，列车服务不断改进，但是那些年，赶上节假日往返北京时，列车每停靠较大的车站，旅客都前拥后挤。再看看车厢里，人们挤来挤去，就连椅背上都半立半坐着人，座椅下也躺着人。

2016 年，我们全家乘坐动车去北京旅游，使用车票上的二维码扫描进站，去北京大概用了 3 个小时。车上座椅舒适可调节，有遮阳帘，干净整洁。2021 年，妈妈去北京出差，发现不用实体车票了，直接网上购票后刷身份证就能进站。

太原至北京的火车运行时间从 13 个小时缩短到 2 个多小时。如今，太原人坐火车去北京，脚步越来越从容。

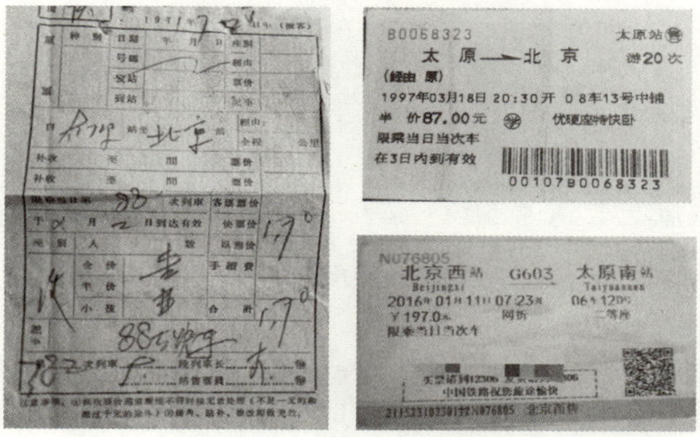

图1 火车票变迁

【教师指导意见】

该作业课前做了充分的准备，以小切口入手，时间跨度较长，具有典型性，不仅反映车票的变化，火车的速度、舒适度的提升，更见证了我国科技的进步和经济的腾飞。在采访过程中，问题具有针对性，目的性强。通过开展社会调查，搜集人们生活变化的有关资料，学生掌握了搜集资料、整理资料、分析资料的能力；学生了解到新中国成立以来，特别是改革开放以来自己家乡和家庭的变化，学生形成了史料实证的意识；获得了运用历史思维分析历史现象的学科素养；学生学会了社会调查的基本方法，学会了运用所学知识分析和解决问题的能力。

建议：寻找物件要涉及范围广、物品种类多、体现多样性；采访对象可以是老师、邻居等；也可以是某个职能部门或单位，如学校、工厂、居委会、火车站等；作品呈现的方式可多样，如摄像、历史小作文等。

✱ 提升型作业案例

图2 太原市钟楼街新旧照片对比

图3 钟楼街恒义诚老鼠窟元宵新旧照片对比

图 4　钟楼街大中市场新旧照片对比

【教师指导意见】

太原作为一座历史文化名城，在其腹地的钟楼街便是其缩影，也是几代老太原人嘴边的市井。该作业以钟楼街为例，通过新旧照片的对比，使我们沉浸在历史的长河中流连忘返，让我们认识到钟楼街是太原城最早的商业街，也展现出太原人民对于传统古街、古建筑的保护与传承。通过对钟楼街的考察，同学们学会多种渠道获取历史信息的方法与技能，对历史遗存的延续与发展产生兴趣，感受到物质的丰富和人民生活水平的提高，感悟到传统古街、古建筑保护的价值和现实意义。

与传统作业相比，这样的作业设计能更有效地提高学生发现问题、分析问题和解决问题的能力，能充分发挥合作小组每个成员的作用，更加重视同伴之间的合作，有效锻炼了学生的分工、协作能力，培养了学生的合作意识、团队精神和创新能力。

建议：可运用更多的历史资料、访谈等方式整合钟楼街不同时期的历史文化资源；可运用视频剪辑把钟楼街数量众多的文物古迹和历史遗存进行串联，展现钟楼街的新形象、彰显文化魅力；展示的形式过于单一，学生可通过更多的平台展示成果，如微信公众号、抖音小视频等途径使学生体验成就，共享成果。

★ 拓展型作业案例

合理化建议——展望与发扬

——山西省实验中学　徐宗正

加强历史文化街道的保护和研究工作非常紧迫。当代工作者要秉持正确保护理念，科学把握保护规律，主动扛起保护街道的重担，加大对无损检测分析装备等设备研发力度，深化对文保街道劣化的微观机理与病害发育的环境作用机制的认识，补足基础理论方法和科学数据积累等方面短板，推动街道“全过程保护”，防止街道遭到破坏，全力保护好街道的原貌，从而原汁原味地还原街道所处时代的社会样貌和人文习俗。要运用创新技术加强对街道的修复，积极推进街道研究和科学阐释，深挖街道承载的丰厚历史底蕴和优秀传统文化，深析街道背后蕴含的伟大民族精神和雄浑民族力量，不断构筑国家文化地标和精神标识，增强中华民族的自豪感和凝聚力。

发挥好街道的价值，不是封藏，而是开放，要让历史的精神文化价值“飞入寻常百姓家”，让街道光芒照耀新文明发展，焕发出更具活力的文明形象。

续文脉——彰显古今交融的文化魅力。整合“三山环抱、汾水中流、双城更迭”的整体格局特色。构建“一带连双城、一环串八组、绿廊接多片”的核心文化承载体系。

塑风貌——重塑特色鲜明的龙城风貌。结合城市组团布局及片区与城市中心、轴线等结构要素的协调，塑造特色风貌区。通过建筑群体、风格及色彩管控，共同展现太原古今交融、具有历史韵味又能展现时代气息的城市风貌。

引活力——建立充满活力的公共空间。慢行优先，建立活力街巷网络，打造林荫景观街、活力主街及活力次街，分类提出提升引导。

【教师指导意见】

该同学能紧扣时代主题，针对家乡的发展建设提出合理化建议，切实增强了公民意识和主人翁的社会责任感，反映了当代青年的社会责任担当。但要注意结合本地实际，提出可行性方案。

作品点评

本作品作为综合实践体验型作业，不仅培养了学生的合作意识，也利于学生对知识的掌握和学习方法的习得。学问来源于生活又服务于生活，本作业设计使学生回归生活的“大课堂”。学生经历了调查研究、比较分析、概括归纳的过程，不但运用所学的历史知识和方法较深入了解了社会，而且锻炼了能力、涵养了情感态度价值观，提升了历史学科综合素养。

作品亮点：首先，本作业设计充分体现了分层性，内容和形式因人而异，依据不同层次学生的知识水平和能力水平，进行不同层次的作业设计，不同层次的学生可以选择不同类型的作业。学生有自主选择作业的权利，让学生个性飞扬，个性潜能得到充分发挥。因“层”而练，从而使教育教学更适合“双减”政策的要求。其次，本作业设计中的拓展性作业是教学的重要延伸，教师在选择和设计本部分作业时，能依据课标的要求并结合学生实际水平，以丰富多彩的形式，让学有余力的同学在有趣的情境中去开阔视野、增长知识、提升能力、愉悦身心，思维得到发展，历史素养得到提高。再次，该作业设计反映了教师教学观的变化。教师充分尊重学生的价值，关注个体差异，在给予学生主动学习权利的同时，满足不同学生的学习需要，使每个学生都能得到充分发挥。教师精心设计了活动过程，包括活动前的准备、活动的程序、活动的总结等，教师对整个活动进行了跟踪指导。在这里，作业不再是训练应试的“高手”，而是立足于学生终身学习和发展的需要，促进学生发展的一种重要途径。

专家建议：作为实践类作业的典型案例，建议一线教师在设计和布置这类作业时，要保护学生的自信心，加深学生对知识的理解、感受，让生活真正走进课堂，训练学生的创造性思维和表达交流共享的合作意识和能力，为学生奠定未来发展所需要的基本素质，使之形成独立学习、探究和发展的能力。

社会主义先进文化

太原市外国语学校　郭晓欣

电子作品扫码下载

作品信息

作业类型	综合与实践作业
适用范围	人教社统编教材《中国历史》八年级下册。
设计意图	坚持历史学科立德树人的功能、立足“双减”政策、提升历史学科素养。本作业设计分为两部分，包括课时作业和课后作业。课时作业作为课堂教学的巩固训练，学生以小组为单位，根据小组特点任意选“一站”或“多站”，实现自主分层；课后作业作为课堂教学的延伸，学生自由组合，开展实践性作业，锻炼学生的动手能力、培养跨学科学习的能力。
设计目标	（一）在全面建设社会主义时期，王进喜是工人的代表、雷锋是人民解放军的代表、焦裕禄是党员干部的代表，他们以自己的远大理想、坚定信念和崇高价值观，成为全国人民学习的榜样，给中国社会以深刻影响，也塑造了整个时代的社会风尚。通过撰写历史小短文，锻炼学生的历史学科素养，同时有利于塑造学生高尚的爱国主义情操，激发他们热爱学习、追求奉献的责任感和使命感。 （二）“一国两制”的构想，首先在香港、澳门得到了实践。它表明历史遗留问题可以通过和平方式来解决。香港、澳门回归的发展也说明，中国人民有能力处理好自己的事情。了解“一国两制”构想及其实践对实现祖国统一的巨大作用，从而激发学生的爱国主义情感，增强民族自尊心和自信心。 （三）学生通过图文说史，学会运用史论结合、论从史出的基本方法，体会新时代之美好，树立远大理想，肩负起实现中华民族伟大复兴的时代责任。 （四）培养学生参与社会活动、关心社会发展的意识。应用学习的历史知识，概括、分析、判断历史问题，提高学科基本能力，发展学科素养。学会开展社会调查的基本方法，能够自行设计相关调查问卷，汇集调查统计结果，对调查结果进行分析判断，写出调查报告。在调查活动中，培养待人接物、与人沟通的能力，学会与人相处的礼仪、礼貌。 （五）近几年，文创产品备受关注，它是一种很好的历史文化承载物。学生参与设计文创周边产品，把美育与历史教育相结合，在提升学生审美能力和审美趣味的同时，也锻炼了学生的动手能力，体现了跨学科交流，把历史知识运用到实践生活中。

（续表）

设计特色	以“云游”的形式开展探究性作业，从“云游中国”到“云游家乡”，云看展、云布展，把历史课堂与现实生活紧密相连。
作业时长	60 分钟

作业内容

【作业呈现】

第一部分　课中基础作业（必做）——云游中国·社会主义先进文化

（以小组为单位，自主选择一站或多站的云游，完成后进行展示、交流、互评。）

云游第一站·新中国

【时代楷模】·王进喜——人拉肩扛、拼命创业

贝乌-40 型钻机的绞车

大庆石油工人王进喜

在大庆油田历史陈列馆的“艰苦创业，光辉历程”展厅中，一部钻机的绞车陈列在最显眼的位置。当年 1205 钻井队使用的是贝乌-40 型钻机，总重量为 60 吨左右，其中这部绞车重达 5.1 吨。它是铁人王进喜当年在大庆打的第一口井——萨 55 井时，率领石油大会战职工用人拉肩扛的办法安装的钻井设备之一。

·焦裕禄——心装人民、没有自己

焦裕禄纪念馆的藤椅

党的好干部焦裕禄

1966 年 2 月 7 日清晨，长篇通讯《县委书记的榜样——焦裕禄》在中央人民广播电台播出。

2014 年 3 月 18 日，在河南省兰考县委常委扩大会议上，习近平总书记动情地回忆说：“我当时上初中一年级，政治课老师在念这篇通讯的过程中几度哽咽，多次泣不成声，同学们也流下眼泪。特别是念到焦裕禄同志肝癌晚期仍坚持工作，用一根

棍子顶着肝部，藤椅右边被顶出一个大窟窿时，我受到深深震撼。”

·雷锋——有限生命、无私奉献

战友的母亲病了
他送了一包夹有10元钱的饼干
战友的棉裤破了
他用自己的帽里子给补好
战友没有带午饭
他把自己的饭送过去
抢险救灾
他带病连续奋战七天七夜
部队每年发两套军服
他为国家省资源
连续两年只领一套
他说穿带补丁的衣服
也比流浪时披麻袋好千万倍……

解放军好战士雷锋

大庆石油工人王进喜、党的好干部焦裕禄、解放军好战士雷锋，这是共和国记忆中20世纪60年代的时代楷模，正是无数像他们这样的平凡人创造了全面建设社会主义时期的众多成就，他们身上彰显着那个时代的艰苦奋斗精神，请以《时代楷模》为题，写一篇150字左右的历史小短文。

云游第二站·新时期

【伟大创举】

“一国两制”是“中国之治”的伟大创举，是行得通、办得到、得人心的。30多年来，“一国两制”实践取得的成功举世公认。根据材料，结合所学知识，回答下列问题。

材料一 香港既然是中国的领土，中国随时有权收回。中国任何时候都可以给香港制造麻烦，但中国政府不但始终没有这样做，相反特别关注香港的繁荣稳定。中国一直有意保护香港的现状，是因为一方面香港的存在对中国有一定的好处，可以作为赚取外汇，观察世界的窗口；另一方面是中国大陆一直没有找到一种既可收回主权又能保持香港繁荣的办法，时机尚未成熟。十一届三中全会以后，邓小平同志从实际出发，主张用和平方式解决香港问题，从而提出了“一国两制”的宏伟构想。

——摘编自张怀兵《香港问题始末》

材料二 2019年2月，备受瞩目的《粤港澳大湾区发展规划纲要》出炉，对粤港澳大湾区的战略定位、发展目标、空间布局等做出全面规划。在国家政策的大力支持下，如雨后春笋般涌现出来的创业平台，充分发挥着在进一步深化改革、扩大开放、促进合作中的试验示范作用，为港澳发展拓展空间，引领带动着粤港澳“发展一体化”。粤港澳大湾区提供了一体化的市场环境，使得创新要素在此自由高效流通，令来自世界各地的人才、技术、企业和资金都可参与其中，有助于丰富“一国两制”的内涵。

——摘编自辜雨晴等《粤港澳大湾区靠什么引来金凤凰?》

材料三　“一国两制”的构想最初是从解决台湾问题开始提出来的，由于香港问题的提前到来，使这一构想首先在解决香港问题上付诸实现，并获得成功。香港回归的成功实践充分证明，邓小平“一国两制”的构想是符合中国实际的伟大构想，具有重要的理论意义和现实意义。

——摘编自卢培琪《从香港回归的成功实践看“一国两制”构想的伟大理论意义和现实意义》

（1）根据材料一，概括新中国成立后没有立即收回香港主权的原因。结合所学知识，简述20世纪八九十年代“一国两制”构想在香港的实践过程。

（2）根据材料二并结合所学知识，简述粤港澳大湾区的发展优势，并分析加快大湾区发展的意义。

（3）根据材料三并结合所学知识，说明“一国两制”的理论意义和现实意义。

云游第三站·新时代

【中国成就】

2018年，中国国家博物馆《复兴之路·新时代部分》大型主题展向公众开放，今天我们一同走进它的虚拟展厅。一张张照片、一件件模型、一组组数据向我们展现了新时代中国的成就，展览用更加立体直观的方式告诉我们中国已经“到了哪里”，还将“到哪里去”。参观完展览，请根据所学的知识，选取两幅图片介绍新时代中国成就。日月更替、发展不断，你认为近几年有哪些新时代中国成就可以增加到展览中，也可以找到相关图片加以介绍。

第二部分　课后实践作业（选做）——云游太原·社会主义先进文化

云游第四站·家乡太原

【云布展——太原工业遗产】

工业遗产不仅仅是文化遗产，也是具有十分重要的意义记忆遗产、档案遗产。工业遗产保护名录的形成，对保存这些文明的印记，使之成为全人类共同的财富，唤起公众对工业遗产保护的关注。传承和发展城市文化，让工业遗产融入当代生活，使其成为公众日常生活的重要组成部分。

请同学们自由结组，调查太原的工业遗产，例如“汾西机器厂”“太原重型机器厂”等，收集照片，完成调查报告，可以利用语音、图文、视频记录调查过程与结果，利用公众号、直播等形式，开办云展览，展现家乡太原工业遗产的前世今生，唤起公众的关注。

完成调查报告后亦可对太原工业遗产保护和发展提出可行性的建议。

【参考资料】

中国工业遗产保护名录——太原篇

·汾西机器厂

所在地：太原市和平北路

始建年代：1953 年

主要遗存：5 号办公楼、苏联援建的 2 座大跨度厂房；生活区；技术档案（苏联设计图纸共 236 册，7891 份）。

·太原重型机器厂

所在地：太原市万柏林区玉河街 53 号

始建年代：1950 年

主要遗存：厂部办公楼、一金工车间、二金工车间等三座“一五”时期工业建筑；50 吨电动桥式起重机（中国第一台大型桥式起重机）；10 座苏式住宅楼。

云游第五站·文创商店

【云设计——文创周边产品】

最后一站，逛文创商店。请同学们为此次“云游中国·社会主义先进文化”游览，设计文创周边产品，如书签、冰箱贴、徽章、手机壳、文具、书包、玩偶、文化衫等，兼具历史特色、美学价值、实用功能，可合作完成，也可单独挑战，需要呈现设计图纸并阐述设计意图。

作业解析

【时代楷模】

历史小短文示范：

时代楷模

全面建设社会主义时期成就的取得，离不开平凡的劳动者，他们铸就了艰苦奋斗的时代精神。

大庆石油工人王进喜，用身体搅拌泥浆，制服了井喷，被誉为“铁人”；党的好干部焦裕禄，在兰考县工作期间，亲自带队到灾区开展调研，他身患重病，依然坚持工作；解放军好战士雷锋，乐于助人，做好事不留名，因公殉职，毛泽东题词“向雷锋同志学习”。

时代楷模铸就时代精神，热爱祖国、艰苦奋斗、密切联系群众、全心全意为人民服务的精神激励着一代代中国人努力奋斗，复兴民族。

【伟大创举】

（1）原因：保留香港作为大陆赚取外汇、观察世界的窗口；尚未找到既可收回主权又能保持香港繁荣的办法。过程：1982 年，邓小平在会见英国首相撒切尔夫人时，提出可以用“一个国家、两种制度”的方案解决香港问题；1984 年，中英两国签署《联合声明》；1997 年 7 月 1 日，正式收回香港主权，中华人民共和国香港特别行政区成立。

（2）优势：是最早对外开放的地区，经济发达；包括香港、澳门两个特别行政区，具有“一国两制”的优势；政府政策支持。意义：有利于进一步扩大对外开放，促进区域经济发展；对我国对外开放有示范引领作用；丰富了“一国两制”的内涵。

（3）理论意义：丰富和发展了中国特色社会主义理论。现实意义：有利于社会主义现代化建设；促进了祖国统一大业；有利于维护世界和平与发展。

【中国成就】

示范一：图片“一带一路”

“一带一路”是指“丝绸之路经济带”和“21 世纪海上丝绸之路”。深入实施“一带一路”建设，顺应世界和平与发展的趋势，避免重蹈对抗、冲突的老路，从根本上促进人类命运共同体建设，促进沿线国家交流合作，实现合作共赢。

示范二：图片“2022 年北京冬奥会”

继 2008 年北京夏季奥运会后，中国再次成功地举办了 2022 年北京冬奥会。根植于中国优秀传统文化，以“简约、安全、精彩”为理念，向世界展示了中国的从容和强大。冬奥会中，运动健儿创造了历史最好成绩，我国正在向体育强国的道路上迈进。

【云布展——太原工业遗产】

研究调查报告可以参考以下形式但不限于此形式：

调查主题			
时间		小组成员	
报告内容			
小组自评			
组间互评			
教师评价			

云布展指导意见：

把一个或多个小组的调研成果、照片、音频、视频、PPT、手绘小报、调查报告等进行整合，在年级或学校等公众号发布；或者通过直播的方式呈现调研成果、照片、音频、视频、PPT、手绘小报、调查报告等内容，直播中可以设置互动环节，能更好地交流学习。

【云设计——文创周边产品】

云设计指导意见：

从小处切入，搜集“云游”中自己喜欢的建筑、照片、人物等素材，抓住其特点，提取当中的历史元素，结合设计目标，进行合理的结合、有效的呈现。

作业评价量表：

评价量表					
序号	评价项目	自我评价	同学评价	教师评价	综合评价
1	【云游第一站·新中国】				
2	【云游第二站·新时期】				
3	【云游第三站·新时代】				
4	【云游第四站·家乡太原】				
5	【云游第五站·文创商店】				

作业评价标准：

评价标准		
序号	评价项目	评价标准
1	【云游第一站·新中国】	围绕主题，文章结构完整，层次分明，逻辑关系清晰，紧扣文章主题进行解释和拓展。
2	【云游第二站·新时期】	符合题目要求，分析全面，语言规范，史实准确。
3	【云游第三站·新时代】	语言规范，史实准确，论述恰当，适当延伸。
4	【云游第四站·家乡太原】	调查目的是否清晰，调查方法是否全面，时间安排是否合理，人员分工是否明确，小组合作是否融洽，调查成果的呈现是否直观明确、有理有据，云布展完成度如何，云展览的参观数据如何等。
5	【云游第五站·文创商店】	是否具有历史特色，是否具有独创性，是否具有美感，设计和主题是否契合，受欢迎程度如何等。

作品点评

本作品充分体现了作业设计的“向度”，即严格依据历史课程标准来制定，使学生在完成作业后不仅能习得必备知识，提升关键能力，还能发展学科素养，形成核心价值，充分发挥作业的育人功能，超越了简单的教学知识与技能的巩固训练或者为求成绩的简单刷题。该作业设计以“云游”的形式设置了不同层级的探究性作业，运用时空观念的学科核心素养，关注中国现代史上不同时期“中国”到“家乡”的杰出历史人物、历史事件和历史现象，组织学生以看展、布展等方式，把历史课堂与现实生活紧密相连。

作品亮点：首先，本作业设计充分体现了教师在设计作业时的立意问题，秉持素养与价值立意，不固守知识本位的立场。在巩固基础知识的同时，以涵育历史学科的必备知识为基，关键能力为重，并且突出正确的政治立场和价值判断。其次，本作业设计通过不同模块的综合性活动，有效培养了学生的时空观念、史料实证、历史解释与家国情怀等核心素养。逐步掌握学习历史的一些基本方法，包括利用网络、图书馆、书籍等阅读历史材料，查找和收集历史信息的途径和方法。再次，作品中给出了可操作性极强的作业评价量表、作业评价标准等，将量化评价与质性评价相结合，使教师评价与学生自我评价、同伴评价具体可行，极具推广价值。最后，本作业设计充分体现了教师对学生的人文关怀，具有作业的“温度”，即符合学生心理需求，能激发学生积极完成作业的良好情绪。本作业设计不仅关注学生完成相应知识技能的巩固与核心素养的提升，更注重培养学生走进社会的能力与信心，使学生从作业中发现了知识的力量。

专家建议：实践类作业是教育教学实践中不容忽视的关键内容，是“教”与“学”的交会点。建议一线教师在设计和布置这类作业时，要仔细研读历史课程标准有关评价建议的相关内容，理解评价的主要目的是全面了解学生学习历史的过程和结果，促进学生学业进步和全面发展，以及改善教师的教学和提高教学质量。

特等奖作品

第三类　单元作业设计

中华人民共和国的成立和巩固

太原市第三十六中学校　王　欣

电子作品扫码下载

作品信息

作业类型	单元作业
适用范围	人教社统编教材《中国历史》八年级下册第一单元《中华人民共和国的成立和巩固》。
设计意图	历史学科核心素养导向下的作业设计以落实立德树人为根本任务，使学生在作业完成过程中学会学习、学会合作、学会做人，引导学生学习、探索，从而培养和提高学生的自学能力、动手能力和创造能力。 在内容上，从生活走向科学，从科学走向社会、在开放的体系中学习；在方式上，改变传统单一的、被动的、接受为主的学习方式，强调学习情境的创设，强调学习过程中的“亲身体验”和“探究式学习”；在情感培养上，强调“激发学生的求知欲，培养学生终身的探索兴趣”，使学生养成良好的思维习惯，敢于质疑、勇于创新，树立正确的价值观培养其学科综合素养。
设计目标	1. 知道中国人民政治协商会议第一届全体会议的召开以及开国大典的基本史实，认识到中国共产党领导的多党合作和政治协商制度是我国一项重要政治制度。理解新中国成立的伟大历史意义。知道西藏和平解放，认识其意义。理解土地改革和抗美援朝，恢复了经济，巩固了新政权。 2. 通过本单元的学习，学生能了解并简述这些事件的大致经过，认识、理解这些事件在共和国历史上的重要意义。学生了解共和国的缔造者为国家建设所奉献的智慧、付出的牺牲，知道中国人民志愿军战士不畏艰险、英勇抗敌、保家卫国的英雄事迹，增强学生热爱中国共产党、热爱祖国、热爱人民的历史情感，培养学生的爱国精神和责任意识。 3. 通过创设情境，增强对历史本身的理解。通过呈现史料，加强获取历史信息的意识，提高阅读、分析史料的能力，启发学生对历史事物进行想象、联想和分析、综合、比较、概括等认知活动。通过课堂对话，引导学生感触历史人物的内心，把握人物心理，促进学生的个性化发展，培养学生的表达能力和历史解释、史料实证等学科素养以及勇于探索、合作交流、沟通表达、实践创新等综合素养。

（续表）

设计特色	1. 注重能力培养 依据课标的基本要求，命题力求把握重点、难点。作为巩固性练习，基础知识是命题的基础。为落实国家“双减”政策，命题时大力挖掘、利用教材中的图片、表格、材料等，培养学生的知识衔接、整合能力，灵活运用、综合分析和解决问题的能力。 2. 注重个体差异 核心素养的教育核心理念是“为了学生的发展”，倡导的学生观是：学生是发展的人，是独特的人，是具有独立意义的人。因此，多层次作业和命题要立足于学生的个体差异，关注每一位学生的健康发展。按照难度梯度分为三个层次：基础层次题：知识的直接应用、基础联系和巩固等。中等层次题：材料题等综合性题。高层次题：创新题，开放性、实践性和探究性题以及项目化学习。这样可以使不同水平的学生自主选择，给学生作业的“弹性权”，实现“人人能练习、人人能成功”，使每一层次的学生都得到发展。 3. 注重创新发展 创新能力和创新精神是一个民族发展的动力和灵魂。创新作业是学校日常教学的拓展和延伸，在创新作业、实践作业、项目化作业等的设计上，呈现小报制作、观看电影写影评、思维导图、调查研究等多种形式，让作业活起来，让学生动起来，促使学生在生活中学习，在实践中运用，在开放中创新，既贴近学生现实，又体现个性化和差异化；既提高学生的问题解决能力，培养创新意识和实践能力，又有意识地为学生的自主学习架设思维支架，引导学生联系生活实际，自主探究、自主学习。
作业时长	基础类作业：5 分钟　提高类作业：30 分钟　拓展类作业：10 分钟

作业内容

基础类（必做）10 分钟

1. 图片承载了丰富的历史信息。对右图的解释，下列说法中恰当的是（　　）

A. 标志着政治协商制度的建立

B. 中国开始进入社会主义社会

C. 中国人民当家做主的时代来了

D. 一个富强的中国已经实现了

2. 1949 年 9 月，中国人民政治协商会议第一届全体会议在北平隆重召开。来自中国共产党、各民主党派、无党派人士、各人民团体、人民解放军、各地区、少数民族、国外华侨以及特邀代表等 662 人参加会议。毛泽东在会议上指出："我们的会议是一个全国人民大团结的会议……我们的工作将写在人类的历史上。"这里的"工作"是指（　　）

A. 讨论成立新中国的问题

B. 制定第一部社会主义类型的宪法

C. 编制第一个五年计划

D. 提出完成祖国统一大业的基本方针

3. 毛泽东说："我们不出兵让敌人压至鸭绿江边，国内国际反动气焰增高，则对各方都不利……总之，我们认为应当参战，必须参战。"指出毛泽东认为"应当参战""必须参战"的原因有（　　）

①美国扩大战争，威胁中国国家安全　②朝鲜党和政府的要求　③国内局势较为稳定　④苏联的支持

A. ①②③　　B. ①②④　　C. ②③④　　D. ①③④

4. "雄赳赳，气昂昂，跨过鸭绿江！保和平，卫祖国，就是保家乡！中华好儿女，齐心团结紧，抗美援朝打败美帝野心狼"，中华好儿女发扬了高度的爱国主义、革命主义和国际主义精神。其优秀代表是（　　）

A. 杨靖宇　　B. 赵登禹　　C. 左权　　D. 黄继光

5. 废除地主阶级封建剥削的土地所有制，实行农民的土地所有制，借以解放农村生产力，发展农业生产，为新中国的工业化开辟道路。这段材料主要反映了土地改革的（　　）

A. 背景　　B. 内容　　C. 性质　　D. 目的

6. 1950 年 6 月，中央人民政府在新解放区进行土地改革，废除地主阶级封建剥削的土地所有制，实行农民的土地所有制。到 1952 年底，土地改革完成时，全国粮食总产量由 1950 年的 1.32 亿吨增长为 1.63 亿吨，人均粮食由 1950 年的 239.4 千克增长为 285.2 千克。这从本质上反映出（　　）

A. 生产的发展推动了新政权的巩固　　B. 我国完成了生产资料所有制的转变

C. 土地改革促进了国家工业化建设　　D. 生产关系的变革推动生产力的发展

【素养、能力及价值观目标】

选择题依据课标，立足教材，夯实基础，通过创设情境，培养学生学会运用所学知识解决问题的能力，建立"史料实证"，落实"历史解释"及"家国情怀"等历史核心素养。

【创设情境及问题设计】

选择题考查新中国成立及中国人民政治协商会议第一届全体会议的相关史实。

第 1 题材料选自教材图片，属于文物史料，第一手史料，通过观察图片创设情

境，学生提取有效信息，构建知识之间的内在联系，逐步提高对历史的理解能力。第2题选自教材原文进行编写，属于史料情境，由学生对材料进行提取和分析，运用渗透史料实证意识，培养“论从史出”的思维习惯。第3题材料选自教材第2课的材料研读，属于史料情境，通过阅读材料创设情境，学生通过材料并结合所学知识，分析概括形成历史认识。第4题选自教材第2课的引言，属于史料情境，由学生对材料进行提取和分析，形成史料实证意识，培养“论从史出”的思维习惯。第5题材料选自教材原文，属于史料情境。通过观察图片创设情境，学生从多角度认识历史事件，落实时空观、历史解释的学科素养。第6题题干来自课外资源，属于史料情境，通过阅读、理解、分析形成历史概念，进而认识历史发展的本质。运用渗透史料实证意识，培养“史论结合、论从史出”的思维习惯。

提高类（选做）30分钟

以四人小组为单位，搜集资料，绘制历史小报，致敬抗美援朝战争中“最可爱的人”。

【素养、能力及价值观目标】

在搜集、整理材料的基础上，了解获取历史信息的多种渠道，增强提取、处理历史信息的能力。在绘制小报的过程中学会合作、交流与分享。认识中国人民志愿军战士的爱国主义、革命英雄主义、革命乐观主义、革命忠诚及国际主义精神，理解抗美援朝战争胜利的重大意义。

拓展类（选做）10分钟

以“腾飞新中国　辉煌七十年”为主题，围绕新中国成立70年来我国在经济、政治、文化、社会、生态等方面的发展变化，写一篇小论文。

【素养、能力及价值观目标】

通过新中国成立70年来切身感受身边的变化，增强对祖国的责任感，逐步确立为中国特色社会主义事业做贡献的人生理想。

作业解析

基础类（必做）

1. C　2. A　3. B　4. D　5. D　6. D

提高类（选做）

学生搜集并查找资料，了解除黄继光、邱少云之外其他中国人民志愿军战士如杨根思、罗盛教等人的英雄事迹。举办故事会，结合英雄人物的事迹，体会中国人民志愿军战士的爱国主义、革命英雄主义、革命乐观主义、革命忠诚及国际主义精神。

学业评价建议

1. 评价目的：让学生进一步了解抗美援朝中的重要人物、事件，并形成正确认识，感知抗美援朝的必要性和意义，初步培养学生的表达和策划能力。

2. 评价方法：发展性评价、生生互评。

3. 评价过程：学生以组为单位创办一份手抄报，在班级进行展示评比。

评价标准：评价要注重两个方面。一是注重呈现的内容是否表述准确，内容取舍是否得当；二是看版面设计是否美观大方、图文并茂、布局合理。

拓展类（选做）

评价标准：内容健康向上，以小见大，事理交融；条理清晰，有说服力。观点正确，材料真实，理论联系实际，有一定见解和深度。作品要紧紧围绕庆祝中华人民共和国成立70周年，突出主题，讲中国故事、讲时代精神、讲未来梦想。可以从身边点滴谈祖国巨变，从伟大实践谈执着追求，从辉煌成就谈拼搏奉献，从时代征程谈理想信念，从英雄楷模谈人生坐标，等等，尽情表达自豪感、光荣感、责任感，充分展示美好憧憬、青春激昂、筑梦前行。作品立意高远，内容丰富，感情真挚，文采飞扬。

作品点评

本作品属于典型的单元作业设计，立意高远，兼顾能力培养和创新发展，注重学生个体差异，借助丰富的形式，面向全体学生，激发学生的学习兴趣，促进学生全面发展，使每个学生都获得不同程度的提高，这样的作业让学生从“愿做”到“爱做”，进而调动学生学习的主动性。

作品亮点：本作品分为：基础类、拔高类、拓展类三部分内容，体现了考查的层次性；从形式上：基础类采用选择题的考查方式，拔高类采用制作历史小报，拓展类采用撰写小论文的方式。其中分组制作历史小报这种合作学习方式就决定了学生需要在完成作业时彼此协调、互相支持以达到组建团队的目标。在制作小报的过程中，变单纯地注重知识和智力变为注重综合素质的发展，是教材知识的拓展和延伸，灵活的形式，丰富多样的内容，培养了学生的合作能力。撰写历史小论文具有开放性的特点，能够充分展示学生的整体素质，考查了学生的描述简述、解释展示、概括观点的能力；形成认识，联系现实，发展了学生的认知思维能力、学习发展能力、综合实践能力。

专家建议：用作业的形式丰富复习课的类型，这是本作品带给我们最大的启示，作业也可以如此智慧、灵动，希望在本文的“抛砖引玉”下，让作业的设计变成一种创造性、艺术性的行为。

地理部分

DILI BUFEN

第一类　综合与实践作业设计

深探农业产品，乐享品质生活

太原市外国语学校　王丽　赵虹　张涛涛　庞小红

电子作品扫码下载

特等奖作品

作品信息

作业类型	实践类作业
适用范围	晋教版地理八年级上册第四章。
设计理念	随着网络科技的飞速发展，学生往往缺少动手动脑的实践体验，缺乏对真实情境的感悟，演变成为互联网“原住民”，往往打得了王者荣耀，看得懂“火星文”，却常常“五谷不分”。 基于“双减”的背景，鉴于学生“五谷不分”的学情，我组设计主题为“深探农业产品，乐享品质生活”地理寒假作业。作业体现区域性地理特征，遵循思维化、整合化、个性化原则，根据寒假时长，设置为三周，三周作业层层递进，增强学生对农业的了解，培养学生学习的趣味性，促进其综合素养的发展。
设计目标	根据寒假时长，我组计划以周为单位设计三次作业，作业由简单实践入手，学生在实践中进行地理思维的训练和学习方法的总结归纳，提出地理问题——获取地理信息——组织地理信息——分析地理信息——回答地理问题——提升地理素养。学生在完成作业的过程中，进一步感悟来自生活的愉悦，享受生活，从生活中学习，在学习中提高生活品质。
设计特色	第一周作业，学生亲自去超市或菜市场，分辨各种农产品，运用所学知识归纳其所属农业部门，加强对农业部门的认识，提高应对现实生活的地理实践力。 第二周作业，学生在实践过程中产生疑问，提出地理问题，查阅、调查、筛选相关的地理信息，归纳整理并输出地理信息，从而提高地理认知素养，激发学习地理的兴趣。 第三周作业，学生自行选择作业形式，对前两周实践活动进行整理、归纳和小结，在实践中去利用地理知识解决生活中的地理问题，体验完成作业的满足感和成就感。
作业时长	三周

作业内容

第一周实践作业：

逛超市或菜市场，了解特色农产品并拍照，在 A3（297mm×420mm）纸上汇总呈现。

要求：

1. 在 A3 纸的右上角标注校区、班级和姓名；

2. 正文部分图文结合，在农产品的照片下面标清名称、产地，并做简单介绍；

3. 在 A3 纸的底部写下拍摄图片的日期、市场名称以及特色农产品所属的农业部门。

第二周实践作业：

选取 1~2 种你最感兴趣的特色农产品，借助互联网或社会调查等方式，了解其生长习性、产地环境、运输、保鲜等方面的相关知识并将其汇总在 A3 纸上，要求图文并茂。

第三周实践作业：

精选一种农产品，通过亲自品尝农产品，结合调查资料探究其生长环境特点，对其进行推广，将你的推广方案展示在 A3 纸上，可以是研究报告或是广告封面，也可以是绘制地图或是摄影作品……进行脑洞大开的设计吧！

第一周作业展示及评价

寒假期间，同学们实地走进超市或菜市场，了解我们身边的特色农产品，并与其进行了一次“亲密合影”，收获很多。同学们按照作业要求，将课本知识与生活实践相结合，充分发挥个性，使得“生活中的地理”跃然纸上！下面为部分优秀作品及评价。

案例 1：

点评：

作者走进兴华街便民综合市场，实地了解胡萝卜、青萝卜、白菜、油菜、长山药等农产品及其产地，结合课堂所学知识判断其所属农业生产部门为种植业。通过分析这些农作物的生长习性与原产地地形、气候等地理要素之间的相互影响的联系，深刻体会到农业生产与地理环境的关系，并将其以自己喜欢的方式进行表达总结和分享，体现了其对生活的热爱！

案例 2：

点评：

作者走进农贸市场，与西兰花、长山药、白菜、洋葱等农产品合影，在与家人的交谈中，了解这些农产品的原产地。通过地理课堂对区域自然环境的认知，根据原产地信息，大致推断该作物的生长习性。通过互联网，作者还学习到这些农作物的传播历史、保健功能等知识，并将其制作成精美的手抄报，在收获知识的同时，体验到分享的快乐！

第二周作业展示及评价

同学们精选了不同类型的农产品，通过查阅资料，对其生长习性、产地环境、运输和保鲜等相关知识进行整理总结，内容丰富，图文并茂，设计美观，有的作品中绘制地图，地理特色鲜明。下面为部分优秀作品及评价。

案例 1：

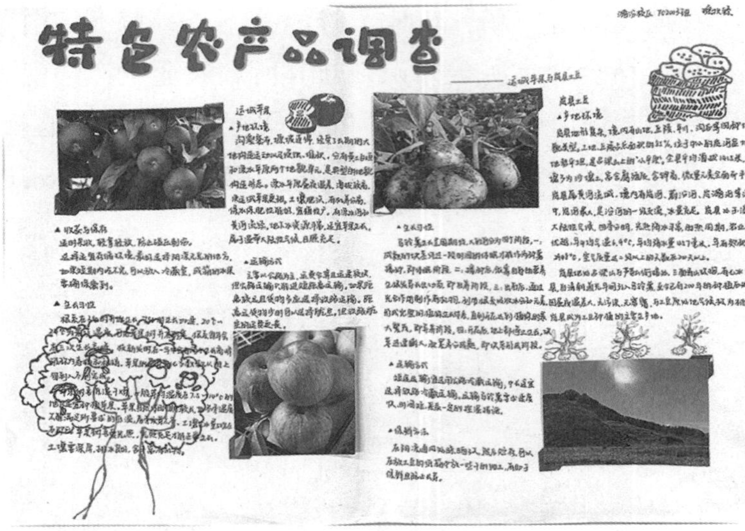

点评：

这幅作品精选了运城苹果和岚县土豆这两种农产品。学生通过查阅资料，说明了苹果、土豆的生长习性和其各自产地的自然环境，深刻地表达出了自然环境对农业生产的影响。学生根据这两种农产品的特点和产地的交通条件分析了产品运输方式的选择，反映出该学生对课本的知识能够灵活运用。作品中还加入了苹果和土豆的图片和产地的景观图，图文并茂，形象美观。

案例 2：

点评：

这幅作品精选的农产品是渠县黄花，为国家地理标志产品。学生通过查阅资料说明了黄花的生长习性及其适宜的地形和土壤条件，介绍了其分布地区、主产地的气候条件、运输保鲜等。绘制了黄花的图，图表结合，美观形象，巩固了地理知识，提高了绘图能力，获得满足感。

案例 3：

点评：

这幅作品精选农产品为清徐葡萄，学生通过查阅资料说明了葡萄产地的气候、地形、土壤等自然环境特点，并绘制产地周边的交通地图，说明了该地葡萄种植历史悠久、交通便利等有利的社会经济条件。学生在做整理总结的过程中不仅表述了对农业生产条件的分析，还深入了解了葡萄产地清徐的所在地理位置，同时自己的绘图能力得以彰显，获得满满的成就感。

从这几幅作品可以看出学生通过查阅资料，获取地理信息，进行版面设计，初步学会了调查研究的基本方法，产生探索地理问题的兴趣，增加了学习的趣味性和主动性。通过对地理信息的分析和地图的绘制，提高综合思维和区域认知的地理素养；在运用课本知识解决现实复杂情境问题的过程中，真切感受到了“生活中的地理”和“终身发展有用的地理”；通过设计精美的手抄报，提高审美情趣，操作过程中获得满足感和成就感。

第三周作业展示及评价

同学们充分发挥自己的创意，呈现形式多样化，有地图类、有研究报告类、有创意设计类，下面是部分优秀作品及评价。

案例1（研究报告类）：

点评：

作品以晋祠大米为研究对象，从产地环境和产品特点两方面进行研究调查，综合了地理、生物、历史等多学科知识，从多角度分析晋祠大米优质的原因。分析过程注重自然地理要素调查，筛选信息的能力以及对晋祠的区域认知都有大幅度提升。

案例2（创意设计类）：

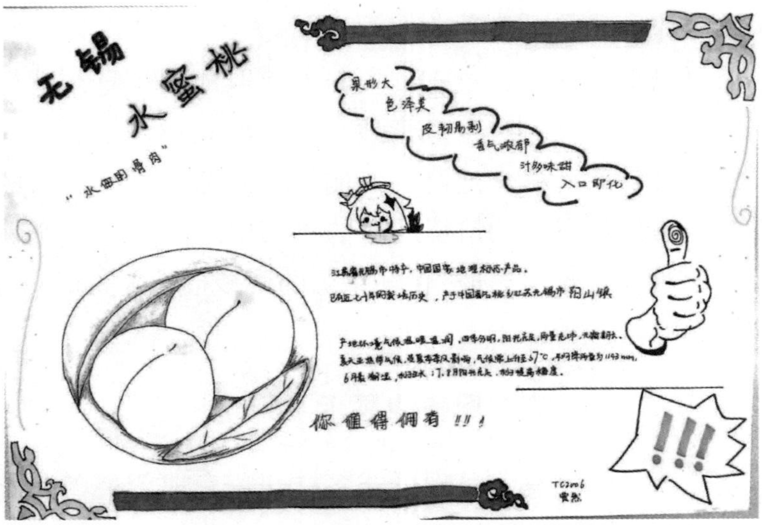

点评：

这幅作品为无锡水蜜桃做了广告设计，抓住了水蜜桃生长地理环境的特点、抓住了地理环境标志这个重点，设计风格简洁、明了，吸引力强，学生的综合能力得到很大提升。

反思

批阅学生作品过程中，发现同学们的作业存在以下现象：或是设计偏于美术摄影作品；或是对农产品的调查偏重于生物学科；或是从作品中没有表达出农产品与地理环境之间的关系；甚至仍然还有部分学生存在疲于应付作业的现象。针对这些现象，建议教师对作业的要求在细节上要有更加清晰明确的说明。

作品点评

本作品精准解读教材内容，准确理解地理课标要求和蕴含的地理学科素养，基于“双减”的背景，鉴于学生“五谷不分”的学情，设计了主题为“深探农业产品，乐享品质生活”地理寒假作业。作业目标明确，层次清晰，以小组为单位利用寒假时间开展地理实践活动，通过社会调查、互联网查询等方式进行信息、数据的采集，三周作业设计层层递进，呈现形式多样。

作品亮点：首先，活动设计新颖，操作性强。作业由社会调查入手，根据产品原料产地，提出问题，分析解决问题，在实践活动中进行地理思维的训练和学习方法的总结归纳，提升了地理素养。其次，学生自主性强。考虑到学生的个体差异，作业呈现的形式由学生自行选择，让每位学生在实践中利用地理知识解决生活中的地理问题，体验完成作业的满足感和成就感。还有让学生亲身体验“认知—实践—深化认知”这一完整的地理实践过程，大大激发学生的创造力，促进综合素养的发展。

专家建议：课标要求“举例说明自然环境对我国具有地方特色的服饰、饮食、民居的影响”在实践活动中并无体现，需斟酌。

实践出真知，地理在身边

电子作品扫码下载

山西省实验中学　韩秀芝　刘晓艳　刘　峰　庞　敏　和晓田

特等奖作品

作品信息

作业类型	项目化作业
适用范围	晋教版地理八年级上册第四章第一节。
设计理念	通过观察、调查等方法，收集和处理地理信息，激发学生发现问题、探索问题的兴趣，提升地理实践能力。通过与他人合作设计地理实践活动的方案，培养学生的合作意识和团队精神。
设计目标	1. 实地收集资料，了解主要农产品种类和产地，从米、面、油、奶等商品入手，进行我国主要农业地区分布的学习，激发兴趣和求知欲，感受生活中无处不在的地理知识。 2. 分类整理资料、绘制农业生产分布图、制作对比表格，根据学生的认知特点，从多彩的生活中提炼地理学科知识，拓展学习经历、强化知识理解。 3. 从地形、气候等自然条件入手，分析影响我国农业生产差异的主要原因，知道不同地区的综合性和差异性，激发学生主动参与地理学习的热情，提高学习效率，强化地理综合思维。 4. 踊跃展示学习成果，积极发言，提高语言表达能力和思维能力，完美展现团队智慧，让每位同学找到集体归属感。
设计特色	注重实践性、探究性
作业时长	一周

作业内容

1. 指导学生在超市、商店、菜市场等地调查，收集主要农产品的种类、原料、产地、价格等基本信息。

2. 组织学生合作学习，以小组为单位对每位成员收集的资料进行分类整理，并填写表格。

3. 指导学生根据农产品种类及其产地，判断其所属农业生产部门和分布地区，之后在《中国政区图》中绘制《主要农业生产部门分布图》，并从地形、气候等方面入手，小组讨论影响东西部地区农业生产差异的主要原因。

4. 根据农产品原料及其产地，在《中国政区图》中绘制《主要农作物分布图》，并从地形、气候等方面小组讨论分析影响南北方地区农作物分布的主要原因。

5. 组织学生制作表格，对比东西部地区农业生产部门的差异以及南北方地区农作物分布差异。

6. 鼓励学生在组内、班内（一位同学主讲，其他同学做补充）展示对比表格和农业生产分布图。

环节一

任务一：学生在超市、商场查找收集生活中常见农产品及相关信息。

任务二：填写市场调查报告，进一步了解农产品的价格、原料及产地。

________（超市）主要农产品市场调查

班级________ 姓名________

名称	单价	原料	产地（省、市）

任务三：组内汇总、整理资料，填写表格。

水产品市场调查 第________组

名称	单价	原料	产地（省、市）

粮食市场调查 第________组

名称	单价	原料	产地（省、市）

水果市场调查　第________组

名称	单价	原料	产地（省、市）

乳制品市场调查　第________组

名称	单价	原料	产地（省、市）

食用油、糖类市场调查　第________组

名称	单价	原料	产地（省、市）

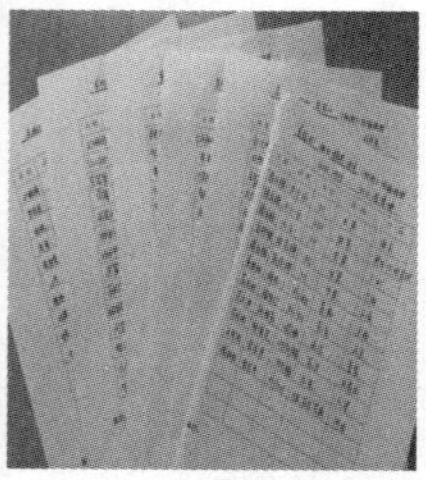

环节二

任务一：根据农产品种类及其产地，判断其所属农业生产部门和分布地区，在《中国政区图》中绘制《我国农业生产部门分布图》。

附图：________

图例：

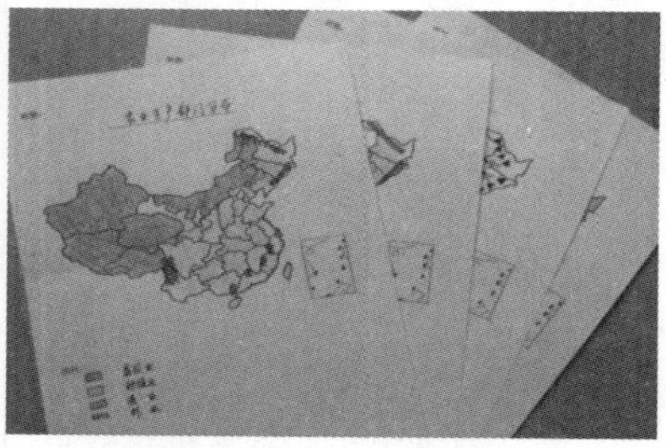

任务二：从气候、地形、降水量等方面，分析东部地区和西部地区农业差异的原因。

东部地区：

种植业：我国东部地区地形平坦，以平原、丘陵为主；土层深厚，土质肥沃；处于季风区，降水比较丰富，年降水量在400毫米以上。因此，东部平原区特别适宜用作耕地。

林业：我国东北、西南和东南山区气候湿润，森林茂密，是我国三大宜林地区。

渔业：东部沿江、沿海地区，渔业发达。

西部地区：

畜牧业：我国西部地区地形以高原、山地、盆地为主，而且这里地处内陆，气候干燥，年降水量在400毫米以下，分布着面积广大的草地，适宜发展畜牧业。

（另外，由于我国西部地势高峻、气候干燥、自然条件恶劣，形成了大面积的沙漠、戈壁、石山、高寒荒漠、永久积雪和冰川等目前还无法利用的土地。）

任务三：制作表格对比东部地区和西部地区的农业差异。

	西部地区	400毫米等降水量线	东部地区		
生产部门	畜牧业		种植业	林业	渔业
分布地区	内蒙古、新、青、藏		大部分地区	东北、西南、东南	沿海、沿江
原因	温带大陆性气候，降水少。		地形平坦；季风气候，雨热同期，河流多	地形以山地为主；气候湿润	水资源丰富

环节三

任务一：根据农产品原料及其产地，在《中国政区图》中绘制《主要农作物分布图》。

附图：__________

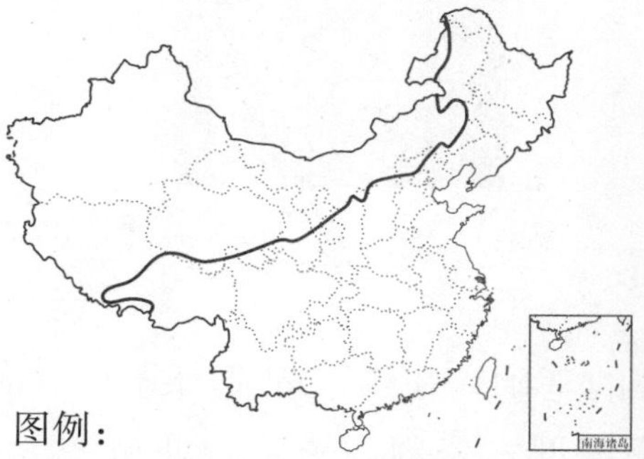

图例：

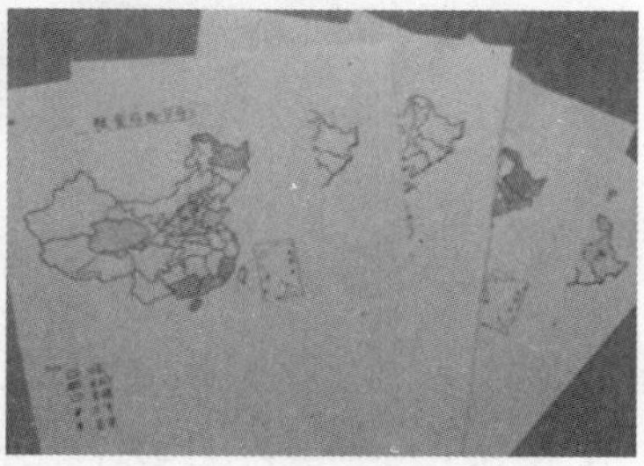

任务二：从气候、地形等方面，分析南方地区和北方地区农业差异的原因。

在我国东部季风区内，由于降水量南多北少，导致耕地类型的差异，北方以旱地为主，南方以水田为主。南方热量充足，降水丰沛，农作物所需要的水热条件好，一年两熟到三熟；北方冬季气温较低，降水较少，水热条件不能满足农作物的生长，农作物只能达到一年一熟或两年三熟。

任务三：制作表格对比南方地区和北方地区的农业差异。

地区	耕地类型	主要农作物	原因
北方地区	旱地	小麦、玉米、甜菜、大豆等	温带季风气候，热量较低、降水较少
800毫米等降水量线			
南方地区	水田	水稻、甘蔗、油菜等	热带、亚热带季风气候热量充足、降水较多

特等奖作品

环节四

任务一：展示东部地区和西部地区的农业生产差异。

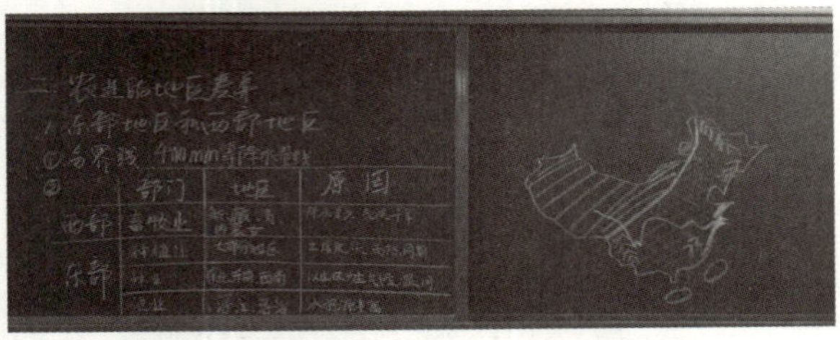

任务二：展示南方地区和北方地区的农作物分布。

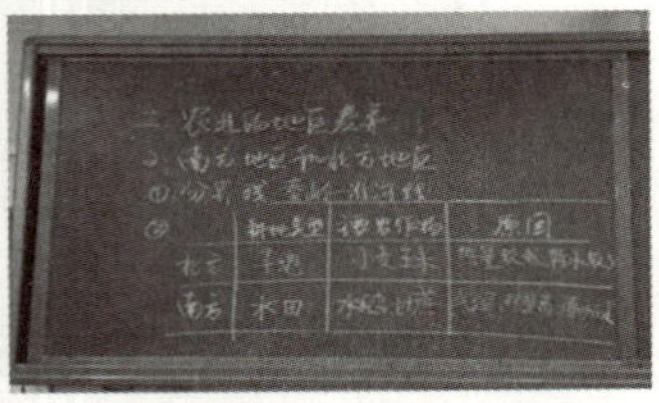

★ 作业指导

“民以食为天”，农业生产是国民经济的基础，在学习农业分布特点时，课堂并没有局限于书本知识，没有直接让学生根据课本资料，填写农业生产的对比表格，而是从学生喜爱的食物入手，通过收集、整理资料，分析农业生产分布状况，绘制分布图和对比表格，讨论、分析影响农业生产分布的原因等系列活动，循序渐进，符合学生的认知规律。本次作业将课本知识与生活经验相结合，激发了学生的学习兴趣和主动探究精神，使其体会到书本知识的价值所在。

★ 资料信息

1. 农作物与农产品

农作物指农业上栽培的各种植物，主要包括粮食作物、经济作物等。

农产品是指来源于农业的初级产品，即在农业活动中获得的植物、动物、微生物及其产品。

农作物		主要农产品
粮食作物	 小麦	 面粉 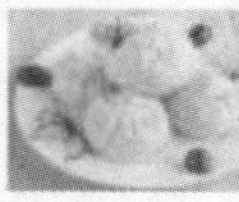 包子  面条
	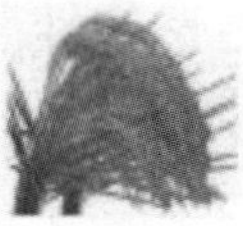 水稻	 大米 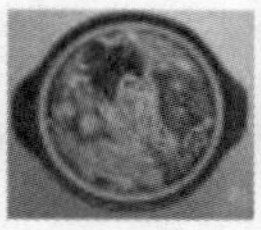 米线 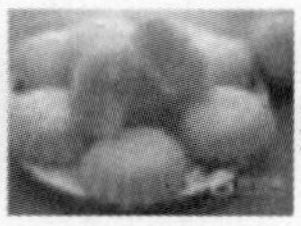 发糕
	 玉米	 爆米花  窝窝头 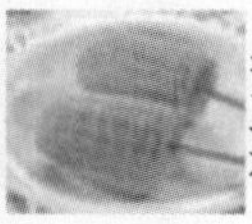 煮玉米
糖料作物	 甜菜	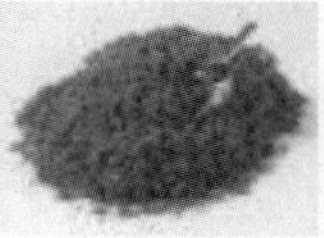 红糖  白砂糖  冰糖
	 甘蔗	
油料作物	 大豆	 食用油  香油
	 油菜	

2. 面食之乡——山西

说起我国的面食之乡，当属山西，为什么这样说呢？三晋大地全民皆“面”，从南到北，老百姓的主食基本都是面食。同时，山西的面食可谓“面面”俱到，除了白面（小麦面），还有黄面（玉米面）、红面（高粱面）、莜面和荞面等，这是因为山西地处黄土高原，海拔较高，降水较少，适宜多种旱地作物的生长。

山西面食历史悠久，源远流长，从可考算起，已有两千年的历史了。按照制作工艺来讲，可分为蒸制面食、煮制面食、烹制面食三大类，面食制作种类有 280 多种，其中尤以刀削面名扬海内外，被誉为中国著名的五大面食之一。其他如大拉面、刀拨面、拨鱼、剔尖、河捞、猫耳朵、捻鱼、擦面、撅面、流尖等也很有名。山西面食的做法有蒸、煎、烤、炒、烩、煨、焖、炸、贴、摊、拌、蘸、烧等多种，名目繁多，让人目不暇接，到达一面百样、一面百味的境界。

作品点评

本作品完整地呈现了实践与理论的高度融合，既精准解读教材内容，又准确把握了地理课标要求，作业设计目标明确，统筹安排，分层优化，课堂展示丰富多彩，极大地调动了每位学生的表现欲望，激发了学生的学习热情和求知欲，是“双减”的背景下，保障课堂高质高效的成功案例。

作品亮点： 首先，社会调查作业为农产品分类，小组分工具体，有利于实践活动达到高效，并为课堂教学创设了真实的任务情境。其次，项目化作业系统完整，由社会调查、收集数据和相关信息，到提出问题，回落到课堂，小组讨论、分析解决问题，既深化了学生对地理区域的认知水平，又加强了地理综合思维的训练。最后，图文并茂的阅读材料不仅丰富了课堂内容，升华了主题，而且又进一步落实立德树人的根本任务，培育学生的家国情怀。

专家建议： 在作品中呈现了课堂展示环节，但没有体现分层优化。作业分层设计，可以满足不同层级学生的需求，有利于学生的良性发展。

当非遗遇上冬奥

临汾市第九中学校　乔俊玲

电子作品扫码下载

作品信息

作业类型	基础性作业+实践性作业
适用范围	湘教版地理七年级寒假作业。
设计理念	2016 年，中国的“二十四节气”入选世界非物质文化遗产名录，被誉为“中国第五大发明”。它是世上最有诗意的历法，是古人对中国古代千年农耕文化的精准概括，是中华文明开出的一朵灿烂的智慧之花。 北京 2022 年 2 月 4 日冬奥会开幕，这一天正逢立春，二十四节气首次变身为倒计时器，从“雨水”到“立春”，二十四节气与古诗词、古谚语以及充满生机的当代中国影像融为一体，以全新的表达方式，惊艳亮相在全球观众面前。 本作业以“二十四节气”和“冬奥会”等充满诗意和学科特色的相关资料为真实任务情境，立足课标，结合教材和学情，考查学生对地理基础知识、基本技能的掌握，以及所具备的地理学科素养，依托“一起向未来”的奥运主题，弘扬中华民族优秀传统文化，增强民族自信心和自豪感。
设计目标	1. 通过冬奥会及二十四节气相关资料，结合地球公转图、等高线地形图及部分景观图，设计基础性作业，考查对地球运动规律、地形图判读、气候、语言、人种、宗教等基础知识和基本技能的掌握，培养地理学科素养。 2. 通过设计实践性作业，引导学生从个体生活、社会生活及与大自然的接触中研究二十四节气，逐步提升对中华优秀传统文化的整体认识，同时培养学生的跨学科学习意识和研究能力，实现学校、社会和家庭教育相互配合，同步推进，引导学生在实践中不断收获成长。
设计特色	1. 基础性作业要求学生全部完成。 2. 实践性作业注重实践性、探究性、学科综合。
作业时长	1. 基础性作业预计 15—20 分钟完成。 2. 实践性作业根据学生的兴趣选择，时长不等，大约 45—60 分钟。

作业内容

基础性作业

北京 2022 年 2 月 4 日冬奥会开幕式当天，恰逢二十四节气中的“立春”。二十四节气首次变身为开幕式倒计时器，从“雨水”开始，到“立春”结束。中国人将这个天寒地冻的日子命名为春天的起点，寓意极寒中孕育着新的生机。据此完成 1~3 题。

1. 二十四节气基本上概括了一年中四季交替的准确时间，以及大自然中一些物候等自然现象发生的规律。这说明古人很早就了解了　　(　　)

A. 地球公转规律　B. 地球自转规律　C. 月球自转规律　D. 海洋潮汐规律

2. 立春，位于下图中的　　(　　)

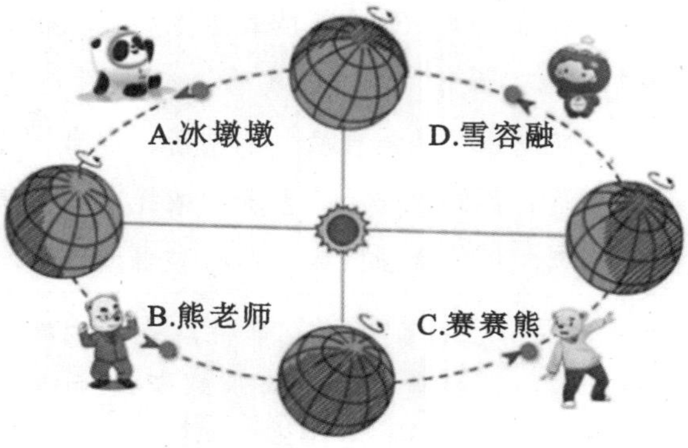

地球公转示意图

A. 冰墩墩处　B. 熊老师处　C. 赛赛熊处　D. 雪容融处

3. 北京冬奥会这几天，有关昼夜长短状况的表述，正确的是　　(　　)

A. 昼短，昼逐渐变长　B. 昼长，昼逐渐变长

C. 昼夜相等　D. 昼短，昼逐渐变短

下面为小熊地理滑雪场等高线图。读图，完成 4~6 题。

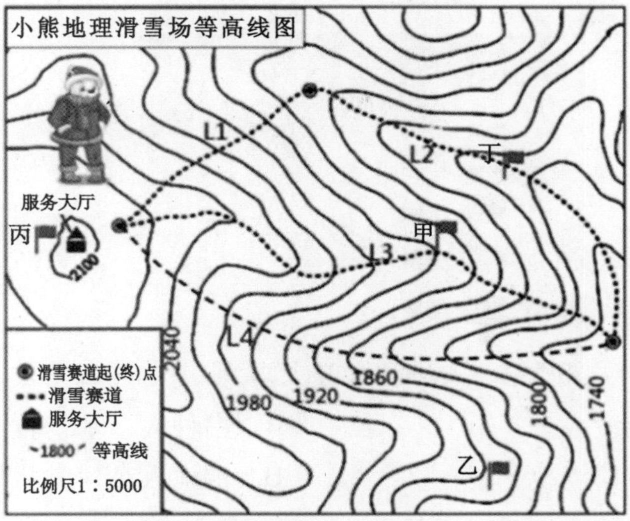

4. 滑雪场所在区域的地形类型主要为 （　　）

A. 高原　　B. 平原　　C. 山地　　D. 丘陵

5. 图中滑雪路线主要为山脊的是 （　　）

A. L1　　B. L2　　C. L3　　D. L4

6. 滑雪场的等高距为 （　　）

A. 30 米　　B. 60 米　　C. 90 米　　D. 120 米

2 月 13 日，北京普降大雪，冬奥会许多比赛因此延期。气象专家说有三大因素有利于降雪的形成：一是降温幅度大，利于雪花的形成；二是大气中水汽含量和降雪过程中水汽的输送强；三是动力条件方面，影响降雪的天气系统也比预计的强，上升运动更剧烈。据此完成 7、8 题。

7. 形成降雪的必要条件有 （　　）

①充足的水汽　②足够的降温　③必要的动力条件　④足够的人工降雨

A. ①②④　　B. ①②③　　C. ②③④　　D. ①②③④

8. 罗马为典型的地中海气候，来自罗马的运动员在北京的整体感受是 （　　）

①北京冬季寒冷　②北京和罗马季节相反　③北京冬季多北风　④北京和罗马一样夏季干燥

A. ①④　　B. ②③④　　C. ①③④　　D. ①③

读 2022 年 2 月 7 日冬奥会奖牌榜，奖牌榜中除中国外，均为欧洲国家。据此完成 9、10 题。

排名		金牌
1	瑞典	3
2	俄罗斯奥委会	2
3	荷兰	2
4	中国	2
5	德国	2
6	挪威	2

9. 奖牌榜中的欧洲国家，人种和宗教大多为　　（　　）

A. 黄种人、佛教　　B. 白种人、基督教

C. 黑种人、伊斯兰教　　D. 混血人种、基督教

10. 中国运动员谷爱凌夺得2022年北京冬奥会自由式滑雪女子大跳台金牌，接受采访时，说着流利的两种语言，一种是世界上使用人数最多的，另一种是世界上使用最普遍的，这两种语言分别是　　（　　）

A. 汉语、英语　　B. 法语、汉语

C. 汉语、俄语　　D. 汉语、西班牙语

奥运村里机器人做饭、送餐，早已火遍全球。冬奥村的餐厅里分别设置了世界餐台、亚洲餐台、中餐餐台、披萨和意大利面餐台等12种餐台。据此完成11、12题。

11. 荷兰为典型的温带海洋性气候，多雨湿润的天气，适合多汁牧草的生长，乳畜业发达。下列世界餐台上的食品更接近荷兰运动员日常饮食的是　　（　　）

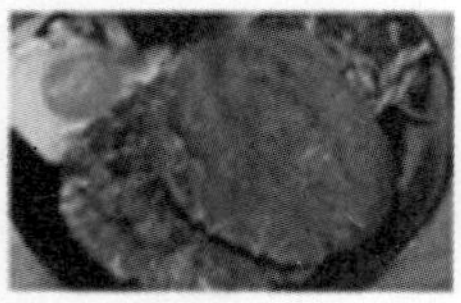

A. 牛排　　B. 寿司　　C. 肉夹馍　　D. 肉包子

12. 奥运村机器人做饭、送餐，有利于　　（　　）

A. 提高服务品质，更加具有人情味　　B. 防疫、节省人工，宣传科技奥运

C. 减少语言沟通，避免矛盾冲突　　D. 一视同仁，避免种族歧视

13. 冬奥会倡导绿色环保理念，“张北的风，吹亮了北京的灯”，说明与奥运村场馆供电有关的发电方式是　　（　　）

A. 水力发电　　B. 太阳能发电　　C. 火力发电　　D. 风力发电

14. 古时柳树又称小杨或杨柳，因“柳”与“留”谐音，可以表示挽留之意，寓含“惜别”“思乡”之情。北京冬奥会闭幕式采取这种形式，凸显中国文化特色。柳树分布在我国各地，说明柳树比大多数树种　　（　　）

①耐盐碱　②耐干旱　③耐涝　④耐低温

A. ①②③　　B. ②③④　　C. ①②　　D. ①②③④

实践性作业

15. “二十四节气”与我们日常生活息息相关，作为中华优秀文化被搬上2022年北京冬奥会开幕式，是一件令无数中华儿女自豪的事情，这意味着我们向世界隆重介绍了中国人的智慧，衷心希望我们的传统文化能像冬奥会的口号一样“一起向未来”，展现无限永恒生机。请你写出二十四节气歌，并说明你的获取途径。

16. 读图，同一房子不同时期的光照情况为什么不同呢？冬奥期间，请你正午（12时）在阳光下观察自己的影子长短，想一想，一年中正午人影的长度变化有什么规律？

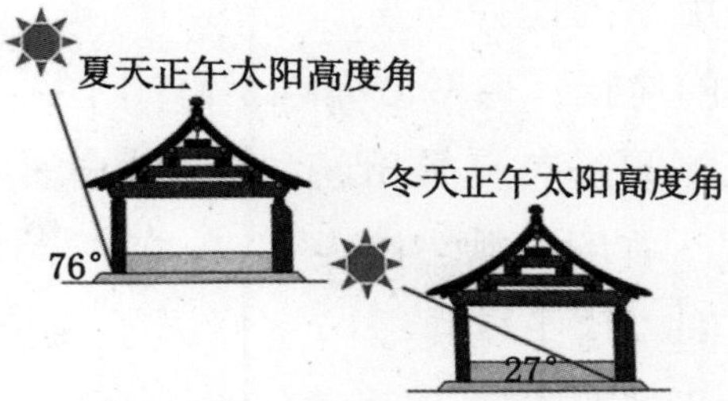

17. 北京冬奥会上，每一个节气都对应了一句诗词或谚语！这是一种中国独有的浪漫，展示了中国传统文化的魅力。请你根据自己的实际情况任选一个任务完成。

任务一：任选一个节气完成表格。

<table>
<tr><td>姓名</td><td></td><td colspan="2">班级</td><td></td><td colspan="2">时间</td><td></td></tr>
<tr><td>节气名称</td><td></td><td colspan="2">今年节气时间</td><td></td><td colspan="2"></td><td></td></tr>
<tr><td rowspan="2">节气特点</td><td colspan="7"></td></tr>
<tr><td colspan="7"></td></tr>
<tr><td>节气三候</td><td colspan="2"></td><td colspan="3"></td><td colspan="2"></td></tr>
<tr><td>对应植物</td><td colspan="2"></td><td colspan="3"></td><td colspan="2"></td></tr>
<tr><td rowspan="2">节气习俗</td><td>习俗列举</td><td colspan="2"></td><td colspan="2"></td><td colspan="2"></td></tr>
<tr><td colspan="7">我选择的习俗介绍：</td></tr>
<tr><td>对应古诗或谚语</td><td colspan="7"></td></tr>
<tr><td>评价</td><td colspan="7"></td></tr>
</table>

任务二：

请你任选一个节气，以手抄报的形式呈现，内容包括节气介绍、对应植物、节气习俗、节气三候、节气对应古诗或谚语、节气养生等，要求图文并茂，体现节气特色。

任务三：

请你任选一个节气，以体验报告的形式呈现，内容包括报告人、时间、地点、节气介绍、对应植物、节气习俗、节气三候、节气对应古诗或谚语、节气养生及在节气当天体验的照片，要求图文并茂，体现节气特色。

答案解析

1. A　2. D　3. A　4. C　5. C　6. A　7. B　8. D
9. B　10. A　11. A　12. B　13. D　14. D

15. 通过引导学生运用不同途径书写二十四节气歌，一方面引导学生学会查阅资料，掌握获取地理信息的途径；另一方面，了解二十四节气这一非物质文化遗产。

（1）春雨惊春清谷天，夏满芒夏暑相连。秋处露秋寒霜降，冬雪雪冬小大寒。

（2）获取途径：上网、查阅书籍、访谈等。

16. 通过读图观察，同一房子冬夏季节房屋影子的长度和图中信息，判断影子长短与正午太阳高度角的大小有关。冬季正午太阳高度角小，影子长；夏季正午太阳高度角大，影子短。

（1）冬夏季节正午太阳高度角不同。

（2）冬季正午太阳高度角小，影子长；夏季正午太阳高度角大，影子短。

17. 研究性作业，为了让学生更好地了解二十四节气，在孩子们欣赏冬奥会唯美的开幕式后，考虑到学生的个性差异，设计不同层次的活动任务，让学生根据自己的实际情况选择性地研究节气特点、节气三候及对应植物、习俗、古诗、谚语等。一方面让学生比较全面地了解二十四节气，另一方面在研究的过程中培养学生的跨学科学习意识，提升学生的综合素养，感悟中华传统文化的魅力，增强民族自豪感。

答案开放，略。后附指导性意见和部分学生实践性作业。

附：指导性意见

任务形式	任务水平层次	任务要求	任务完成情况	综合评价		
				优秀	良好	再努力
表格	C	内容选择是否突出节气特点、具有代表性				
		能否结合所学学科知识				
		书写是否整齐规范				
手抄报	B	内容选择是否全面、突出节气特点、具有代表性				
		能否结合所学学科知识				
		书写是否整齐规范				
		能否做到图文并茂，绘图体现节气特点				
体验报告	A	内容选择是否全面、突出节气特点、具有代表性、有无独到之处				
		能否结合所学学科知识				
		报告格式是否规范				
		能否做到图文并茂，选图体现节气特点				
		有无亲身体验照片				

部分学生实践性作业

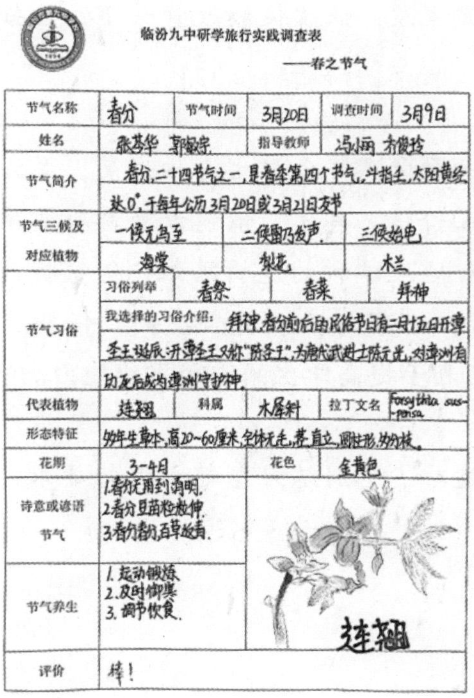

临汾九中研学旅行实践调查表

——春之节气

节气名称	春分	节气时间	3月20日	调查时间	3月9日
姓名	张基华 郭敏宇	指导教师	冯小雨 乔俊玲		
节气简介	春分，二十四节气之一，是春季第四个节气，斗指壬，太阳黄经达0°，于每年公历3月20日或3月21日交节				
节气三候及对应植物	一候元鸟至	二候雷乃发声	三候始电		
	海棠	梨花	木兰		
节气习俗	习俗列举	春祭	春菜	拜神	
	我选择的习俗介绍：拜神，春分前后的民俗节日有二月十五日开漳圣王诞辰：开漳圣王又称"陈圣王"，为唐代武进士陈元光，对漳州有功，死后成为漳州守护神。				
代表植物	连翘	科属	木犀科	拉丁文名	Forsythia suspensa
形态特征	多年生草本，高20~60厘米，全体无毛，茎直立，圆柱形，分枝。				
花期	3-4月	花色	金黄色		
诗意或谚语节气	1.春分无雨到清明。2.春分豆苗粒粒伸。3.春分春分，百草返青。				
节气养生	1.运动锻炼 2.及时御寒 3.调节饮食。				
评价	棒！				

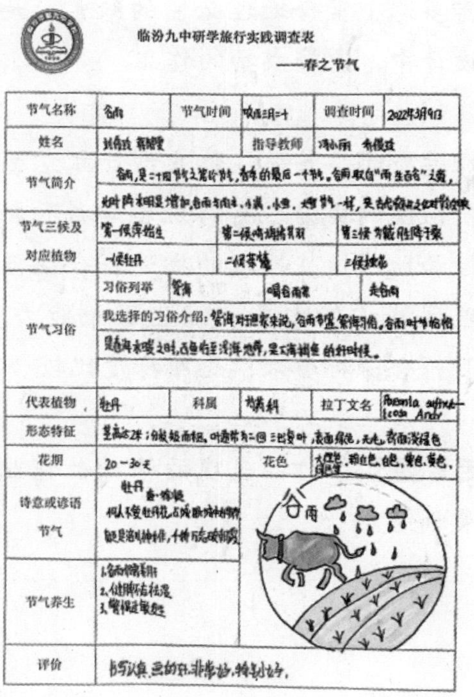

临汾九中研学旅行实践调查表

——春之节气

节气名称	谷雨	节气时间		调查时间	2022年3月9日
姓名		指导教师			
节气简介					
节气三候及对应植物					
节气习俗	习俗列举				
	我选择的习俗介绍：				
代表植物	牡丹	科属		拉丁文名	Paeonia suffruticosa Andr.
形态特征					
花期		花色			
诗意或谚语节气					
节气养生					
评价					

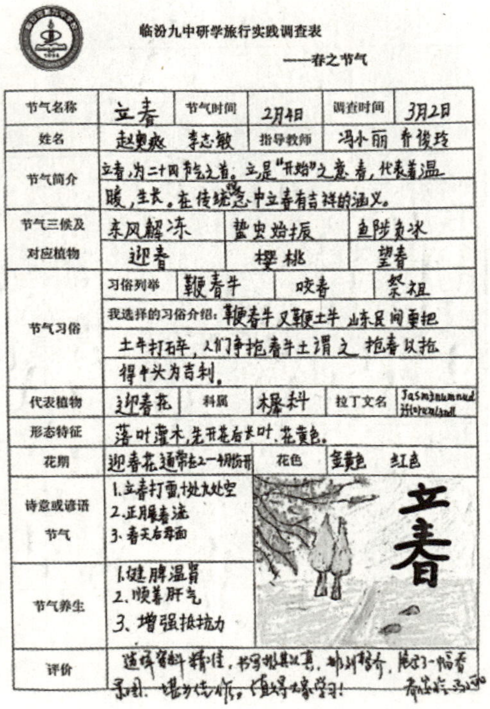

临汾九中研学旅行实践调查表

——春之节气

节气名称	立春	节气时间	2月4日	调查时间	3月2日
姓名	赵奥爽　李志敏		指导教师	冯小丽　乔俊玲	
节气简介	立春，为二十四节气之首。立是“开始”之意，春，代表着温暖，生长。在传统节庆中立春有吉祥的涵义。				
节气三候及对应植物	东风解冻	蛰虫始振	鱼陟负冰		
	迎春	樱桃	望春		
节气习俗	习俗列举	鞭春牛	咬春	祭祖	
	我选择的习俗介绍：鞭春牛又鞭土牛，山东民间要把土牛打碎，人们争抢春牛土谓之抢春，以抢得牛头为吉利。				
代表植物	迎春花	科属	木犀科	拉丁文名	Jasminum nudiflorum Lindl.
形态特征	落叶灌木，先开花后长叶，花黄色。				
花期	迎春花通常在2—4月份开	花色	金黄色　红色		
诗意或谚语节气	1.立春打雷，十处九处空 2.正月春迷 3.春天后母面				
节气养生	1.健脾温胃 2.顺养肝气 3.增强抵抗力				
评价	选择资料精准，书写认真，排列整齐，绘了一幅春景图，很有创作，值得大家学习！				

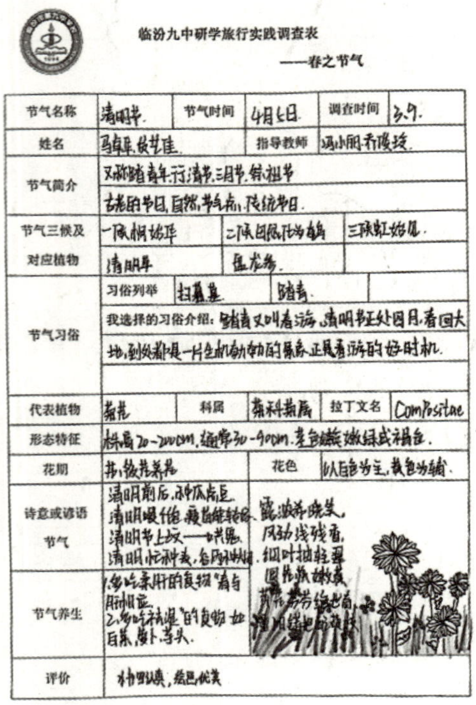

临汾九中研学旅行实践调查表

——春之节气

节气名称	清明节	节气时间	4月5日	调查时间	3.9.
姓名	马卓乐、侯艺佳		指导教师	冯小丽、乔俊玲	
节气简介	又称踏青节、行清节、三月节、祭祖节，古老的节日，自然节气点、传统节日。				
节气三候及对应植物	一候桐始华	二候田鼠化为鴽	三候虹始见		
	清明草				
节气习俗	习俗列举	扫墓	踏青		
	我选择的习俗介绍：踏青又叫春游，清明节正处四月，春回大地，到处都是一片生机勃勃的景象，正是春游的好时机。				
代表植物	菊花	科属	菊科菊属	拉丁文名	Compositae
形态特征	株高20—200cm，通常30—90cm，茎色嫩绿或褐色。				
花期		花色	以白色为主，黄色为辅。		
诗意或谚语节气	清明前后，种瓜点豆。 清明节上坟——哄鬼。				
节气养生					
评价					

作品点评

本作品精准解读教材内容，准确把握了地理课标要求，符合“一核・六维・四手段”理论体系宏观调控下的命题思想，从地理学科价值、时代需求和优秀的传统文化立意，体现了地理学科独特的育人价值。每个问题来源于真实的任务情境，情境丰富多彩，富含地理必需的线索。是考改促课改，课改促教改背景下，应知应会作业设计中，比较成功的作品。

作品亮点： 首先，作业设计立意适应时代需求，符合学生身心发展，关注学生核心价值观的提升，富有地理学科独特的育人价值。其次，情境设置具有真实性、适切性和地域性，情境的描述符合生活常识和地理学科的逻辑思维，能够提高学生的地理区域认知水平和综合思维能力。最后，任务与情境契合度高，任务指向明确，且符合课标要求，思维梯度比较合理，有利于提高学生的综合思维能力。

专家建议： 作品呈现的基础性作业过多过难，个别练习题超出课标要求，可作为拓展训练。

制作简易地球模型并演示地球运动

晋中市榆次区第九中学　石锦平

电子作品扫码下载

作品信息

作业类型	项目化作业
适用范围	湘教版地理七年级上册第二章第一节、第四章第三节。
设计理念	地球仪和地球运动比较抽象，需要学生具备一定的空间想象能力和立体空间感，根据七年级学生的年龄特征和认知水平，学习中让学生亲自动手，感知地球仪和地球运动的特点，学习效果往往事半功倍。 本活动充分发挥项目化学习的优势，从初期讨论、制订方案，到活动过程中的动手操作、观察、讨论、记录，以及后期的成果汇报，需要通过小组成员的精诚合作和共同努力，才能够顺利完成，并达到预期效果。项目化学习过程中，学生需要良好的团队合作精神，落实“做中学”“学中做”的理念，激发学生学习地理的兴趣，培养创新意识和探究精神，提升地理实践能力。
设计目标	1. 通过制作地球仪，知道经线和纬线的特点。 2. 运用地球仪，说出经线与纬线、经度与纬度的划分。 3. 运用地球仪，用简单的方法演示地球的自转和公转。 4. 运用地球仪演示实验，说明地球运动产生的地理现象。 5. 通过问题情境的创设，激发学生学习地理的兴趣，培养探索精神。 6. 经过制订方案、分工合作、获得成功的学习过程，增强团队意识。
设计特色	在项目化学习的视野下，学生之间除了合作学习外，自主学习也是主要形式。因此，为了适应和促进学生的自主学习，使每一个学生都能获得适合他们各自特点的教学帮助并且每一个人的潜力都能得到最大限度的发挥，安排不同基础的学生完成不同的任务作业。
作业时长	任务一：分组，制订项目方案。（约 1 小时） 任务二：用乒乓球制作简易地球仪。（约 2 小时） 任务三：运用地球仪演示地球自转，并说明产生的地理现象。（约 3 小时） 任务四：运用地球仪演示地球公转，并说明产生的地理现象。（约 3 小时） 任务五：组内讨论完善，班内交流共享。（约 3 小时）

特等奖作品

作业内容

第一板块　任务驱动

【项目任务分解】

利用假期时间，以小组为单位进行活动，地点自定。

任务一：分组，制订项目方案。（约 1 小时）

任务二：用乒乓球制作简易地球仪。（约 2 小时）

任务三：运用地球仪演示地球自转，并说明产生的地理现象。（约 3 小时）

任务四：运用地球仪演示地球公转，并说明产生的地理现象。（约 3 小时）

任务五：组内讨论完善，班内交流共享。（约 3 小时）

【项目任务导引】

课程标准要求

标准	活动建议
• 用简单的方法演示地球自转和公转。 • 用地理现象说明地球的自转和公转。 • 运用地球仪，说出经线与纬线、经度与纬度的划分。	开展动手制作等活动，用乒乓球或其他材料制作简易地球仪模型。

第二板块　主体体验

【项目实施过程】

任务一：分组，制订项目方案。

设计意图：有助于增强团队合作精神，促进创新意识和探究精神的养成。

任务安排：分组，每 4 人一个小组，组内交流制作简易地球仪模型的材料和过程和演示的步骤。

任务二：用乒乓球制作简易地球仪。

设计意图：①落实活动建议“开展动手制作等活动，用乒乓球或其他材料制作简易地球仪模型”。②能够运用地球仪，说出经线与纬线、经度与纬度的划分。

材料及工具：乒乓球 1 个，粗铁丝 1 根，胶布，彩色笔及钳子等。

制作步骤：

第一步，在乒乓球上画出南、北极，赤道和 0°经线；以 0°经线、赤道为起点，每隔 30°画出一条经线和纬线，并标注经度和纬度；画出南回归线、北回归线，南极圈、北极圈。

第二步，用不同颜色表示低、中、高纬度地区的范围。

第三步，在南、北极各钻一个小孔，并将铁丝弯成如图 1 所示形状（在制作过程中应注意铁丝的倾斜角度约 66. 5°），然后从乒乓球小孔中穿过。

第四步，在贴近南、北极的倾斜铁丝处，用胶布裹上几圈，这样可以将乒乓球固定在倾斜铁丝的中间，同时又可以自由转动。

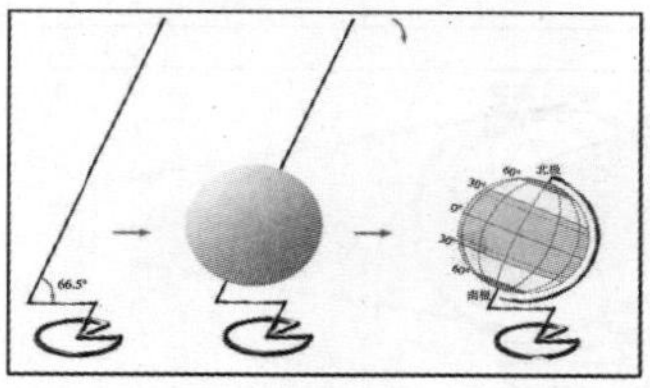

图 1　制作简易地球仪示意图

第五步，通过观察制作好的简易地球仪，结合所学知识，小组讨论并记录地球仪表面经线和纬线的特点。

	形状	长度	指示方向
经线			
纬线			

注：半球分界线需在地球仪上用红色的笔画出，并标注度数。

	起始线名称、度数	字母代号	递变规律	半球分界线
经度				
纬度				

任务三：运用地球仪演示地球自转，并说明产生的地理现象。

设计意图：感知地球自转的方向和运动特点，通过观察，说明地球自转产生的地理现象。

材料及工具：自制的地球仪模型，手电筒。

演示步骤：

第一步，正确摆放地球仪。注意：地轴与地球公转轨道面约 66. 5°的固定夹角，地轴指向保持不变（北极始终指向北极星附近）；地球自转方向为自西向东。

第二步，用打开的手电筒模拟“太阳”，将地球仪放置在手电筒前方（如图 2 所示）。

第三步，用地球仪演示地球自转（两名同学演示，一名同学手持手电筒照向地球仪，另一名同学按地球自转方向拨动地球仪）。①从三个不同角度观察赤道、北极上空、南极上空；②通过实验观察，绘制演示的地球自转平面示意图；③通过实验观察，结合绘制的地球自转平面示意图，记录地球自转产生的地理现象（小组讨论，两名同学记录）。

不同角度	赤道	北极上空	南极上空
自转方式			
产生的地理现象			

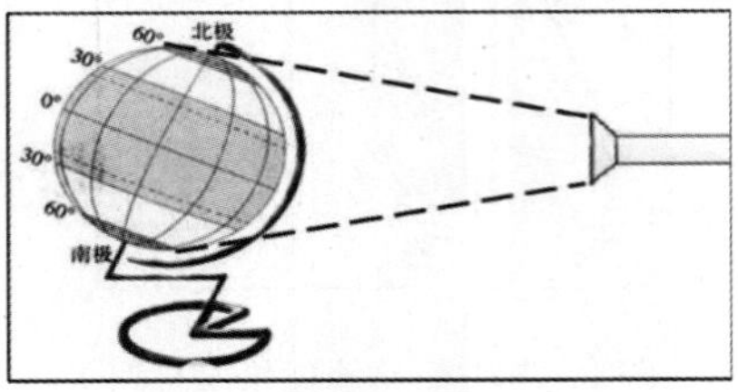

图 2　演示地球自转

任务四：运用地球仪演示地球公转，并说明产生的地理现象。

设计意图：感知地球公转的方向和运动特点，通过观察，说明地球公转产生的地理现象。

材料及工具：自制的地球仪模型，铅笔，易拉罐，大小适中的圆形纸板。

演示步骤：

第一步，正确摆放 4 个地球仪（如图 3 所示）。注意：地轴与地球公转轨道面约 66.5°的固定夹角，地轴空间指向保持不变（北极始终指向北极星附近）。

第二步，用易拉罐作为圆形纸板的底座，圆形纸板作为太阳光线，铅笔表示某一天的太阳光线。注意：圆形纸板位置的高低，铅笔在地球仪四个位置分别指向赤道、北回归线、赤道、南回归线。

第三步，用转动地球仪演示地球公转（一名同学演示，按地球公转方向，即逆时针转动铅笔，指向不同位置的地球仪）。①通过实验观察，绘制演示的地球公转平面示意图；②通过实验观察，结合绘制的地球公转平面示意图以及所学知识，思考并记录图中四个位置的太阳直射点、节气、日期、南北半球的昼夜状况、南北极圈内极昼极夜状况（小组讨论，三名同学记录）。

地球仪位置	太阳直射点	节气	日期	昼夜状况	极昼极夜状况
A					
B					
C					
D					

图 3　演示地球公转

任务五：组内讨论完善，班内交流共享。

设计意图：培养学生的表达交流共享能力。

任务步骤：

首先，以小组为单位各抒己见，畅谈在项目式学习中的感受，选出准备在班内交流的代表。

其次，展示：①各小组制作的简易地球仪模型；②演示过程中拍摄的照片、小视频；③手绘地球自转、地球公转平面示意图；④活动过程中的记录卡等。

最后，各组代表在班内交流分享项目学习反思（各组完成的总体情况、制作和演示过程中的心得体会，记录的内容等方面）。

第三板块　成果分享

【成果展示】

1. 各小组制作的简易地球仪模型。

简易地球仪模型上应画出赤道、南极、北极、南回归线、北回归线；每隔 30°标注的经度和纬度；用不同颜色表示低、中、高纬度地区的范围；地轴与水平面约 66. 5°的夹角。

2. 演示过程中拍摄的照片、小视频。

拍摄的照片、小视频，要真实、清晰，能够反映项目式学习的过程。

3. 手绘地球自转、地球公转平面示意图。

参考样图：

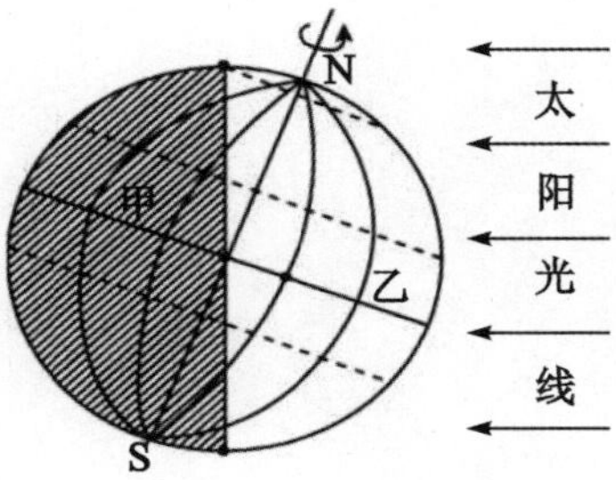

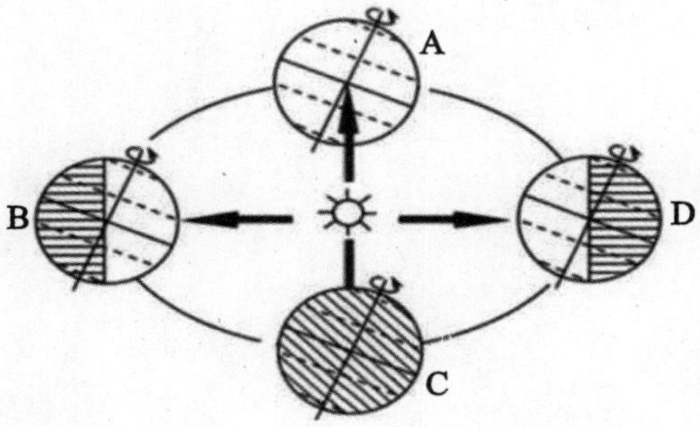

4. 活动过程中的记录卡。

参考答案：

	形状	长度	指示方向
经线	半圆	相等	南北
纬线	圆圈（除极点）	从赤道向两极缩短	东西

	起始线名称、度数	字母代号	递变规律	半球分界线
经度	本初子午线，0°	东经 E， 西经 W	东经度数向东增大， 西经度数向西增大	东西半球分界线：20° W 和 160°E 组成的经线圈
纬度	赤道，0°	南纬 S， 北纬 N	南纬度数向南增大， 北纬度数向北增大	南北半球分界线：赤道（0° 纬线）

不同角度	赤道	北极上空	南极上空
自转方式	自左向右	逆时针	顺时针
产生的地理现象	昼夜交替		

地球仪位置	直射点位置	节气	日期	昼夜状况	极昼极夜状况
A	赤道	春分	3 月 21 日前后	昼夜平分	无极昼极夜
B	北回归线	夏至	6 月 22 日前后	北半球：昼长夜短 南半球：昼短夜长	北极圈内：极昼 南极圈内：极夜
C	赤道	秋分	9 月 23 日前后	昼夜平分	无极昼极夜
D	南回归线	冬至	12 月 22 日前后	北半球：昼短夜长 南半球：昼长夜短	北极圈内：极夜 南极圈内：极昼

5．各小组制作 PPT。

内容包括各组完成的总体情况、制作和演示过程中的心得体会，记录的内容等方面。最后，各组代表在班内交流分享。

作品点评

本作品较为完整地呈现了项目化学习的过程，学生在动手制作地球仪的过程中了解到经线和纬线的差异，在演示地球运动中，获取自转和公转的地理意义，直观而精准解读教材内容，又准确把握了地理课标要求和蕴含的地理学科素养。项目流程设计合理、目标明确、步骤清晰、可操作性强，极大调动学生的参与度，激发学生的学习热情和求知欲。

作品亮点： 首先，大胆尝试了项目化学习，较为合理地融入日常的地理教学，从认识地球的面貌到地球运动产生的地理意义，设计行之有效的任务单，以动手制作简易地球仪到演示地球运动等系列地理实践活动串联了丰富的地理内容。其次，项目化学习作业设计流程完整，主题明确，通过系列的实践活动引导学生科学地认识地球自转和公转的状态和运动规律，形成尊重自然、敬畏和顺应自然规律的理念。

专家建议： 在作品中没有体现分层优化，作业内容较单一。在地球公转实验中，用一束光源（如：激光笔）代替铅笔，实验效果更佳。

认识地图——绘制校园平面图

太原市第五中学校　沙春香

电子作品扫码下载

作品信息

作业类型	课时作业和实践作业
适用范围	晋教版地理七年级上册第二章第一节。
设计理念	方向、比例尺、图例和注记等地理基本概念，应以理解应用为主。根据《义务教育地理课程标准》的要求，教师不能只是简单地介绍地图要素，而应联系生活实际组织课堂活动，如辨别方向、量算距离等，以利于学生在认识地图的过程中逐渐掌握运用地图的基本技能。 引导同学们量算校园的实地距离，确认方向，计算比例尺，绘制地图。将地理与生活结合起来，学习对生活有用的地理，学习对终身发展有用的地理，提高同学们的动手能力，提升同学们的地理实践力。
设计目标	1. 掌握地图的比例尺、方向、图例和注记这些基本概念。 2. 学会在生活中运用地图辨别方向、量算距离，采用合适的图例绘制校园平面图。 3. 通过绘制校园平面图，理解地图三要素，从而激发学生学习地图知识的兴趣和积极性，养成求真求实的科学态度和地理审美情趣。
设计特色	1. 在实地测量中，对于同一个地理事物测量回来的数据存在很大的差异，所以要分不同的组，采用不同的方法，多方位保证数据的准确性。提高同学们的生活能力和动手能力，用实践活动培养同学们求真求实的精神。 2. 在地图绘制中，同学们确定方向，计算出适当的比例尺，选用图例和注记绘制出来我们的校园平面图。在确定方向时将生活中确定方向的办法落实到地图上；在比例尺换算时，切身感受到比例尺的意义；最后用不同的图例和注记绘制校园平面图。 此活动注重实践性、探究性，将地理与数学紧密结合在一起，增强了学科之间的融合，提升了同学们的地理实践力。
作业时长	3 小时

作业内容

（一）实地测量，获得数据

	长	宽	与周围建筑的距离	测量小组	测量方法
教学楼				1、2	1、3、5、7、9、10 组 软尺测量
实验楼				3、4	
校门				5、6	
操场				7、8	2、4、6、8 组 步数测量
升旗台				9	
小操场				10	

注意事项：给每个组长发放测量记录条。

测量安排：

1. 部分小组用软尺测量，组内分工明确，读准数据。
2. 另一部分小组用步数测量，数对步数，并精确计算。
3. 各组之间比赛，评比效率更高、测量数据更准确的小组。

记录表格：

教学楼	长（米）	宽（米）	组
			1

实验楼	长（米）	宽（米）	组
			3

教学楼	长	宽	组
步数（步）			2
每步的长度			
实际长度（米）			

实验楼	长	宽	组
步数（步）			4
每步的长度			
实际长度（米）			

升旗台	长（米）	宽（米）	与实验楼的距离	组
				9
小操场				10

校门	长（米）	与东墙的距离	与西墙的距离	组
				5

校门	长	与东墙的距离	与西墙的距离	组
步数（步）				6
每步的长度				
实际长度（米）				

操场（红色区域）	长（米）	宽（米）	组
			7

操场（红色区域）	长	宽	组
步数（步）			8
每步的长度			
实际长度（米）			

（二）汇总数据，填写统计表（取同学们统计结果的平均数）

	长（米）	宽（米）
教学楼		
实验楼		
操场		

升旗台	长（米）	宽（米）	与实验楼的距离
小操场	长（米）	宽（米）	与实验楼的距离
校门	长（米）	与东墙的距离	与西墙的距离

（三）绘制校园平面图

1. 写上图名——太原市五育中学校园平面图。
2. 明确方向——画上指向标。
3. 确定比例尺——计算图上距离。
4. 采用合适的图例和注记。

（四）展示评比

1. 评比测量数据更准确、完成速度更快的小组。
2. 校园平面图绘制更标准美观的小组（同学们互相投票评选）。

（一）实地测量、获得数据

（二）汇总数据，填写统计表（取同学们统计结果的平均数）

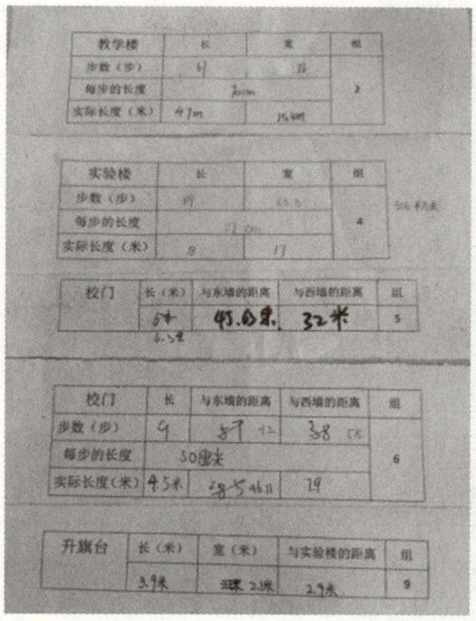

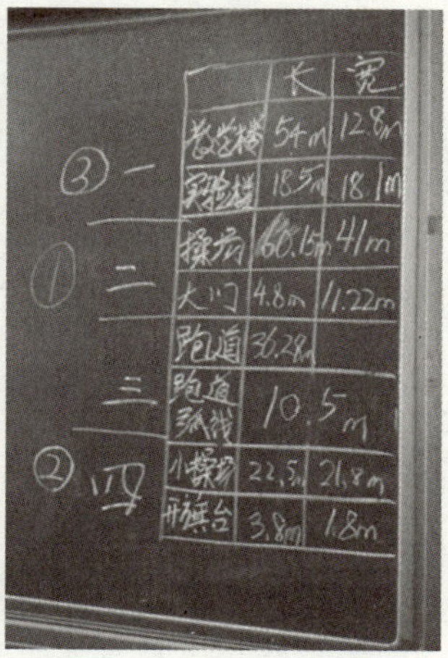

（三）绘制校园平面图

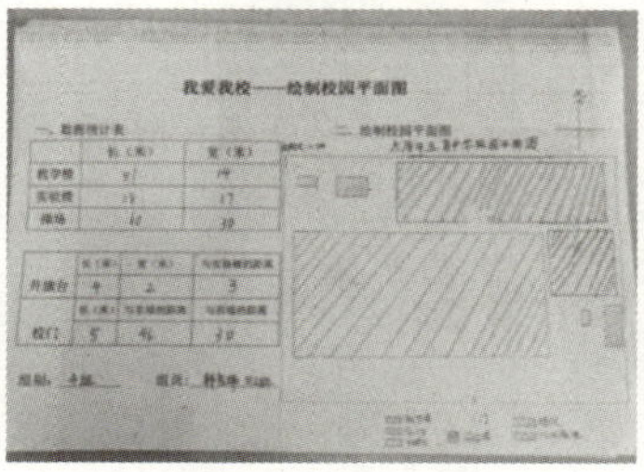

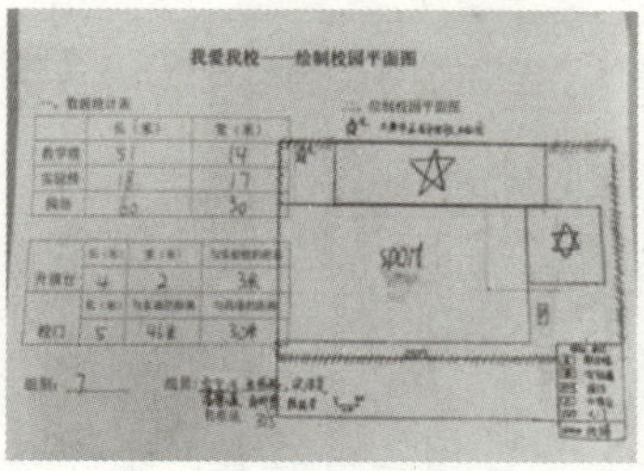

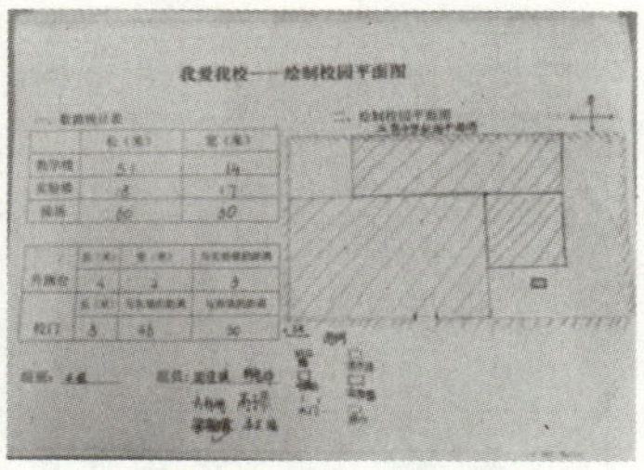

作品点评

本作品完整地呈现了小区域地理实践活动流程，充分开发、利用校内资源，并与理论高度融合，极大丰富了地理课堂，增强了地理教学活力，同时有效地验证了“一核·六维·四手段”理论对日常地理教学的指导意义。作品精准解读教材内容，准确把握了地理课标要求，实践项目目标明确，测量过程具体，可操作性强，为落实“双减”创新地理课堂作业，进行了大胆的尝试。

作品亮点：首先，地理测量目标明确，小组分工具体，有利于高效开展实践活动，并为课堂教学创设了真实的任务情境。其次，有效地运用校内资源，挖掘学生身边熟知的地理事物，学习探究过程更加有代入感，更容易引发学习兴趣和探究欲望。最后，学生测量方式多样，给学生创造自主学习、合作学习、探究学习的机会。

专家建议：在作品中呈现的课堂展示环节，应体现分层优化原则，以适合不同学习能力的学生。

黄土高原——水土流失严重的地区

太原市外国语学校　韩莎莎

电子作品扫码下载

作品信息

作业类型	课时作业、实践作业
适用范围	晋教版地理八年级下册第六章第二节。
设计理念	作为与乡土地理相关的章节，作业从学生感兴趣的角度入手，使书本知识与实际生活相结合。通过学习使学生了解家乡的自然地理环境，树立环境意识、可持续发展观念，培养热爱家乡的情感。
设计目标	运用地图说出黄土高原范围、地形、河流、气候等自然环境特征。 将各地理要素进行联系整合，分析黄土高原水土流失原因。
设计特色	本节作业有基础性作业和提升性作业。基于“双减”背景，本着减轻学生作业负担的原则，作业设计分层优化，有弹性，注重实践性和探究性。
作业时长	基础性作业：5 分钟　提升性作业：30 分钟

作业内容

基础性作业

1. 世界上面积最广的黄土分布区是（　　）

A. 东北地区　B. 青藏高原地区　C. 长江三角洲地区　D. 黄土高原地区

2. 黄土高原是全国水土流失最严重的地区，其中水土流失最为突出的是（　　）

A. 晋西、陕北　B. 晋东、陕南　C. 甘肃省　D. 青海省

3. 黄土高原是世界上水土流失最严重的地区。其人为原因主要是（　　）

A. 滥砍滥伐，破坏植被　B. 夏季多暴雨

C. 风力较大　D. 土质疏松

设计意图

基础性作业主要通过简单的选项，考查学生对基础知识、黄土高原的位置、水土流失的原因等方面的识记。并由此让学生进一步归纳、总结相关识记内容，加深记忆，增强巩固练习。

4. 判断下列图片所示的黄土高原地貌类型，并将相应地貌写在图片旁。

黄土________

黄土________

黄土________

设计意图

通过示意图，学生将理论与实际相结合，将地理知识运用于现实生活当中。同时通过示意图认识黄土高原千沟万壑、支离破碎的地表形态，发现黄土高原的壮美。

5. 读黄土高原轮廓图，回答下列问题。

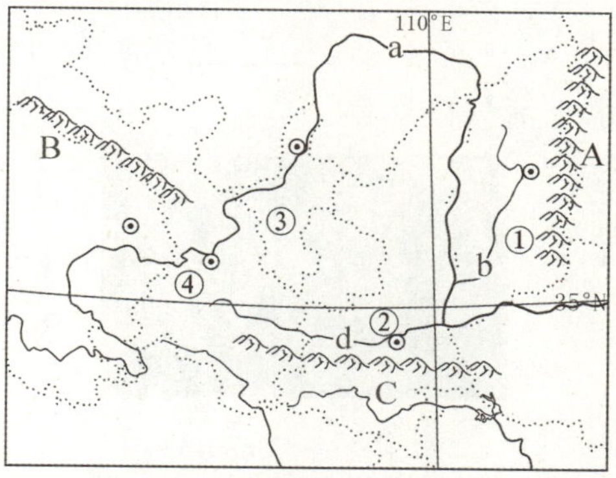

（1）写出图中序号及字母所代表的地理事物名称。

省区名称：①________ ②________ ③________ ④________

山脉：A. ________ B. ________ C. ________

河流：a. ________ b. ________ d. ________

（2）判断黄土高原位于我国地势的第几级阶梯。判断依据是什么？

（3）控制水土流失，保护水土资源，改善生态环境，是实现可持续发展的战略措施，也是黄土高原地区人民脱贫致富的根本出路。你认为应该如何治理水土流失问题？

设计意图

加强学生识图能力，通过示意图强化黄土高原的相关地理事物的识记；开发学生思维，通过地理要素之间的联系，寻找治理措施，培养学生的综合地理素养。

提升性作业

从下列四组实验中，选择一个对比实验，仔细阅读实验步骤，完成实验后写出本组实验的实验结论并归纳出造成黄土高原水土流失严重的自然原因。

实验1：降水强度不同对水土流失的影响。

降水强度大　　降水强度小

实验结果：降水强度________（大/小）易于发生水土流失。

一年内太原的降水特点是________，________（易/不易）发生水土流失。

实验2：土质不同对水土流失的影响。

壤土　　砂土

实验结果：________（壤土/砂土）易于发生水土流失。

黄土高原的土质特点是________，________（易/不易）发生水土流失。

实验3：坡度不同对水土流失的影响。

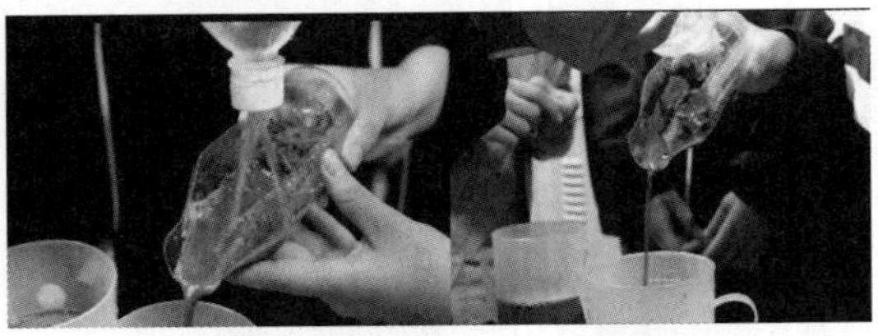

坡度大　　坡度小

实验结果：坡度________（大/小）易于发生水土流失。

黄土高原的地表坡度________，________（易/不易）发生水土流失。

实验4：有无植被对水土流失的影响。

有植被　　无植被

实验结果：植被________（稠密/稀疏）易于发生水土流失。

黄土高原的植被覆盖情况是________，________（易/不易）发生水土流失。

设计意图

通过亲自设计实验，切身体会不同自然环境下水土流失的程度，从而自己得出黄土高原水土流失的自然原因。

答案解析

基础性作业

1. D　　2. A　　3. A

4. 梁　峁　塬

5.（1）①山西省　②陕西省　③宁夏回族自治区　④甘肃省

A. 太行山　B. 祁连山　C. 秦岭　a. 黄河　b. 汾河　d. 渭河

（2）第二级阶梯。因为黄土高原位于祁连山以东，太行山以西。

（3）生物措施：种树种草；退耕还林还草。工程措施：修建水库；灌渠等水利设施；坡地修筑梯田，沟壑区打坝淤地。农业措施：改变牲畜放养方式；改变工作方式。

提升性作业

实验1：降水强度大，易于发生水土流失；降水特点是集中在夏季且多暴雨，易发生水土流失。

实验2：砂土易于发生水土流失；黄土高原的土质疏松，易发生水土流失。

实验3：坡度大，易于发生水土流失；黄土高原的地表坡度大，易发生水土流失。

实验4：植被稀疏，易于发生水土流失；黄土高原的植被覆盖情况是覆盖率低，易发生水土流失。

总结：水土流失的自然原因有黄土质地疏松；降水集中在夏季，且多暴雨；地表坡度大；植被稀少。

作品点评

本作品从地理实验的角度科学地解释了黄土高原的水土流失问题，学生在真实的环境中经历体验式学习，符合“一核·六维·四手段”理论宏观调控下的教学模式。地理实验活动的设计和实施，既促进学生地理实践力、区域认知水平和综合思维能力的落实和提升，同时又是教师精准把握教材内容和解读地理课标要求的重要体现。实验设计目标明确，时长安排合理，极大地调动了学生参与的热情，是一份高质高效的地理实验作品。

作品亮点：首先，地理实验设计流程合理，从降水强度、土壤类型、地表坡度和植被四个方面设计对比实验，让学生亲身体验“认知—实验—深化认知”这一完整的地理实践过程，落实立德树人的根本任务。其次，根据学情设计了基础性作业、提升性作业，符合分层优化的作业设计模式，为不同层级学生创设自我展示的平台，促进学生价值观的形成。

专家建议：本作品缺少评价环节，教学评一体化可以更好地促进学生自身素养的提升。

太谷城区青桔电单车布局调查与合理性建议

晋中市太谷区明星中学　马景璐

电子作品扫码下载

一等奖作品

作品信息

作业类型	项目化学习
适用范围	湘教版地理七年级上册第一章第二节。
设计理念	项目化学习强调“做中学”，课本内容应与地理实践活动相结合，让学生在真实任务情境中体验“认知—实践—深化认知”这一完整的地理学习过程。通过主题明确的项目化学习，提高综合运用知识解决问题的能力。
设计目标	（1）区域认知：通过分析区位条件，总结区域特征，把握地理要素相互作用机理，促进区域的发展。 ①通过绘制太谷城区青桔电单车停车区位置分布图，落实地图的三要素。 ②依据地图获取所需信息，知道青桔电单车停车区的布局特点。 （2）人地协调观：地理环境对人类的影响，人类对地理环境的作用，协调人类活动与地理环境的关系。 （3）综合思维：要素综合、时空综合、地方综合，从整体的角度全面、系统、动态地分析和认识地理环境以及它与人类活动的关系。 ①有归纳数据的能力并根据统计数据，分析太谷城区青桔电单车布局的原因、影响并提出合理建议。 ②在参与汇报展示作品和评价作品的过程中，能运用科学、综合的思维解决实际问题，能够形成自己的观点和看法。 （4）地理实践力：解决问题，关注身边的地理，学习生活中有用的地理知识。通过实地调查、走访调查以及问卷调查，培养学生利用地理知识解决实际问题的能力。
设计特色	以项目化学习的方式开展地理学习，在做项目的过程中体会学习地理的过程，掌握地理学习方法。
作业时长	一个月

作业内容

【项目概要】

1. 项目名称：太谷城区青桔电单车布局调查与合理性建议。

2. 项目背景：

随着国家经济的快速发展，以共享单车为代表的绿色出行方式得到了政府、企业的大力推广。第一，共享单车对方便群众短距离出行、完善公交系统发挥重要作用；第二，共享单车在缓解道路拥堵问题中功不可没；第三，共享单车低碳环保，减少了对空气的污染。但是共享单车存取是否方便以及随之而来的城市管理问题也逐渐成为公众关注的焦点。我国学者对共享单车的研究较多，主要集中于国内一二线大城市的数据分析，而对小县城的研究分析较少。

该项目可以结合七年级地理地图的课标，且共享单车出现在学生生活的地方，学生易观察，易上手。本项目通过对太谷城区共享单车停车区的布局、电量、高峰期、乱停乱放及毁坏等问题的相关数据进行采集、分析，提出太谷城区共享单车目前的优缺点，为太谷城区青桔电单车的投放管理提供参考和依据。

【驱动问题】

太谷城区随处可见青桔电单车，占地面积大，有的还乱停乱放，它对太谷城区有什么贡献？还有改进的空间吗？

【评价设计】

评价阶段	评价内容	分数	1组					2组	3组	4组
			2组	3组	4组	师评	均分			
调查阶段	能够在地图上找到地理事物	5								
	拍到的照片、视频符合项目且能够体现真正的实地考察	10								
	制作有效的调查问卷	10								
	分工明确，团队协作	5								

（续表）

评价阶段	评价内容	分数	1组					2组	3组	4组
			2组	3组	4组	师评	均分			
分析阶段	利用地图三要素绘制地图	5								
	绘制图表分析调查数据	5								
	分析调查问卷得到有效的调查数据	10								
	有效分析太谷中心城区共享单车停车区布局相关问题	10								
展示阶段	声音洪亮，自信大方	5								
	语言精练，术语运用	5								
	能利用多媒体展示过程中的图片和视频	5								
	PPT 美观大方	5								
	展示最终的地图成果（以地图形式展示）	10								
	自我反思与答辩	10								
总分										

【实施步骤】

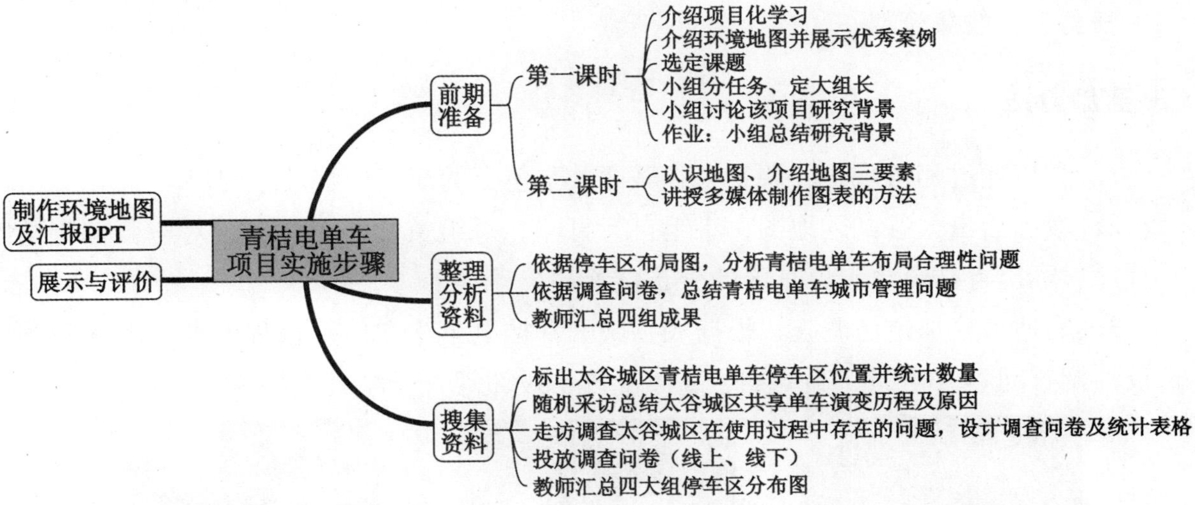

【项目实施】

任务一：选定课题并且确定研究背景

★ 实施办法

1. 教师使用 PPT 工具，向学生介绍什么是项目化学习、环境地图并展示环境地图大赛作品。

2. 教师提前拍摄太谷城区一角的图片，带领学生选定课题——太谷城区青桔电单车布局调查。

3. 教师出示青桔经理联系方式，激励学生为美丽太谷的建设尽一份力。

4. 根据太谷城区图，以鼓楼为中心，东西南北四条大街为分界，把太谷城区划分为西北区、东北区、西南区、东南区，分别对应四大组，每组负责一个片区；教师依据美工、多媒体熟悉程度、学生性格、爱好等不同特点在大组内科学划分小组，布置小组任务。

5. 组内讨论该项目的研究背景，学生可先表达自己的观点，然后教师总结。

★ 设计意图

让学生明白自己在利用所学课本知识解决实际问题，而这个过程不仅可以提高地理实践力，还可以为家乡做贡献，增强热爱家乡的情感。

任务二：收集资料

★ 实施办法

1. 学生通过随机采访，调查太谷城区共享单车的演变历程及原因。

2. 教师给出太谷城区地图，小组自行打印，每组负责一个片区，对应微信青桔小程序，标出青桔电单车停车区的分布位置并统计数量。

3. 实地考察加走访调查，根据太谷城区青桔电单车在使用过程中存在哪些问题来设计调查问卷（电量、高峰期、乱停乱放、毁坏等）及统计表格。

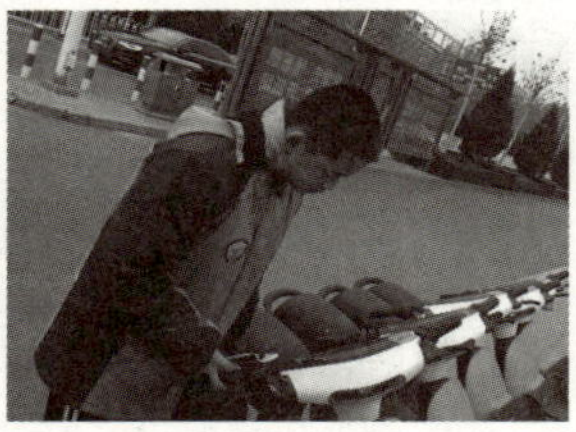

4. 投放调查问卷（线上、线下一起投放，投放时间两周左右）

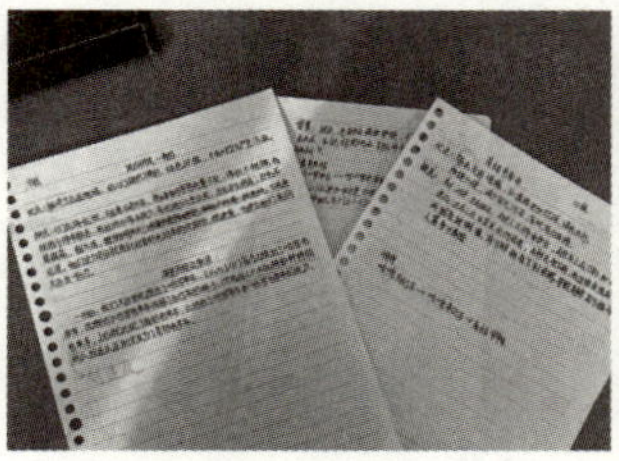

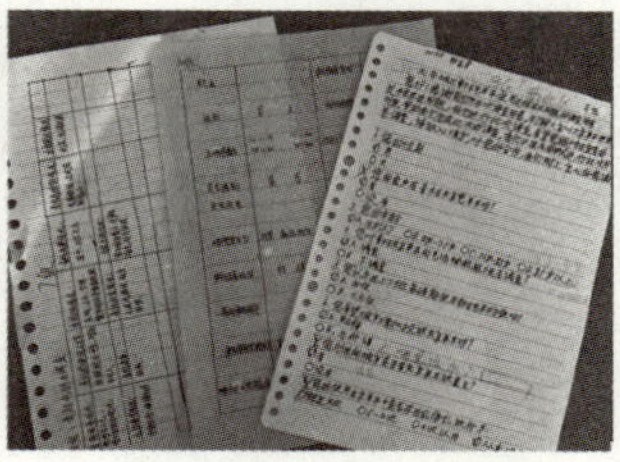

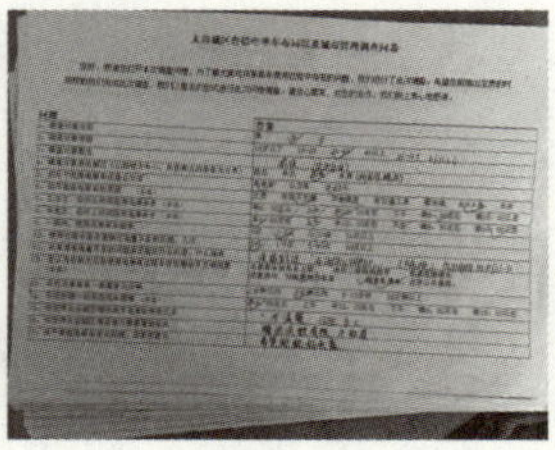

设计意图

让学生亲自去探究社会问题，进一步培养自己的区域认知、地理实践力。同时，学生的观察能力、自主学习能力、创新设计能力、综合思维能力、组织协调能力、人际交往能力、社会实践能力、抗挫折能力也会有所提高。

任务三：整理分析资料

实施办法

1. 教师汇总四组地图数据（把青桔电单车停车区分布点总结到一张地图上），且让同学们利用 excel 做出青桔电单车停车区分布统计图（扇形图等）。

2. 结合太谷城区青桔电单车停车区分布点地图以及实地考察的结果，总结太谷城区青桔电单车停车区的分布特点并考虑其合理性。

3. 依据电子及纸质版调查问卷，各个小组汇总结果（城市管理相关问题并提出建议）。

4. 教师汇总小组的研究成果。

设计意图

让学生依据现有的资料，包括调查问卷、停车区分布图以及结合自己实地考察的结果，让学生真正分析社会问题并提出改进建议，这点着力于核心素养的人地协调观和综合思维能力的培养。

任务四：制作环境地图及汇报 PPT 并且展示交流评价

学科准备：

环境地图的绘制需要学生具备一定的学科素养知识，对应当湘教版地理七年级上册第一章第二节《我们怎样学地理》，主要是认识地图并且知道地图三要素。教师要向学生讲授地图三要素以及相关知识，并在电子地图上给学生演示在图幅相同的情况下，地图比例尺与范围之间的关系。

★实施办法

小组代表展示：小组代表向全班同学和老师陈述小组的项目化学习过程，包括项目任务的分配、项目任务的准备、项目步骤、过程中遇到的困难以及解决方法、项目过程中的心得成长。最后是环境地图的展示，可以细化环境地图的绘制过程，以及分布格局和理由。

教师及其他小组评价：教师和其他小组代表根据评价量表针对小组代表的陈述打分评价，评价后要做出思考和质疑，提出不同的观点，小组代表要进行解释。所有小组作品在学校展览，并且相关研究结果提供给太谷青桔电单车经理，供他们了解目前青桔电单车的社会问题，希望对他们有帮助。

★设计意图

锻炼学生的小组合作能力以及组长的领导、分配任务能力，通过参加环境地图比赛的激励，学生有更高的积极性，研究结果提供给太谷青桔电单车的经营方以供参考，让学生明白自己解决的是社会中的真实问题，而不仅仅是完成作业，促进学生了解家乡的发展规划，关注家乡的未来发展，树立建设家乡的志向。

任务五：项目化学习后测

基于项目化学习的初中生现状问卷调查

亲爱的同学，你好！欢迎你参加本次测评，在项目开始进行之前，请各位同学独立填写以下问卷并交回老师，本次测试严格遵循科研保密，不影响各位同学的任何成绩，请各位同学根据实际情况如实填写。

一、我的基本信息

年级：　　　　　　　　姓名：　　　　　　　　性别：

学校名称：

本次拟将进行的环境地图绘制题目（如果未参加请填“无”）：

二、填填看

1. 你喜欢地理课吗？　　　　　　　　　　　　（　　）

A. 喜欢　　B. 一般　　C. 不喜欢　　D. 厌恶

2. 你参加过项目化学习吗？　　　　　　　　　（　　）

A. 没有　　B. 参加过 1 次

C. 参加过 2 至 3 次　　D. 参加过 3 次以上

3. 你参加过方向的判别、地质地貌、水文、土壤、植被等野外考察活动吗？（　　）

A. 没有　　B. 参加过 1 次

C. 参加过 2 至 3 次　　D. 参加过 3 次以上

4. 你参加过社会调查吗？（如：工厂布局、河流污染等问卷调查）（　　）

A. 没有　　B. 参加过 1 次

C. 参加过 2 至 3 次　　D. 参加过 3 次以上

5. 你对地理实践活动感兴趣吗？（　　）

A. 喜欢　　B. 一般　　C. 不喜欢　　D. 厌恶

6. 你的家长支持你参加学校组织的地理实践活动吗？（　　）

A. 支持　　B. 不支持　　C. 没有明确表态

7. 你能利用尺子等其他工具绘制校园平面图吗？（　　）

A. 能　　B. 基本能，但不是很熟练

C. 在别人帮助下能　　D. 不能

8. 你能对你的学校垃圾分类状况进行调查研究并撰写调查报告吗？（　　）

A. 能　　B. 基本能，但不是很熟练

C. 在别人帮助下能　　D. 不能

9. 你上次的地理成绩怎么样？（　　）

A. 90 分以上　　B. 75—90 分　　C. 60—75 分　　D. 60 分以下

10. 你对地理这门课程感兴趣吗？（　　）

A. 很感兴趣　　B. 有一些兴趣　　C. 一般　　D. 不感兴趣

11. 你是否有一些绘画（也包括如绘制图表等动手操作等活动）的基础？（　　）

A. 是　　B. 否

12. 你之前上过项目化学习的相关课程吗？（不局限地理，其他学科也可以）（　　）

A. 比较了解，上过相关课程　　B. 略知一二

C. 没有听说过

13. 你比较喜欢哪一种课堂教授方式？（　　）

A. 教师主导讲授式　　B. 自主学习式

C. 小组合作讨论式

14. 如果本次地理项目化学习需要你去调查来完成一份作品，你是否愿意？（　　）

A. 非常愿意　　　　　　B. 还行，勉强可以

C. 一般，不关心　　　　D. 非常不愿意

15. 地理课堂上学过的知识你能很好地应用吗？（　　）

A. 能，经常应用　　　　B. 一般，有时应用

C. 不能，很难应用

16. 你希望在本次项目化学习中有什么样的收获：________________

三、能力检测

1. 假如我们进行野外考察晋中市的河流流速时，不要选择________时间段进行考察，并在空白处说明原因。

2. 地图三要素包括：________、________、________。

3. 设计一份关于你所在的小区（街道）居民垃圾分类状况问卷调查，写出5个有关问题。

四、我与我的家乡

同学你好，如果你参加了环境地图的活动，请你对你所绘制的“这个地方”在这12道题目上的赞同程度上打分。如果你没有参加环境地图活动，请你对晋中市进行打分。

1. 强烈不赞同　2. 不赞同　3. 无所谓　4. 赞同　5. 强烈赞同

题目	打分
1. “这个地方”适宜我做我想做的事	
2. “这个地方”是其他地方不能相比的	
3. 在我去过的地方里，“这个地方”是最令我满意的	
4. 虽然在其他地方也可以做类似的事情，但“这个地方”更适合	
5. 与其他地方类似相比，我更喜欢在“这个地方”做某件事	
6. 我在“这个地方”所做的事情，是其他地方不可替代的	
7. 我觉得“这个地方”已经成了我生命的一部分	
8. “这个地方”对我有特殊的意义	
9. 我强烈认同“这个地方”	
10. 我非常依恋“这个地方”	
11. 在“这个地方”的经历丰富了我对自己的认识	
12. “这个地方”对我很有意义	

（注意：只能填写1、2、3、4、5这五个数字，不能有小数点。）

设计意图

这份调查问卷分别给已开项目化学习和没开项目化学习的两个班级填写，让教师进一步了解学生对于开展项目化学习的意愿以及成效，方便下次开展项目化学习。

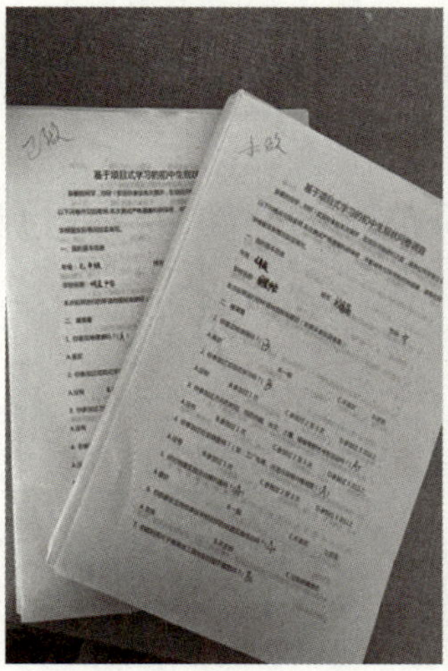

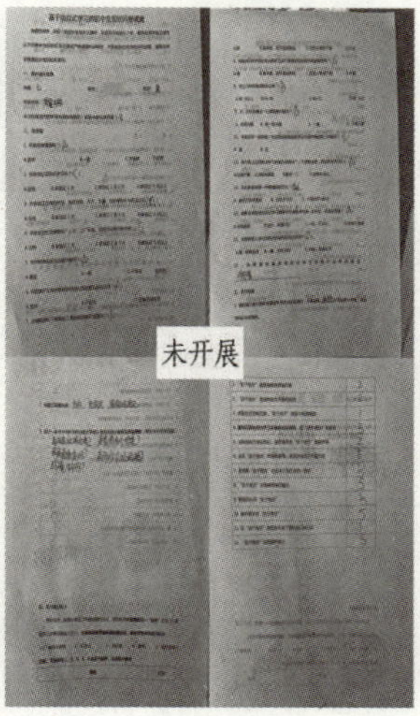

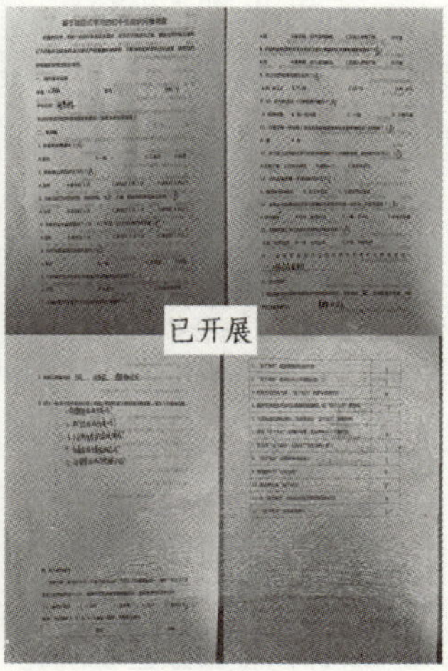

【项目成果】

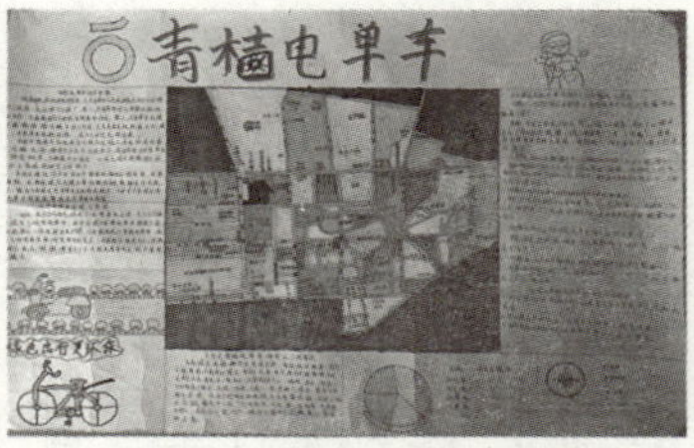

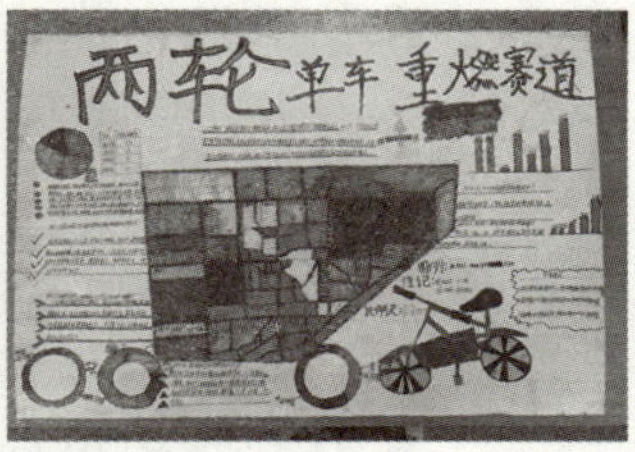

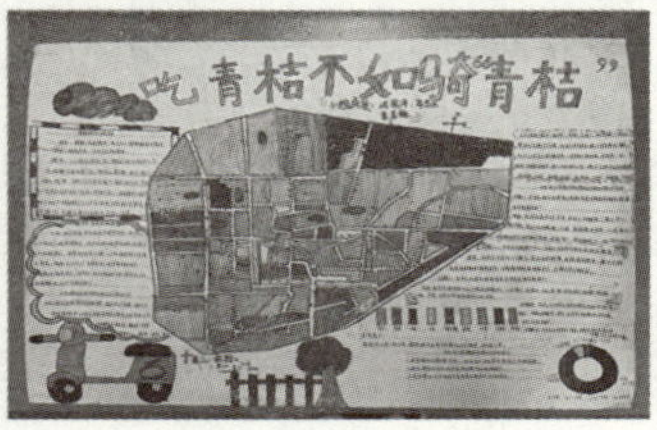

【成果公开方式】

学生该项目的最终作品将以环境地图的方式呈现，在班级公开展示评价后，成绩优者可以参与由北京师范大学地理与可持续发展教育中心举办的《全国青少年环境地图展示活动》，作品优秀者可以获得一等奖、二等奖、最佳调查奖等奖项。而且我们还联系了太谷青桔电单车的经理，方便把学生研究的成果发送给相关负责人，让学生明白自己在做一件有意义的事，为美丽的太谷尽一份力。

【项目反思】

该项目给我留下了深刻的启示，学习生活化的地理，挖掘生活素材，把枯燥的地理知识融入到社会问题中，学生学习积极性高涨。新课程提出“学习对生活有用

的地理”这一理念，结合生活实际，让学生学习对生活有用的地理知识，不仅可以丰富教材内容，激发学生学习兴趣，提高课堂教学效率，还可以引导学生正确认识人地关系，培养区域认知、综合思维的能力以及提高地理实践力。

1. 预设与实施的对比

预设学生针对此项目会热情高涨，会外出调查并且拍摄很多照片，小组间配合比较默契妥当。但是实施过程中遇到了困难，学生能够自由支配的时间仅有周日一天，活动中学生会感觉时间太紧张，加上部分家长配合度不高，学生户外过程中照片比较少。

2. 学生的变化（主体作用）

通过小组成员的合作，小组间的互动，学生以主人的角色融入到课堂中。学生乐学，课堂也更高效。

3. 教师的变化

学生在项目实施过程中，我会适时地给予指导与鼓励，让课堂氛围变得更和谐，学生在参与时更投入，同时也激发了学生的表现欲望。教师不再是一副高高在上的模样，而是置身于学生当中，参与学生的讨论，在教师和学生之间，架起平等交流的桥梁，让学生真正投身到地理课堂的学习中来，变被动为主动。

作品点评

本作品是以“太谷城区青桔电单车布局调查与合理性建议”为主题的项目化学习，完美地呈现了“一核·六维·四手段”理论宏观调控下的新型教学模式，考查学生的区域认知水平和综合思维能力，精准把握了地理学科素养的内涵。项目设计目标明确，时长安排合理，极大地调动了学生的参与度，激发了学生主动参与社会管理、关注社会问题的热情，培养了学生的社会责任感。

作品亮点：首先，该项目化学习选题合理，依托青桔电单车布局的社会热点为主题，素养立意明确，体现地理学科独特的育人价值，是践行社会主义核心价值观的具体表现，符合“一核·六维·四手段”理论调控的教学要求。其次，设计的问题是源于情境的自然延伸，学生作答问题的过程就是针对问题重新理解，有助于学生自身素养的表现和提升，进一步深化了学生对地理区域的认知水平，又加强了地理综合思维的训练。

专家建议：本作品要在严谨度上下功夫，个别环节需反复推敲。

春光明媚，去放风筝

太原市第十八中学校　耿佳乐

电子作品扫码下载

作品信息

作业类型	综合与实践作业
适用范围	晋教版地理七年级上册第二章、第四章。
设计理念	1. 在作业目标设计方面，本次作业的设计从重视实际运用的角度出发，将所学知识运用到生活实践中去。 2. 在课程标准方面，本次作业设计尽力把培养实践能力的要求落到实处，让学生在生活中体会地理知识的重要性。 3. 在教学策略方面，本次作业将学生感兴趣的活动“放风筝”与所学地理知识相结合，可以让学生在活动与玩耍中逐渐践行地理实践力。 4. 在课程改革方面，本次作业旨在鼓励学生走到户外，放松自己的同时实践所学知识。 5. 在学科交互方面，本次作业以“风筝”为切入点将地理学科和语文学科融合到一起，丰富了课程内容。
设计目标	1. 认识地图是记录和传递地理信息的工具，了解地图的三要素。 2. 掌握地图的基本知识和运用地图的基本能力，学会正确选用地图。 3. 能够区分描述天气和气候的概念，并能正确使用。 4. 能够识别、运用常用的天气符号，了解天气预报的意义。
设计特色	1. 分层作业设计。本次作业为不同层次的学生设计了阶段性的学习任务，多个任务逐层递进，逐步培养学生的兴趣。 2. 重视活动实践。本次作业将学习任务融入到课外活动中，鼓励学生走出校园，放松身心，进行地理实践。 3. 体现了个性化设计。本次作业的活动设计不具有唯一的标准答案，每个学生都可以根据自身的实际情况交出不同的答卷。 4. 注重探究性。本次作业围绕着一个目标“放风筝”，设计了环环相扣、逐渐递进的任务，引导学生不断探究。 5. 实现课程整合。本次作业围绕“放风筝”，一方面学生可以实践地理知识，另一方面学生可以积累生活素材、提升语文素养，实现了地理学科和语文学科的课程整合。
作业时长	实践活动：30 分钟　拓展作业：10 分钟

作业内容

草长莺飞二月天，拂堤杨柳醉春烟。

儿童散学归来早，忙趁东风放纸鸢。

阳春三月，春风渐暖，百花渐开，又到了放风筝的好时节。让我们一起去探索“风筝”中的地理知识吧！

任务一：选个好时间。

春风吹拂，万物复苏。哪一天最适合去放风筝呢？

1. 观看天气预报，收集未来一周的天气信息填到下表中。

日期							
天气（用符号表示）							
气温（℃）							
风力与风向（用符号表示）							

2. 根据上表，分析未来一周的天气情况，选择适合出游的一天并说明理由。

我选择________月________日去放风筝，因为________________________。

任务二：选个好地点。

定好时间了，准备去玩吧。哪里最适合放风筝呢？

1. 在地图上查找最近的公园并选择到达该地点的最佳交通路线。

2. 到达公园门口，阅读公园导览图，运用导览图辨别方向。

3. 根据地图信息，找到适合放风筝的开阔空地并前往。

我要去________，目的地在我的________方向。

任务三：愉快地放风筝。

1. 和同伴互相帮助，放飞风筝。拍摄放风筝的照片，贴在下框中。

2. 如何才能顺利放飞风筝？请在放风筝的过程中判断风向。

放风筝的时间为________月________日________时，当时的风向为________。

3. 思考一下，在生活中还有什么方法可以用来判断风向。

任务四：风筝真有趣

1. 查找资料，更多地了解风筝吧。

我国著名的“风筝之都”是________市，该市位于________省，简称________。

2. 有兴趣的同学，可以结合所学的地理知识，查找资料，探究是什么原因成就了“风筝之都”。

3. 五彩的风筝翩翩起舞，点缀了春日的天空。从古至今，风筝逐渐成为春天的象征。有兴趣的同学可以查找资料，了解一下风筝的起源或积累一些描写风筝的诗句美文。

答案解析

任务一

1. 表格略。(建议：正确使用天气符号，气温数据合理准确)

2. 示例：我选择4月3日去放风筝，因为：这天天气晴朗，气温适宜，有微风，适宜进行户外活动。

任务二

1. 略。

2. 略。

3. 示例：我要去公园广场，目的地在我的东北方向。(建议：目的地要选择远离交通干道且无电线杆的开阔地带；正确使用方位词)

任务三

1. 略。

2. 示例：放风筝的时间为4月3日16时，当时的风向为东南风。

3. 示例：看旗帜飘扬的方向；看柳树枝条的方向；看烟囱冒烟的方向等。

任务四

1. 我国著名的“风筝之都”是潍坊市，该市位于山东省，简称鲁。

2. 略。(建议：可以从地理位置、气候特点、产业历史等角度回答)

3. 略。(建议：可以从风筝的历史故事、有关风筝的古诗词、描述放风筝的美文佳句等角度进行描述)

作品点评

本作品以“放风筝”为主题设计有关天气的地理实践作业，较好地将实践与理论融合，既精准解读教材内容，又准确把握了地理课标要求和蕴含的地理学科素养。作业以学生熟知的“放风筝”为实践主题，为不同层次的学生设计了阶段性的学习任务，让学生真正主动参与到活动中去。多个任务逐层递进，目标明确，统筹安排，分层优化，课堂展示丰富多彩，是落实“双减”政策，保障教学提质增效的比较好的作品。

作品亮点：首先，开展以学生熟悉的“放风筝”为主题的地理实践活动，鼓励学生走出校园，放松身心积极参与活动，引导学生在主题框架的活动中关注生活中的地理现象，发现地理规律。其次，跨学科整合巧妙，用学生熟知的诗词引出阳春三月，是户外踏春、放风筝的好时候，触动学生情绪，提高地理实践活动的时效性；同时由诗词引出风筝之都——潍坊，探究潍坊的位置所在省区，深化了学生对地理区域的认知水平。最后，作业设计体现了分层优化，有利于学生热爱生活、关注生活的情操。

专家建议：在作品中应呈现多元的评价环节，赋能作业效果，体现教学评一体化。

地图上的方向

晋中市榆次区第十中学 张瑞欣 郭瑞奇 李 松

电子作品扫码下载

一等奖作品

作品信息

作业类型	实践作业、绘图作业
适用范围	湘教版地理七年级上册第一章第二节
设计理念	地图三要素是地图基础知识，只背会概念不能真正学会用地图去查找所需信息、理解地图语言、运用地图建立地理事物空间方位的概念。因此，设计绘制校园操场简图的作业，让学生更好地理解三要素的实际意义，掌握地图绘制基本方法，学会运用地图，提高地理实践力。
设计目标	1. 能在地图上辨别方向； 2. 使用地图、指南针、手持定位仪等进行户外实践活动； 3. 在地图上查找地名并选择到达该地点的最佳交通路线。
设计特色	注重作业的实践性，以学生熟悉的场景作为实践场地，增强了地理的生活性。
作业时长	45 分钟

作业内容

实践性作业

第一步：画出操场简图。（注意画出单杠、树、升旗台、篮球架、爬梯、乒乓球台、校门、顺城街的位置，不用画教学楼）

第二步：平放指北针，确定正北方位，在操场图左上角框内画出指向标。

第三步：利用已确定的指向标，在操场图左上角框内画出南、东、西等其余七个方位。

第四步：国旗台在乒乓球台的什么方向？乒乓球台在操场的什么方向？

第五步：观察校门，校门朝向哪个方向？

第六步：顺城街是什么走向？

第七步：观察太阳的位置，太阳现在在什么方位？早上日出时太阳大致在什么方位？傍晚日落时太阳大致在什么方位？

第八步：观察操场周围居民楼阳台的朝向，为什么榆次居民喜欢住门窗朝向南面的房屋？

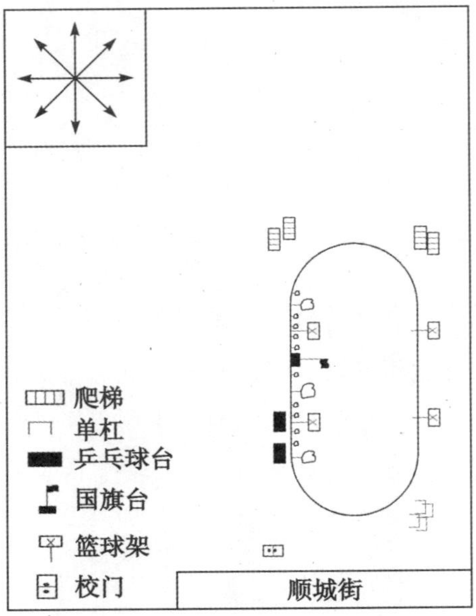

方法小结：

判读方向的三种方法：

1. 指向标定向，指向标一般指向北方；
2. 无指向标时，默认上北下南，左西右东；
3. 经纬网定向，经线指示南北方向，纬线指示东西方向。

探究性作业

小组探究：

①点在点的什么方位的判读方法；②点在面的什么方位的判读方法；③太阳定向法；④公路、铁路走向判读方法；⑤河流流向判读方法；⑥风向判读方法；⑦野外定向：指南（北）针定向、树冠定向、年轮定向、北极星定向等。

【链接中考】

（2020·北京）小鹤随父母前往某小区看房。图 1 为该小区平面示意图，图 2 为 1 号楼某户型图。读图，完成 1~3 题。

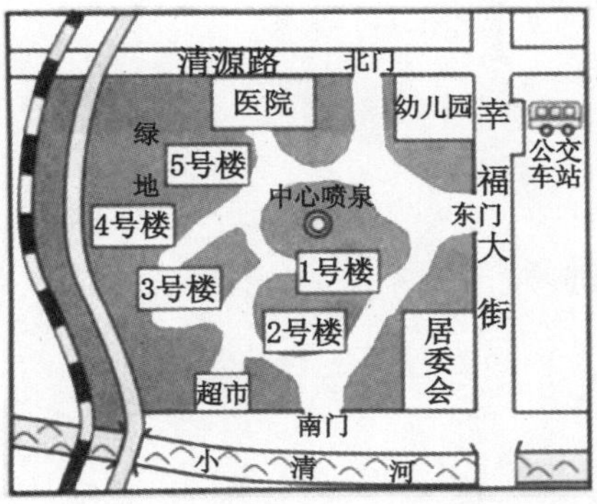

图 1

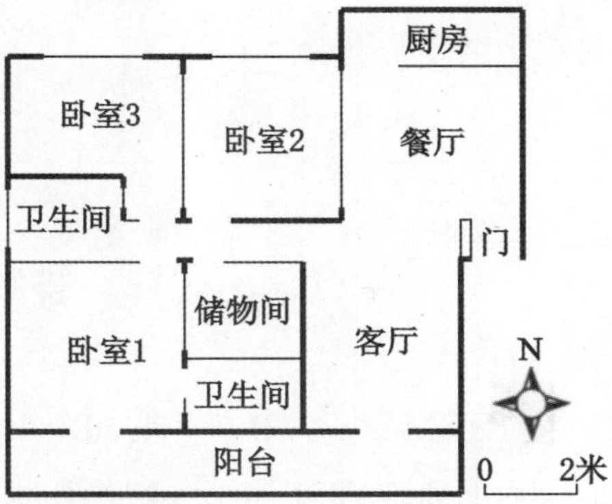

图 2

1. 小区东门在公交车站的 （　　）

A. 西北　B. 东北　C. 西南　D. 东南

2. 小区中 （　　）

A. 医院在小区中心　B. 居委会距离北门最近

C. 1 号楼紧邻中心喷泉　D. 幼儿园靠近超市

3. 他们看中了 1 号楼中的图 2 户型，小鹤建议奶奶住卧室 1 的理由是 （　　）

A. 面积约 24 平方米　B. 采光最好　C. 离客厅最近　D. 可见中心喷泉

4. （2020·安徽）外卖小哥打电话给小明问他应该把快餐送到红星中学的什么地方，小明查询手机软件后，了解到外卖小哥的位置。读红星中学及周边区域略图，如果小明想把外卖小哥指引到红星中学的南校门，小明可以对外卖小哥说 （　　）

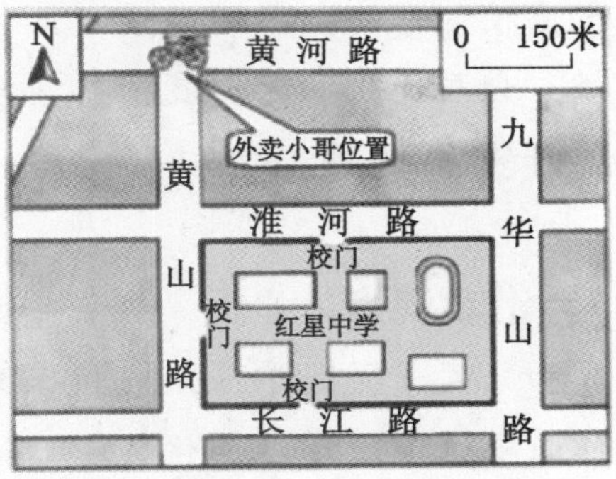

A. 沿黄山路一直走，到长江路向右转，再走 100 多米

B. 沿黄山路向南走，到长江路向东转，再走 100 多米

C. 沿黄山路一直走，到淮河路向西拐，再走 200 多米

D. 沿黄山路向南走，到淮河路向左拐，再走 200 多米

5. 华北地区传统民居大多坐北朝南，房前多植落叶阔叶树，而不植四季常绿的松柏等针叶树（如图所示）。解释华北地区传统民居的房前多植落叶阔叶树，而不植松柏的地理原因。

答案解析

1. C　　2. C　　3. B　　4. B

5. 因为华北地区位于北半球的中纬度地区，夏季太阳直射北半球，太阳高度大，落叶阔叶树枝叶茂密，遮挡了阳光，房屋内较为凉爽；冬季太阳直射南半球，太阳高度小，落叶阔叶树树叶凋落，减少了对阳光的阻挡作用，房屋内光线较好，相对温暖。

作品点评

本作品是有关项目化学习地图的地理实践作业，较好地把实践与理论进行了融合，既精准把握教材内容，又准确解读了地理课标要求和蕴含的地理学科素养。作业安排学生绘制熟知的校园，代入感强，激发学生参与活动的热情，有利于培养学生爱校如家的主人翁态度，落实立德树人的根本任务。活动设计目标明确，统筹安排，分层优化，课堂展示丰富多彩，是落实“双减”政策，保障教学提质增效的比较好的作品。

作品亮点：首先，以学生熟悉的操场作为绘图对象，有利于提高参与活动的广度和深度，提高学习兴趣和探究新知的欲望，促使地理教学更直观、生动。其次，作业中体现了分层优化，有“链接中考”为不同层次的同学搭建展示自我的平台，提升学生学习兴趣和效果。最后，实践与理论有机融合，丰富了课程内容，增强了教学活力，有利于培养学生热爱生活、关注生活的情操。

专家建议：在作品中缺少评价环节，没能体现教学评一体化。

第二类　单元作业设计

地球的运动

孝义市第七中学校　张丽青

电子作品扫码下载

特等奖作品

作品信息

作业类型	单元作业
适用范围	晋教版地理七年级上册第一章。
设计目标	理解地球自转与公转的意义，促进学生地理实践力的培养。
作业时长	总时长 15 分钟，基础性作业 10 分钟，拓展性作业 5 分钟。

作业内容

基础性作业

1. 国庆节后，我校将实行冬季作息时间，这是因为国庆节后，孝义市白昼时间比黑夜时间______（长、短），且越往北昼越______。

设计意图

通过作息时间表的变化，引导学生关注生活中的地理现象，发现地理规律。

学科素养：

☑人地协调观

☑综合思维

□区域认知

□地理实践力

能力维度：

□识记

☑理解

☑分析综合

我们身边的很多现象与地球运动有关。晴朗的日子，我校地理兴趣小组的同学对树影的变化进行了一段时间的观察，并绘制了简单示意图。据此完成 2~5 题。

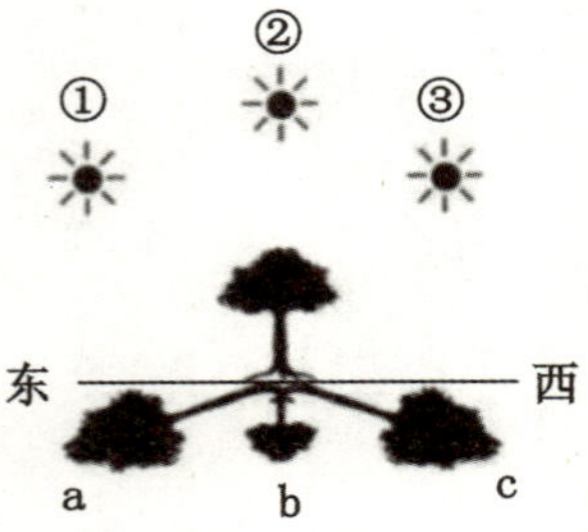

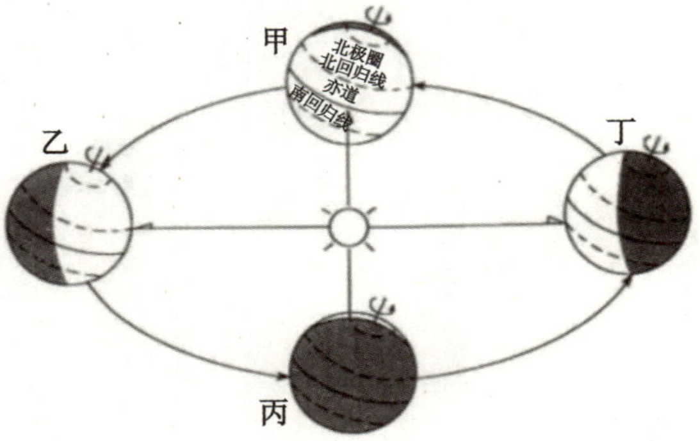

2. 以下是同学们对一天中树影变化与太阳照射的描述，与事实相符的是（　　）

A. 树影先变长后变短　　B. 正午时刻树影在正南

C. 按时间先后对树影排序是 abc　　D. 按时间先后对太阳排序是①②③

3. 一天中树影的变化与（　　）

A. 地球的自转有关　　B. 地球的公转有关

C. 太阳直射点的移动有关　　D. 四季更替有关

4. 同学们发现，某时段正午树影一天比一天短，此时段地球位于公转示意图中的（　　）

A. 甲—乙—丙之间　　B. 乙—丙—丁之间

C. 丙—丁—甲之间　　D. 丁—甲—乙之间

5. 某日正午树影在一年中最长，该日孝义市最有可能产生的现象是一年中（　　）

A. 白天的时间最长　　B. 日出时间最晚

C. 室外人们的衣着最薄　　D. 正午阳光照进室内的面积最小

★设计意图

通过实践活动测量日影的变化，感知日影变化的规律与地球自转公转的关系。

学科素养：

☑人地协调观

☑综合思维

□区域认知

☑地理实践力

能力维度：

□识记

☑理解

☑分析综合

6. 小亮善于观察，一年中，他在不同时期观察并记录了正午时刻教室内光照情况。如图：

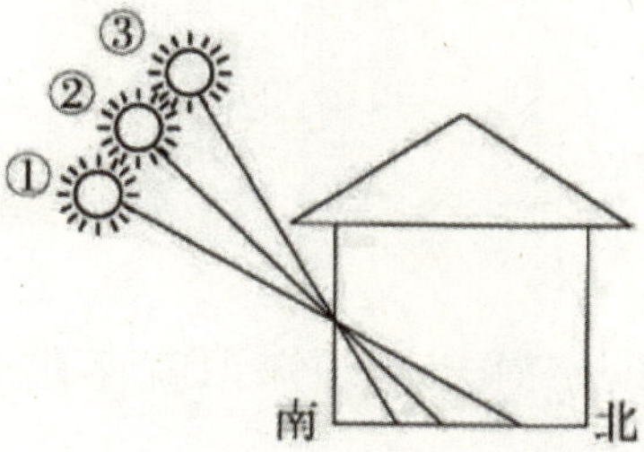

图中，教室的朝向是________，与夏至日对应的教室光照情况是图________（填数字）。冬至日对应的教室光照情况是图________。

设计意图

通过观察一年中教室内日照面积变化，感知坐北朝南房屋的优点。

学科素养：

☑人地协调观

☑综合思维

□区域认知

☑地理实践力

能力维度：

□识记

☑理解

☑分析综合

拓展性作业

路灯对人们夜间出行有巨大作用，路灯通常在日出前关闭，在日落后开启。下面是小丽同学收集整理的孝义市2021年不同月份路灯关闭及开启时间数据。据此完成7、8题。

日期	开灯时间	闭灯时间	日期	开灯时间	闭灯时间
2月1日	17：10	6：54	8月1日		
4月1日	18：45	5：51	10月1日	18：20	6：15
6月1日	19：51	4：45	12月1日	17：14	7：21

7. 根据所学知识，推测 8 月 1 日孝义市路灯开启和关闭时间分别是　（　　）

A. 17：08　6：36　　B. 17：45　5：00

C. 16：42　4：26　　D. 19：37　4：59

8. 造成路灯关闭与开启时间在不同月份存在差异的主要原因是　（　　）

A. 天气变化　　B. 人类活动

C. 地球自转　　D. 地球公转

★设计意图

通过观察路灯开启关闭时间，感知地理知识就存在于我们的生活中。

学科素养：

☑人地协调观

☑综合思维

□区域认知

☑地理实践力

能力维度：

□识记

☑理解

☑分析综合

冬至日这一天，孝义市的小丽邀请家住长沙的表姐同一时间一起测量相同高度的两栋楼的正午影子长度，她们分别绘制了下面甲、乙两图。读图，完成 9 题。

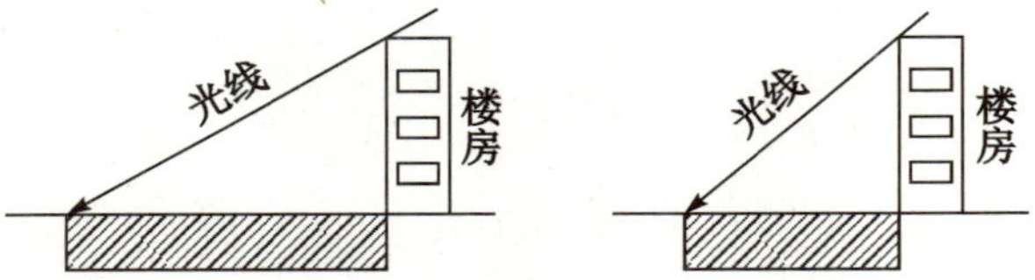

甲　　乙

9.（1）属于孝义楼房的是图________，属于长沙楼房的是图________，导致甲、乙两地影子长短不同的根本原因是________________________________。

（2）为了更好地采光，与长沙相比，孝义的楼间距应该更________（填“大”或“小”）一些。

（3）体验生活：为保证后排低层房屋正午时间能够采光，楼与楼之间距离的设计应参考________（节气）的光照情况。

★设计意图

通过创设情境，了解不同地区日影长度的不同，理解纬度位置与日影长度的关系，引导学生学会对生活有用的地理。

学科素养：

☑人地协调观

☑综合思维

□区域认知

☑地理实践力

能力维度：

□识记

☑理解

☑综合分析

答案解析

1. 短　短　　2. D　　3. A　　4. D　　5. B

6. 坐北朝南　③　①　　7. D　　8. D

9. （1）甲　乙　纬度位置不同　（2）大　（3）冬至日

作品点评

本作品完整地呈现了实践与理论的高度融合，既精准解读教材内容，又准确把握了地理课标要求和蕴含的地理学科素养。作业以学生熟知的作息时间、冬夏季节光照情况的差异来设计，情境真实且代入感强，激发学生的学习兴趣和探究新知的欲望，目标明确，统筹安排了基础性训练和拓展性训练，符合课标要求，且设计意图体现目标的达成和素养的渗透，是落实“双减”保障教学提质增效的比较好的作品。

作品亮点：首先，以学生熟悉的作息时间设计情境，富有真实性、科学性，通过作息时间表的变化，引导学生关注生活中的地理现象，发现地理规律。其次，通过观察路灯开启关闭时间，感知地理知识就存在于我们的生活中，深化了学生对地理区域的认知水平，又加强了地理综合思维的训练。最后，作业设计体现了分层优化和详细的设计意图，有利于培养学生热爱生活、关注生活的情操。

专家建议：在作品中应呈现多元的评价环节，赋能作业效果，体现教学评一体化。

北方地区

电子作品扫码下载

长治市潞州中学　潘云云　曹瑞芳　李　娜　王　艳

特等奖作品

作品信息

作业类型	单元作业
适用范围	人教版八年级下册第六章《北方地区》。
设计理念	在全球经济复苏乏力、疫情反复的大环境下，中国承办冬奥会代表着我国政治稳定、经济繁荣、文化丰富、社会和谐以及更加开放、进步、文明的国家形象。至此，北京成为全球唯一举办过夏季和冬季奥运会的城市！我国政府打造了沿北京—张家口—延庆一线，分三个区域布局竞赛场馆和非竞赛场馆，建设了三个相对集聚的场馆群，并带动3亿中国人以不同方式投身冰雪运动及相关产业。且此次冬奥会我国运动员多来自北方地区，为我国取得一金一银并引起巨大关注的“00后”小将苏翊鸣为山西省队队员。这一盛事蕴含着很多地理知识，同时将八年级下册《北方地区》中东北三省、黄土高原、北京串联起来，可以引导学生在生活中发现地理问题，提升学生对地理信息的敏锐度。
设计目标	依托2022年北京冬奥会的时事热点，使学生掌握北方地区的自然地理特点，了解首都北京的城市职能以及城市建设成就，引导学生从地理的视角思考问题，关注自然与社会，增强学生的民族自信心和自豪感以及热爱家乡、热爱祖国的情感。
作业时长	见课时作业设计时长

作业内容

第一节　自然特征与农业

建议用时：10分钟

资料一：北京成功举办2022年第24届冬季奥林匹克运动会，成为目前唯一既举办过夏奥会又举办过冬奥会的城市。距北京西北100多千米的张家口，雪场平均海拔1000米以上，降雪期长，成为本届冬奥会的合办地。北京承办冰上项目比赛，张家口市承办雪上项目比赛。

资料二：2022年北京冬奥会绿色行动方案包括，采取碳减排和碳中和措施，实现北京冬奥会低碳目标。赛事举办期间，赛区内交通服务基本实现清洁能源车辆保障，场馆常规电子消费需求综合实现100%可再生能源。

资料三：我国京津冀地区示意图、我国北方地区示意图。

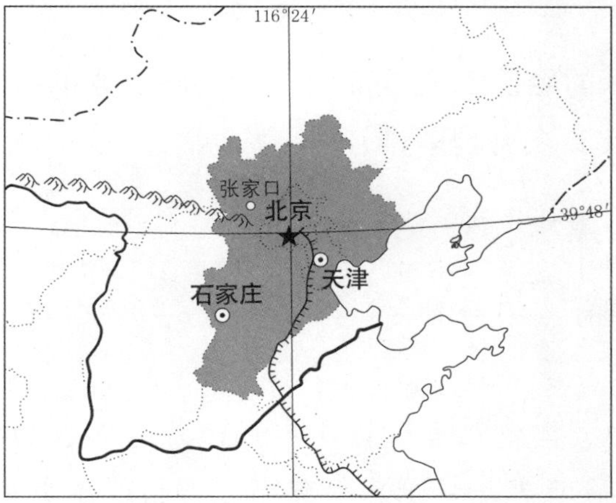

图1　京津冀地区示意图

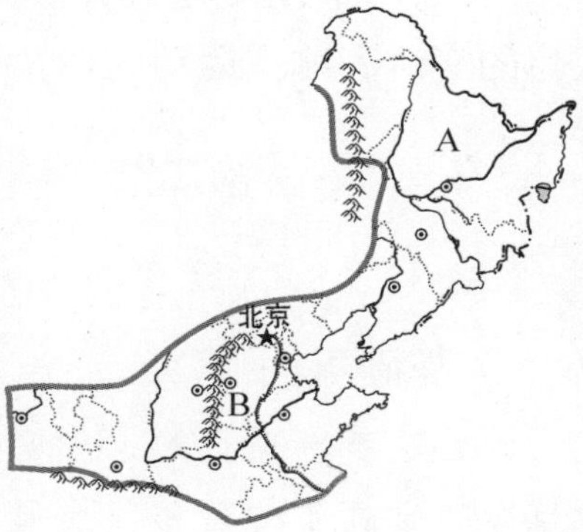

图2　北方地区地形示意图

（一）基础巩固

1. 北京、张家口位于我国北方地区，下列气温和降水量图能反映这两个冬奥城市的是　　　　　　　　　　　　　　　　　　　　　　　　（　　）

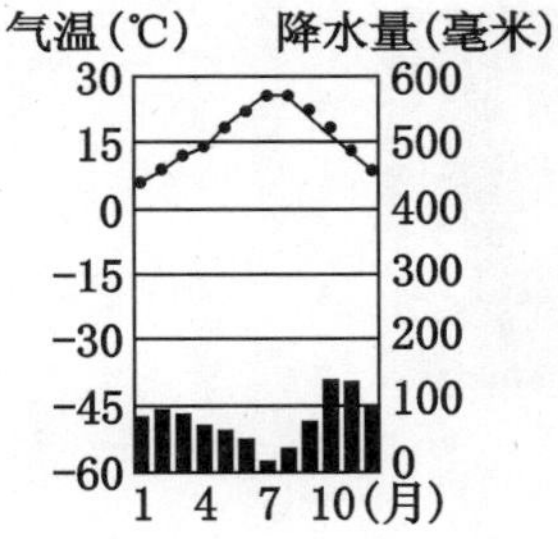

A

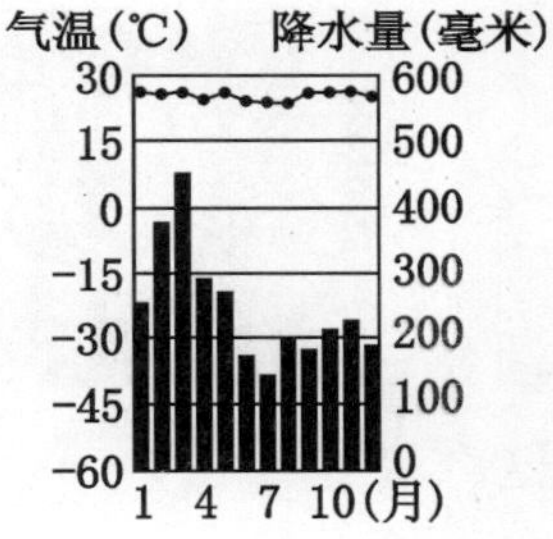

B

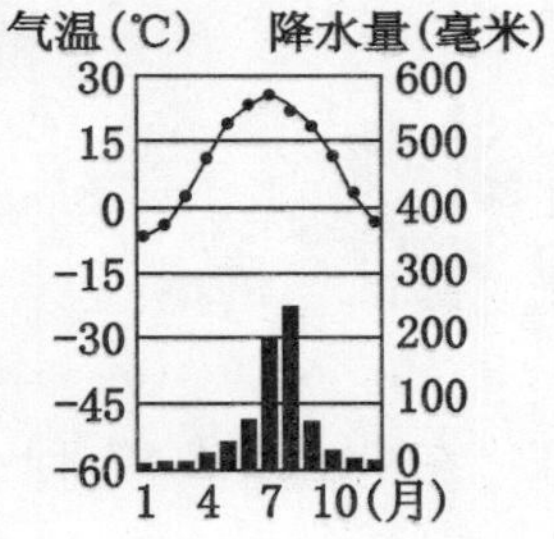

C

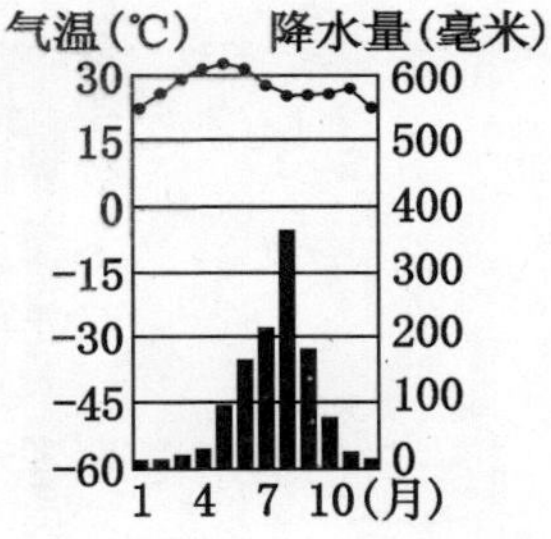

D

2. 为迎接世界各地的冬奥会选手，我们准备了丰富的食材，说出资料三图2中A、B所表示的平原名称以及B区域主要为冬奥会提供的粮食作物。

（二）挑战创新

3. 为创办“绿色奥运”，我们采取了哪些措施？

4. 简要分析举办冬奥会对京津冀地区的意义。

答案解析

1. C

2. A、B 分别为我国北方的东北平原和华北平原，B 区域主要为冬奥会提供的粮食作物是小麦。

3. 我国为创办“绿色奥运”采取的措施有：植树造林、使用清洁能源、使用新能源等。

4. 冬奥会的举办促进了京津冀地区的经济发展，带动了当地旅游业的发展，促进了文化的交流和冰雪运动的普及等。（言之有理即可）

第二节　“白山黑水”——东北三省

建议用时：10 分钟

（一）基础巩固

在我国首次参赛项目的 35 个小项中，黑龙江省运动员参加 15 个小项，为国家实现全项目参赛贡献了“硬核”力量。从冬奥赛场的制冰师到河北雪场的滑雪指导员，从冬奥比赛裁判员到南方冰球俱乐部的教练，全国冰雪场上遍布“东北老铁”的身影。读图，完成 1、2 题。

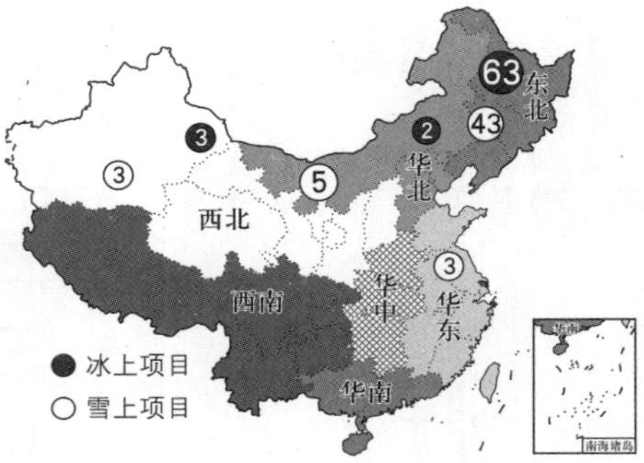

1. 北京冬奥会的“东北含量”为什么这么高？（　　）

①冰雪资源密集　②东北地区冬季寒冷，适合冰雪运动的展开　③东北平原是我国最大的平原　④有较长的冰雪运动史

A. ①②③　　B. ②③④　　C. ①②④　　D. ①③④

2. 辽宁省的小李借着冬奥会的劲风，要建设经营一座滑雪场，如果降雪不足，就用人工造雪的方式。现在遇到选址问题，请大家帮忙出出主意，哪些方面是他尤其应该注意的？（　　）

①水源和地形　②气候和交通　③本地植被覆盖率　④本地区大众消费水平

A. ①②④　　B. ①②③　　C. ②③④　　D. ①③④

（二）挑战创新

资料一：2022 年 2 月，哈尔滨“冰雪旅游季”恰逢“北京冬奥会”，冰雪旅游一度成为哈尔滨旅游经济的核心引擎，哈尔滨最低气温-22.4℃，积雪期近半年，平均厚度 20 厘米。有关部门发布，今年冬季游，哈尔滨将充分利用冰雪资源优势，

"白雪换白银"，形成冰雪旅游全域化，多产业融合发展的浓厚氛围。

资料二：东北地区是我国传统的老工业基地，2003年国家提出振兴东北老工业基地发展战略，加快产业结构调整支持资源枯竭型城市转型升级，公开数据显示，2020年，黑龙江全省接待国内外冰雪旅游游客6600万人次，实现冰雪旅游收入660亿元。

资料三：下面为东北地区示意图和哈尔滨气温与降水的年变化示意图。

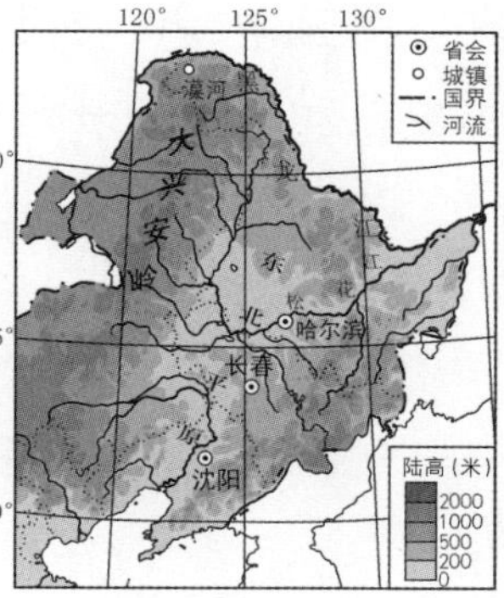

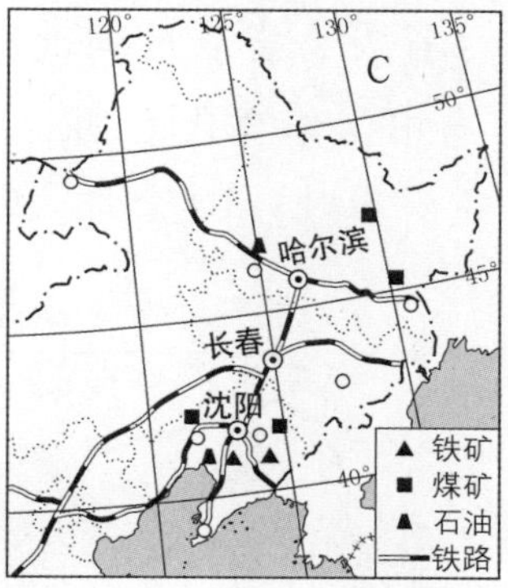

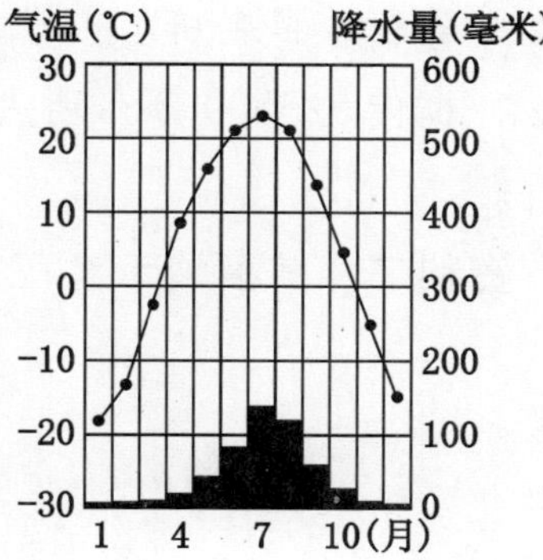

哈尔滨

3. 根据图示资料及所学知识，试分析哈尔滨、长春等东北城市发展冰雪事业的优势条件。(任答两点)

4. 哈尔滨将建成世界冰雪旅游名城，列举你所知道的冬奥会冰雪项目。(至少两个)

5. 东北地区在大力发展冰雪运动之前，还是我国重工业基地，其发展的有利条件是什么？东北地区传统工业面临资源枯竭、能耗高、经济效益差等问题，请为重振该地区工业施计献策。

答案解析

1. C　　2. A

3. 东北地区冬季漫长，气温低，雪量大，适宜冰雪运动的展开；东北地区"山环水绕"，有适合滑雪等运动的地形优势；在东北地区滑雪、滑冰等是人们喜爱的传统体育活动；东北地区具有冰雪旅游品牌优势。

4. 花样滑冰、短道速滑、冰壶、高山滑雪等。

5. 东北地区煤、铁、石油等资源丰富，依托丰富的矿产资源，发展成为我国最大的重工业基地。　　优化产业结构，加快培育新兴产业；调整能源结构，加大环境治理；加大科技人才培养，增强区域创新能力。

特等奖作品

第三节　世界最大的黄土堆积区——黄土高原

建议用时：10 分钟

资料一：2022 年 2 月 4 日随着北京冬奥会正式开幕，北京成为世界上唯一一个既举办过夏季奥运会，又举办过冬季奥运会的“双奥”之城。2 月 7 日，山西省代表队运动员苏翊鸣在冬奥会单板滑雪坡面障碍技巧项目摘银后，2 月 15 日又勇夺单板滑雪大跳台项目金牌。对此，山西省委、省政府向北京冬奥会中国体育代表团发出贺信，也代表 3500 万山西人民，向中国体育代表团、中国冰雪队和苏翊鸣表示热烈祝贺。

资料二：某区域示意图。

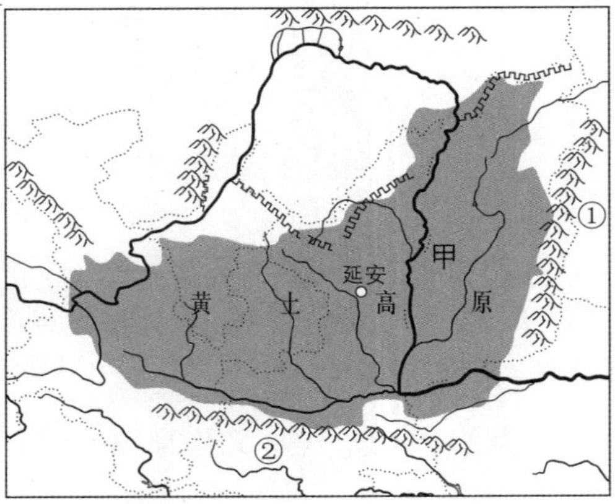

根据材料并读图回答以下问题：

（一）基础巩固

1. 山西省所处的地形区是　（　　）

A. 内蒙古高原　　B. 云贵高原　　C. 黄土高原　　D. 华北平原

2. 下列描述符合山西所在地形区地表特征的是　（　　）

A. 地高天寒、冰川广布　　B. 地表破碎、沟壑纵横

C. 地表崎岖、喀斯特地貌　　D. 平坦开阔、一望无际

3. 山西省所在地区自然环境独特。苏翊鸣在向世界各地的参赛选手介绍时，有可能提到该地区的民俗风情是　（　　）

①孔雀舞　②白羊肚头巾　③窑洞　④马头琴　⑤信天游　⑥火把节

A. ①②③　　B. ②③⑥　　C. ③⑤⑥　　D. ②③⑤

（二）挑战创新

4. 甲河孕育了我国灿烂的文明，说出甲河的名称及中游河段流经地区最严重的自然灾害，并分析其自然和人文原因。

5. 写出图中①②代表的山脉名称，试利用所学知识推测冬季②山脉南坡和北坡哪一个更适合开展冰雪运动，并说明理由。

答案解析

1. C　　2. B　　3. D

4. 黄河，水土流失。　自然原因：该地土质疏松，夏季降水集中且多暴雨；人为原因：过度开垦、过度放牧、滥砍滥伐、修路采矿等活动破坏地表等。

5. ①太行山脉；②秦岭。　北坡更适合开展冰雪运动；北坡冬季平均气温在零度以下，冰雪不易融化。

第四节　祖国的首都——北京

建议用时：15 分钟

（一）基础巩固

2022 年冬季奥运会由北京、张家口联合举办。京张高速铁路的开通运营，成为北京冬奥会的重要交通保障设施。下图为京张高速铁路工程示意图。读图，完成 1、2 题。

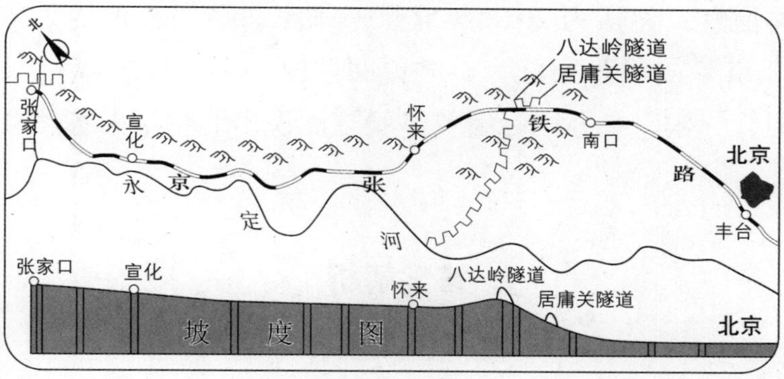

1. 北京市成为世界唯一一个举办夏季奥运会和冬季奥运会的城市，主要彰显的城市职能是　（　　）

A. 政治职能　　B. 经济职能　　C. 历史职能　　D. 文化职能

2. 京张高速铁路建设过程中遇到的自然障碍有　（　　）

①地势起伏大，地质条件复杂　②多风沙天气　③需跨越河流　④工期短，技术难度大

A. ①②③　　B. ①②④　　C. ①③④　　D. ②③④

（二）挑战创新

资料一：第 24 届冬季奥林匹克运动会于 2022 年 2 月 4 日至 2 月 20 日在北京市和张家口市联合举办。冬奥会的竞赛项目主要包括冰上运动和雪上运动两部分。其

中，雪上运动在户外山地进行，要求有较高的海拔、适当的坡度、充足的积雪和较小的风速，冰上运动大多在室内场馆进行。

资料二：下图为北京市和张家口市的相关地形、气候等资料。

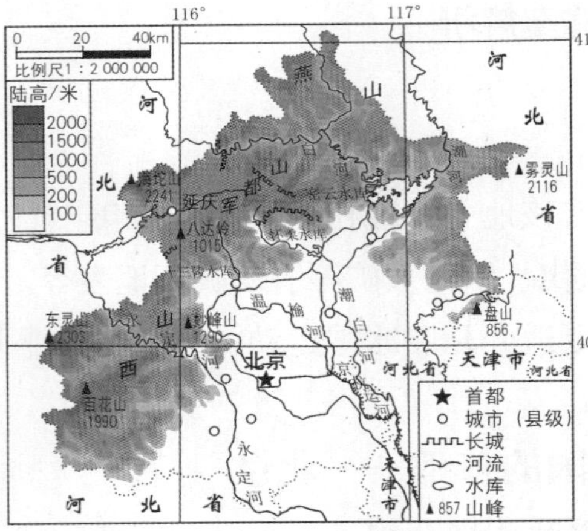

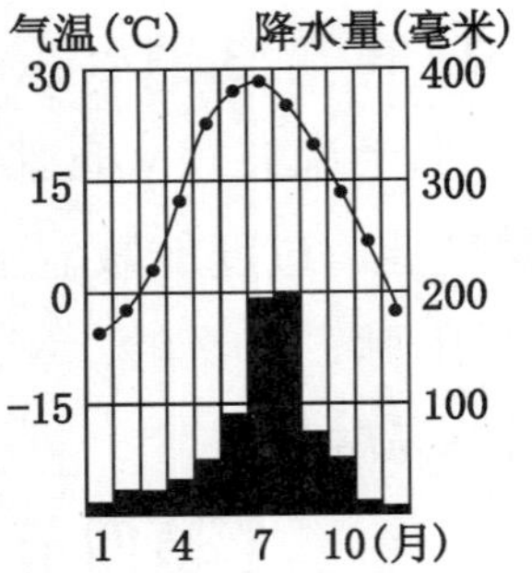

北京市年平均气温和降水量

地点	纬度	海拔（米）	1月平均气温
北京	39°48′N	33	-5℃
张家口	40°48′N	726	-8℃

3. 根据材料信息，说出北京市的气候类型及特征。

4. 根据材料信息，你认为2022年北京—张家口冬奥会的野外雪上项目场地宜选择哪里？（“北京”或“张家口”）并说明理由。

5. 请从地形、气候、举办国际大赛经验方面说出北京举办冬奥会的有利条件。

答案解析

1. D　　2. A

3. 北京市属于温带季风气候，其特点是夏季高温多雨，冬季寒冷干燥。

4. 张家口。张家口地区为海拔500米以上的中低山脉，坡度适中，适于滑雪场建设，为举办冬奥会雪上项目提供了优势条件；张家口地区纬度高，冬季气温低，雪期长，积雪量大，适合进行雪上运动。

5. 从地形方面考虑，北京西部、北部多山，适合举行野外滑雪运动。

从气候条件考虑，北京冬奥会的比赛时间是2月，此时气温较低。

从举办国际大赛经验方面考虑，北京作为我国首都，同时也是我国重要的旅游城市和国际性大都市，具备完善和充足的接待能力，酒店、奥运村、机场、媒体等服务设施完善；2008年北京奥运会的成功举办，积累了丰富的举办国际大赛的经验。

作品点评

本作品完美地呈现了“一核·六维·四手段”理论宏观调控下的练习模式，创设真实的任务情境，设计与之水乳交融的问题，考查学生的区域认知水平和综合思维能力，既精准把握了教材内容，又准确解读了地理课标要求和地理学科素养的内涵。作业设计目标明确，时长安排合理；拓展训练体现了分层优化，极大地调动了不同层级的学生努力完成作业的积极性，激发学生主动参与学习的热情和求知欲，是“双减”背景下延续课堂高质高效的作品。

作品亮点：首先，练习题依托时政热点、社会主义先进文化等创设情境，落实立德树人的根本任务，符合“一核·六维·四手段”理论调控的教学要求。其次，设计的问题是源于情境的自然延伸，学生作答问题的过程就是针对问题重新理解，有助于学生自身素养的表现和提升，进一步深化了学生对地理区域的认知水平，又加强了地理综合思维的训练。

专家建议：本作品要在严谨度上下功夫，个别章节练习的设计意图和目标需反复推敲。

大赛获奖名单

附录一：

山西省义务教育阶段中小学教师作业设计大赛
初中道德与法治组获奖名单

特等奖名单

作者	作品名称	单位名称
郭瑞红	基本政治制度	太原市杏花岭区第十一中学校
董秀玲	亲情之爱	太原市志达中学校
侯娇娇	跟着总书记话山西	晋城市泽州县高都镇中学
曹云梅　安建如 冯雪卿	遵守社会规则	太原市第三十九中学校
郝俊强	维护宪法权威	太原市第十八中学校
苏丽萍	加强宪法监督	汾阳市酒都学校
何　祥	师长情谊	太原市平民中学
王宇姣	维护国家利益	太原市第十五中学校
张　旭　张梦甜	山西文化之旅	山西省实验中学校 太原市令德中学校
马　蕊	老师&父母，想说爱你不容易	太原市志达中学校
关　静	人民当家作主	太原市第三十六中学校
董　妮	延续文化血脉	太原市志达中学校
兰春燕　马蕊 康艳荣　董妮	这就是山西	太原市志达中学校
王　敏	我国国家机构	太原市明德学校
范彩红	关爱他人	太原市第六十七中学校

一等奖名单

作者	作品名称	单位名称
黄　坤	八年级寒假假期课程实践	太原市第十八中学校
杨青菊	按图索“晋文化”	交口县第二中学
樊永忠	文明与家园	黎城县西井中学
元学军　焦圣施	九年级总复习	晋城市实验中学
张慧珍	文明与家园	太原市成成中学校
许燕云	依法行使权利	晋中市榆次区教学研究室
白　雪	凝聚价值追求	神池县第三中学
魏海丽　牛文广	根本政治制度	陵川县第二中学校
李　琦	保障宪法实施	运城市实验中学
任彩琴	我对谁负责 谁对我负责	汾阳市肖家庄镇初级中学校
安玉珍　胡丹阳 翟利娟	九年级综合复习	大同市第一中学校
杨瑞生	“小小导游”社会志愿服务实践作业	运城市运康中学校
田春乐	党的主张和人民意志的统一	平定县第三中学
阴　莹	理解权利义务	太原市第四十五中学校
何改琴　张丽坤 李　婷	理解权利义务	忻州现代双语学校
魏增强　李秀萍 张俊萍　王　婷 黄燕燕	做情绪情感的主人	太原市迎泽区郝庄中学
曹云梅	人民当家作主	太原市第三十九中学校
周　静　雷晓丽	单元综合	太原市三立中学校
李晓民	走进社会生活	黎城县第三中学校
马丽娅　王婷婻 霍坚旭　李瑞瑾	北京冬奥会专项作业设计	长治市第九中学校
郭晓停	“我是新闻解读员”项目作业	太原市小店区中辐院学校
王素红	遵守社会规则	新绛县横桥中学
李玉柱	根本政治制度	阳泉市第十中学校

（续表）

张　芮	“‘河’我一起，激扬青春”主题实践活动	稷山县稷峰二中
姜肖云　高改改 白乐遥　沈亚坤	延续文化血脉（复习课）	大同市第二中学校
郭明萱	建设美丽中国	临猗县第二中学校
赵新鸽	创新驱动发展实践型作业设计	临猗县北景乡初级中学校
李志勇　张　星 杨钰钰	基本经济制度	太原市成成中学校
秦岩琰	根本政治制度：模拟人大实践作业	运城市运康中学校

二等奖名单

作者	作品名称	单位名称
赵光莲	聚焦冬奥，关注时政	泽州县下村镇中学
张军军	服务社会	吕梁市柳林县陈家湾初级中学
刘欣星	维护国家安全	太原市小店区晋阳街中学校
卢晓丽	文明与家园 与世界深度互动	晋中市榆次区第五中学
潘惠敏	遵守规则	太原市志达中学校
郭　昕	活出生命的精彩	太原市小店区第七中学
赵　晶	家的意味	晋中市榆次区第五中学
王　慧	诚实守信	繁峙中学初中部
郝晋敏	实践探究作业设计	阳城县町店中学
赵婷婷	延续文化血脉	泽州县北义城中学
郭雪莲　张　芳　刘张生	成长的不仅仅是身体	交口县第三中学
杨肖利　曹潇琪　赵志飞　张蓓蓓	友谊的天空	长治市实验中学
杨海娟	文明与家园之追寻“晋”步	盂县第一中学
张淑慧　昝　洁　郭　静　景元霞　庞帅帅	青春的邀约	大同市煤矿第一中学校
刘星星	悄悄变化的我	汾阳市英雄街初级中学校
陈娅娅	劳动教育作业活动设计	洪洞县园区中学
冯雅楠	成长的不仅仅是身体	泽州县犁川镇初级中学校
王红琴	七年级、九年级融合作业	永济市逸夫初级中学校
王学明	八年级下学期总复习	阳城县第三中学
赵婷婷　兰兵丽	文明与家园	夏县第二初级中学
穆建红	文明与家园	平定县第四中学校
闫晓丽　贾晓润	模拟人大，邀你参加	太原市成成中学校
郭　乐　周俊平　薛丽君	凝聚价值追求	大同市煤矿第一中学校

（续表）

邓珂冉　刘　爽 郭婷婷　王晓茜 臧　波	法律为我们护航	大同市第二中学校
宋晓静	做情绪情感的主人	潞州中学体育北路学校
刘雷利	责任与角色同在	晋城市凤台中学
武雪梅　王利霞 张改彦　杨　婷 段旭娇	党的主张和人民意志的统一	大同市煤矿第一中学校
马美玉	成长的不仅仅是身体	繁峙中学初中部
秦晓琦	守望精神家园	沁水县中村镇初级中学校
姬　爽	与世界深度互动	高平市北诗中学
王　瑛	男生女生	沁县中学
王　婷	崇尚法治精神	太原市迎泽区朝阳初级中学校
何芳晶	和谐与梦想	孝义市第九中学
车飞燕	人民当家作主	太原市第三十七中学校
宁建仁	坚持宪法至上	太原市第三十七中学校
闫伟婷	守望精神家园——家乡情缘	交城县西营学校
张福英	关于社区（村）居民环保意识的社会调查	运城市运康中学校
梁志琴	共筑生命家园	太原市第五十一中学校
史晓娟	北京冬奥会聚焦下的山西文化	垣曲县移民初中
马春玲	我国国家机构作业设计	交城县城西初级中学校
王利青　张苏平	青春的证明	平顺县石城中学校
罗春杰	老师伴我成长	朔州市朔城区第七中学
李长宝	治国安邦的总章程	长治市容海学校
赵　连	共筑生命家园	娄烦县育才学校
田美平	用道德与法治——世界舞台上的 中国篇打开北京冬奥会	太原市第三十六中学校
任菁芳	坚持改革开放	运城市盐化中学
陶淑萍	悄悄变化的我	朔州市第二中学校
申　埗	成长的不仅仅是身体	朔州市第二中学校
王亭荣　李　倩	公平正义	临猗东康新教育学校
侯可凡	聚焦全国人大　践行学科素养	太原市第二外国语中学校

三等奖名单

作者	作品名称	单位名称
董翠红	悄悄变化的我	河津市第三初中
张建光	书画报中“绣”师恩——设计主题为“感恩老师”的手抄报	孝义市第七中学校
王文波	悄悄变化的我	河津市第二初中
温爱中	悄悄变化的我	娄烦县君宇实验学校
杨清华	走近老师	太原市第十八中学校
丁小英	成长的不仅仅是身体	沁水县龙港初级中学校
乔俊玲　赵文霞	延续文化血脉 坚定文化自信——寒假综合实践活动作业	临汾市第九中学校
牛红燕	延续文化血脉	绛县卫庄初中
吕秀华	维护秩序	太原市杏花岭区教育局教研室
王　珍	青春的邀约	长治市第十中学校
薛晓华	国家政治认同	万荣县实验初级中学
史喜勤	成长的不仅仅是身体	万荣县实验初级中学
刘慧湘	悄悄变化的我	怀仁市峪宏中学
刘　佳	青春的邀约	晋城市东南新区学校
魏　庭	悄悄变化的我	泽州县晋庙铺镇初级中学校
穆成兰	守望精神家园	平定县锁簧一中教育联盟立壁分校
王四玲	自由平等的真谛	忻州市第七中学校
徐　倩	基本政治制度	泽州县第三中学校
王艳华	让家更美好	阳泉市第十二中学
王　晶	青春萌动	寿阳县第三中学校
董章丽	我国国家机构	万荣县解店镇第一初级中学
冯　晶	家的意味	平定县南坳初级中学校
武丽欣　安传峰　耿丽霞	集体生活成就我	交城县东关初级中学
解晓青	成长的不仅仅是身体	万荣县示范初级中学

（续表）

付彩霞	坚持依宪治国	陵川县第三中学校
金　榜	坚持改革开放	保德县夏柳青明德学校
董香娥	悄悄变化的我	陵川县第二中学
姬珍珍	做守法的公民	稷山县翟店初中
刘　霞	成长的不仅仅是身体	五台县第二中学
徐诗禅	青春飞扬	太原市万柏林第三中学
胡　波	家的意味	怀仁市正兴中学
田　宇	青春有格	太原市第四实验中学校
张俊华	根本政治制度	平定县南坳初级中学校
郭志鹏　吴敏丽	爱在家人间	夏县尉郭乡初级中学
韩夏琴	促进民族团结	夏县尉郭乡初级中学
张　芬	公民基本权利	夏县实验初级中学
白红艳	家的意味	吕梁市第四中学
曹亚茹	青春有格	娄烦县第二中学
程　峰	保障宪法实施	新绛县新华学校
荆　洁	爱在家人间	大同市第六中学
郝　敏	爱在家人间	和顺县李阳镇李阳中学校
霍　艳	国家监察机关	太原市师苑中学
仙雅妮	成长的不仅仅是身体	永济市城北街道初级中学校
李利军	善用法律	大同市第二十一中学校
王　珊	享受学习	长治市潞州中学
史亚男	做守法的公民	阳泉市第六中学
王春艳	男生女生——性别刻板印象	忻州市第十三中学
封增茹	党的主张和人民意志的统一	芮城县阳城中学
刘　佳　张丽娟 杜婷婷　陈晚霞 刘艳平	青春的证明	大同市第二中学校
石　艳	共筑生命家园——热爱家乡	和顺县第二中学
胡红霞	青春有格——行己有耻，止于至善	晋城爱物学校
成文杰	党的主张和人民意志的统一	中北大学附属学校

（续表）

裴三娟	守护生命	长治市潞州区第二中学校
师娟荣	维护宪法权威	临猗县临晋初中
张红霞	成长的节拍	临猗县创新学校
张　洁	单元综合	临猗县楚侯初级中学
武亚娜	成长的不仅仅是身体	临猗县耽子初中
翟民荣	公民的义务	临猗县楚侯乡李汉初中
石若男	少年有梦	山西大学附属中学
杜小丽　秦柯	青春的邀约	临猗县贵戚坊初中

大赛获奖名单

附录二：

山西省义务教育阶段中小学教师作业设计大赛
初中历史组获奖名单

特等奖名单

作者	作品名称	单位名称
武燕珍	生活环境的巨大变化	太原市第三十九中学校
王　欣	中华人民共和国的成立和巩固	太原市第三十六中学校
卫倩倩	元宵节手抄报	垣曲县英言初级中学
候峰伟	世界近代史版块复习	太原市志达中学校
杜红梅	抗美援朝	太原市第五十六中学校
曹娟娟	中国工农红军长征	太原市迎泽区朝阳中学
李相伯	二战后资本主义的新变化	太原市第十八中学校
安　宝	青铜器与甲骨文	太原市第三十九中学校
戴　敏	东汉的兴衰	太原市第三十九中学校
马　攀　王　旭 张郁松　骞　浩 贺豪江	生活环境的巨大变化	山西省实验中学
郭晓欣	社会主义先进文化主题复习	太原市外国语学校
王红利	统一多民族国家的巩固和发展	太原市第五十五中学校
陈　茜	青铜器与甲骨文	太原市第五十六中学校
张敏　许玉茹	项目化作业《运城盐池与地域文化发展》	运城市实验中学

一等奖名单

作者	作品名称	单位名称
杨清河	内战爆发	太原市第十二中学校
范丽君	八年级寒假作业设计	太原市第五中学校
焦雅婷	中华人民共和国的成立和巩固	太原市第十九中学校
李文娟	秦统一中国	中北大学附属学校
樊芬娟	我为春节“代言”	太原市小店区第三中学校
陈文娟	两汉的科技和文化	太原市第四十七中学
吕　遥　李慕杰 王　琪　杜海霞 董雪胜	敌后战场的抗战	阳泉市第三中学校
霍　玢	希腊城邦和亚历山大帝国	太原市实验中学校
姚延玲	盛唐气象	太原市第六十七中学校
赵新变　张秀红	中国特色社会主义道路	交口县第三中学校
韩培凤	金与南宋的对峙	太原师范学院附属中学
李红乔	早期殖民掠夺	太原师范学院附属中学
刘宏哲	中国工农红军长征	太原市志达中学校
丁俊伟	盛唐气象	乡宁县第二中学校
杨　伟	活动课：让我们共同来感受历史 ——我爱我家　晋善晋美	太原杏岭实验学校
周　丽	跟党走、谋幸福	山西省实验中学
张馨文　闫美玲	隋唐时期：繁荣与开放的时代	汾阳现代双语学校
李智慧	工业化国家的社会变化	太原市第六十七中学校
王晓蕊	新中国工业化的起步和人民代表 大会制度的确立	太原市成成中学校
张晓敏	鸦片战争	太原市重点少年体育学校
陈　莹　张晨艳	第二次工业革命和近代科学文化	太原市三立中学校
张一敏	我为春节“代言”	太原市小店区第三中学校
谢丽娜	明朝的对外关系	山西现代双语学校
李　强	洋务运动	太原市晋源区晋源街道第二中学校

（续表）

杨晋文	中华人民共和国成立	太原市杏花岭区教研室
张　涛　原红霞 赵思奇　刘　冉	二十世纪世界秩序的演变	晋城市实验中学校
王晓芬	山西青铜博物馆探究任务单	太原市第十二中学校
刘肖丽	经济和社会生活的变化	太原市第十九中学校

二等奖名单

作者	作品名称	单位名称
郭冬雪	中国工农红军长征	长治市第三中学校
程巧珍	盛唐气象	娄烦县君宇实验学校
牛　妞	第二次工业革命和近代科学文化	长治市第九中学校
王　婷	访节日之源，寻文化之根——《中国传统节日的起源》作业设计	阳泉市郊区丰华双语学校
孟丽春　王建兵　杨　森　郭正梅	工业化国家的社会变化	孝义市第九中学
侯　悦	古代印度	太原师范学院附属中学
杨桂桃　张彩云　武新星　任国昇	《宋代经济的发展》活动课作业设计	孝义市第六中学
武云霞	第二次世界大战	河津市阳村街道阳村初级中学
王钟祺	七年级暑期作业	太原市第五中学校
樊艳琴　李永萍　王雨华　张　静　马莉茹	洋务运动	太原市万柏林区第三中学校
李世晋	中华民族的抗日战争 单元作业设计	大同市第二中学校
任志刚	隋朝的统一与灭亡	高平市永禄中学
陈丽琴	抗美援朝	寿阳第二中学校
伊兆伟	活动课：生活环境的巨大变化	绛县横水镇初级中学校
杨战鹰	青铜器与甲骨文	运城市第二实验中学
蔡桂芸	为实现中国梦而努力奋斗	太原市杏岭实验学校
文席鹏	资本主义制度的初步确立	垣曲县教育局初中教研室
成宇青	中国工农红军长征	太原市第十八中学校
岳海霞	美国的独立	寿阳县第三中学校
赵丽霞　张建玲　侯洁妤	总复习——思维导图、人物简介	汾阳市西关初级中学校
李雪晖　段鲜丽　李晓燕　李淑艳	唐朝的中外文化交流	晋中市大唐现代双语学校

（续表）

乔　静	科技改变生活——第二次工业革命博览会	太原市第六十中学校
王蓉蓉	西欧庄园	太原市成成中学校
李　洁　尹芳芳 景秀芝　常东丽 闫慧清	三国两晋南北朝时期： 政权分立与民族交融	娄烦县第二中学
张祥敏　邓小年 张　晶	辽宋夏金元时期：民族关系发展和社会变化	晋中市大唐现代双语学校
李　静　李东歌	中华人民共和国成立	长治市第九中学校
李　静	盛唐气象	长治市潞州中学
范晨辉　文森茂	原始农耕生活	新绛县新绛中学校
孔　繁	抗美援朝	太原市师苑中学校
姚晨晨	文艺复兴运动	高平市北诗镇初级中学
李亚南	战后资本主义的新变化	太原市杏花岭区第十中学校
赵晨欣	工业化的起步和 人民代表大会制度的确立	太原市志达中学校
霍凤莲	三大改造	晋城市实验中学校
杨梦凡	三国两晋南北朝时期：政权分立与民族交融	黎城县第三中学校
陈　宏	隋唐时期：繁荣与开放的时代	阳泉市第六中学校
李晋强　周丽萍 毛丽红　吕劲飞	解读身边历史 感受泽州文化	泽州县巴公镇初级中学校
张妍平　杨　娇	中华人民共和国的成立和巩固	太原市三立中学校
李晓燕　孙雅梦 郭　玲　韩丽霞 王文君	中华民族的抗日战争	太原市第三十七中学校
任　晓	唐朝的中外文化交流	运城市运康中学
曹俊平	罗斯福新政	太原市第六十中学校
薛秋菊	“寻访抗日足迹，传承红色基因 实践探究作业设计	稷山县稷峰一中
介喜梅　刘丽丽	聚焦“两会”作业设计	永济市逸夫初级中学校
韩玉柱　贾佳 光丹丹　邓果	西欧庄园	稷山县稷峰一中

（续表）

王爱萍	抗美援朝	太原市杏花岭区第十中学校
张艺华	唐朝的中外文化交流	大同市第二中学校
曹振飞	中国工农红军长征	太原市第十八中学校

三等奖名单

作者	作品名称	单位名称
王　静	单元综合作业设计	晋中市榆次区第六中学
孙俊峰	汉武帝巩固大一统王朝	太原市小店区北格镇第一初级中学校
田俊芳	青铜器与甲骨文	太原市小店区北格镇第一初级中学校
刘海霞	中华人民共和国成立	沁水县龙港初级中学校
杨雅姝	中华民族的抗日战争	晋中市榆次区第九中学
范志强	鸦片战争	太原市师苑中学校
郭秀虹	土地改革	忻州市第七中学校
李旭红	中华人民共和国的成立和巩固	晋中市榆次区第六中学
史　盛	隋朝的统一与灭亡	五台县耿镇中心学校
吴佳婧	中国工农红军长征	太原市杏花岭区第十一中学校
左晓琴	古代埃及	繁峙县砂河第三中学
桑　红	百家争鸣	太原市师苑中学校
孟晓丽	从“贞观之治”到“开元盛世”	交城县城内初级中学校
马　峰	汉武帝巩固大一统王朝	五台县沱阳中学
赵红敏　原丽霞 王晋凯　郭梅芳	中华人民共和国的成立和巩固	泽州县巴公镇初级中学校
王蓓蓓　桑瑞艳	中华人民共和国的成立和巩固	泽州县金村镇孟匠初级中学校
梁丽红	辛亥革命	忻州市忻府区旭来街学校
王医红	近代中国历史巨变的探究	平定县巨城初级中学校
刘晓华	中华民族的抗日战争	山西省阳泉市实验中学
郑　辉	活动课：让我们共同来感受历史	绛县横水镇初级中学校
李英岐	隋朝的统一与灭亡	原平市永康中学
刘丽芬	盛唐气象	山西省晋中市寿阳县第三中学校
秦　泰	中华人民共和国成立	定襄县一波中学
李　彦	探寻新航路	太原市迎泽区郝庄初级中学校

（续表）

李玲文	正面战场的抗战	神池县第三中学
宁慧平	夏商周时期：早期国家与社会变革	稷山县翟店初中
车叶红	第二次世界大战	垣曲县新城初级中学
张　莹	建设中国特色社会主义	平陆县常乐初中
李红芳	中华人民共和国成立	神池县第三中学
张文镌　郭卫霞	资本主义制度的初步确立	盂县第一中学
薛英红　武晶晶　高晋平	探寻新航路	稷山县实验初中
王　丽　董倩	九年级假期实践作业	万荣县解店镇第一初级中学
白跃仙	抗美援朝	五台县第二中学
景　青	《凡尔赛条约》和《九国公约》	运城市盐湖区城西示范学校
王　斐　石建平　双灵仙	盛唐气象	交城县东关初级中学
李　琳	新民主主义革命的开始	太原市小店区第十二中学校
李　倩	七年级寒假历史作业设计	晋中市经纬中学校
李晓玲　靳　荣　李娜　宋贤慧　李　轲	新民主主义革命的开始	长治市第十六中学校
郑维纪	抗美援朝	盂县第一中学
阴宇婷	唐朝的中外文化交流	太原市平民中学
潘如立	中国特色社会主义道路	汾阳市贾家庄镇初级中学
孙　丽	中华人民共和国的成立和巩固	晋中市榆次区第二中学校
董　晋	基于“弘扬传统文化实践活动”的评价设计	陵川县棋源中学校
刘庆波　岳　龙　刘宇新　宋跃军	中国工农红军长征	黎城县第一中学校
魏　琪　高宝红　张月翔　罗　芳	汉武帝巩固大一统王朝	忻州市实验中学
刘　欢	探寻新航路	太原市万柏林实验中学
辛世华	早期殖民掠夺	太原市杏花岭第二中学
赵妙琴　李文洁　张　琪	走向和平发展的世界	永济市逸夫中学

（续表）

王　鑫	繁荣与开放的时代	稷山县稷峰二中
段鲜丽　李淑艳 李晓燕　李雪晖	第一轮复习　解放战争	晋中市大唐现代双语学校
刘永晶	隋朝的统一与灭亡	朔州市第二中学
原可心	夏商周的更替	朔州市朔城区第七中学
南　宣	中华人民共和国的成立和巩固	临猗东康新教育学校
赵　爽	从九一八事变到西安事变	太原市第六十七中学校
王丽蓉	经济体制改革	太原市第二中学校

附录三：

山西省义务教育阶段中小学教师作业设计大赛
初中地理组获奖名单

特等奖名单

作者	作品名称	单位名称
张丽青	地球的运动	孝义市第七中学
石锦平	制作简易地球模型并演示地球运动	晋中市榆次区第九中学
沙春香	认识地图——绘制校园平面图	太原市第五中学校
潘云云 曹瑞芬 李 娜 王 艳	北方地区	长治市潞州中学
韩秀芝 刘晓艳 刘 峰 庞 敏 和晓田	实践出真知，地理在身边	山西省实验中学
王丽 赵 虹 张涛涛 庞小红	深探农业产品，乐享品质生活	太原市外国语学校
乔俊玲	当非遗遇上冬奥	临汾市第九中学校

一等奖名单

作者	作品名称	单位名称
马景璐	太谷城区青桔电单车布局调查与合理性建议	晋中市太谷区明星中学
张　锐	天气和气候	晋中市榆次区第九中学
张瑞欣　郭瑞奇 李　松	地图上的方向	晋中市榆次区第十中学
都康杰	地球的运动	泽州县大阳镇初级中学校
贾改梅　韩超慧	东北三省——辽阔富饶的“黑土地”	孝义市第十中学
李梦瑶	东北地区的地理位置与自然环境	晋中市榆次区第五中学
裴小转	中国的地域差异	晋中市榆次区修文中学
焦晓燕　闫锋	亚洲及欧洲	临汾一中第一附属学校
任丽丽　赵晓琴 王维新　邢冬芝	关注国际时事，聚焦俄乌关系	孝义市第九中学
韩莎莎	黄土高原—— 水土流失严重的地区	太原市外国语学校开城校区
栗　敏	《天气和气候——地球大气的风云变化》 单元作业设计	太原市第三十九中学校
牛　艳　苏灵琴 张开翼　康泽飞 赵娅丹	疆域和人口——从世界看中国	太原市第十九中学校
耿佳乐	春光明媚，去放风筝	太原市第十八中学校
康泽飞	千姿百态的地表形态	太原市第十九中学校

二等奖名单

作者	作品名称	单位名称
王淑芳	影响气候的因素——地球运动	大同市第六中学校
刘慧慧	影响气候的主要因素	大同市第六中学校
杨远荣　高爱平	指尖上的地球	太原市成成中学校
侯俊萍　贾承天 刘海霞　任　鹏 张建辉	我国的地域差异	孝义市第六中学
冯红丽	辽阔的国土——三级行政区划	阳泉市实验中学
常子昱	影响气候的主要因素	左权县麻田中学校
王　丹	辽阔的国土	运城市盐湖区涑水联合双语学校
张晓慧	黄土高原——水土流失严重的地区	太原市第二外国语学校
丁　洁	乡土地理	阳泉市第十中学校
李丽花	认识区域	晋中市大唐现代双语学校
王利萍　刘　童 赵　楠	黄土高原——水土流失严重的地区	吕梁现代双语学校
王佳丽	亚洲及欧洲	寿阳县第四中学
常美蓉	我国的地域差异	太原市第三十七中学校
王春玉	农业	和顺县实验学校
刘艳梅	省内区域	太原市南海中学校
张俊婷　薛　敏 韩建英	认识地球 作业设计	阳高县第三中学校
王湘琳	我国的地域差异	太原市第三实验中学校
李彩虹	我国的地域差异	太原市迎泽区朝阳中学
柴树艳	校园小气候观测	北京师范大学大同附属中学校
黄　华	世界的聚落	大同市第十八中学校
张　妍	自然资源概况	大同市第二中学校

三等奖名单

作者	作品名称	单位名称
高建英	众多的人口	忻州市第七中学校
张春青	使用地图	忻州市第七中学校
刘媛媛	北京市的城市特征与建设成就	晋中市榆次区东赵中学
吕　峰	俄罗斯	长治市第十九中学校
李万婧　郭慧芳	北京市的城市特征与建设成就	晋中市榆次区使赵中学
刘淑彬　呼亚飞　褚欣婷	亚洲及欧洲	晋中市大唐现代双语学校
张金燕	地理寒假作业设计	阳高县第五中学校
马慧敏	紧缺的水资源—跨流域调水	太原市第五十一中学校
贾　敏	位置、范围和自然条件	原平市平德初级中学
陈晶奉	秦岭—淮河一线的地理意义	怀仁市峪宏中学
张　燕	地形图的判读	盂县牛村中学
安子兆	晋中师专附校及周边路灯现状调查及优化建议	晋中师范高等专科学校附属学校
陈亚俊	世界最大的黄土堆积区——黄土高原	沁水县中村镇初级中学校
张俊婷	中国的行政区划	阳高县第三中学校
王　瑞　马晨曦　邓莉芳	从世界看中国	长治市实验中学
王向荣	地球与地图 走进国家	北京师范大学大同附属中学
孙菲菲	稳步增长的农业	太原市第十五中学
孙　丽	辽阔的国土	运城市盐化中学
马月勤	感受地球运动	芮城县第四中学
李　媛　郝瑞芬　张兆臣	亚洲及欧洲	晋中市榆次区第二中学
朱　伟	我国的地域差异	娄烦县君宇实验学校
安利芳　王伟	中国的民族	阳高县第三中学校（安利芳）和阳高县第四中学校（王伟）
张伟	农业	晋中市太谷区实验中学
李红梅	用“地理眼”看春晚　研冬奥	晋中市经纬中学校

（续表）

杨小丽	地形图的判读	阳泉市第十八中学校
吴玫峻	世界的人口	大同市第十三中学校
李丹	亚洲的位置和范围	繁峙县繁峙中学初中部
张筱聪　王芙蓉	东南亚——两洲两洋的“十字路口”	稷山县实验初中
靳　慧	自然资源——我们生存和发展的物质基础	太原市第四十五中学
曹晓花	使用地图	柳林县第二初级中学

后　记

道德与法治部分

2021年7月，中共中央办公厅、国务院办公厅印发了《关于进一步减轻义务教育阶段学生作业负担和校外培训负担的意见》，为了真正使“双减”工作落地有声，促进我省中小学课堂教育教学改革，探索作业设计新模式，达到“提质增效”之目的。2022年1月，山西省教育厅教育科学研究院与《山西教育》杂志出版社联合举办了山西省义务教育阶段中小学教师作业设计大赛，广大初中道德与法治教师踊跃参加，截至3月中旬，大赛共收到来自全省各地的作业设计作品共计1300多篇，最终经过大赛评委组严格甄选，历经初评与复评两个阶段，共评出特等奖15篇，一、二、三等奖139篇，优秀奖200篇。为进一步推广优秀作品及其作业设计经验，决定从特等奖及一等奖中精选出一些有特色且富有创意的作业设计，对每一篇作品进行“作业点评”后，在8月份出版《山西省首届中小学教师作业设计大赛获奖作品选》初中道德与法治部分，以供广大教师参考借鉴。

读本书时，您不妨一页页缓缓前行、细细品味，如茶一般，细品方能品出其味，会出其意，达成其效。在这15篇作品中，无论是综合实践（项目化学习）作业设计、单元作业设计还是课时作业设计，都是每一位作者在“双减”政策背景下，为减轻学生课业负担，达到“以问促思，以疑促学”目的而做出的诸多尝试与努力，都倾注了他们无穷的智慧；每一篇作品都有其闪光之处，可以说亮点纷呈：如，有通过做项目的方式，用任务驱动，让学生亲历、体验整个学习过程，实现“做中学”，达到“活”而有向，“动”而有得；有打破教材局限，整合“本土化”

的学习资源，使作业设计更“接地气”；有基于“生本”的分层设计，展示给我们有“温度”、有“梯度”的作业设计；有立足道德与法治学科知识，借助语文、地理、历史、美术等学科功底，“合力”解决教材核心问题，实现跨学科整合……总之，无论怎样，每一篇作品都较为精准地解读了教材，准确地理解了课标，都在围绕我省中考“一核·六维·四手段”的方向上“做功课”；落实“立德树人”凸显道德与法治育人本质上“下功夫”；发挥学生的主体性，促进学生学习“增效”上“做文章”。

在审稿和作品点评的过程中，我们为作者精心设计的每一篇作品而怦然心动，为每位设计者独到的教育意蕴而感慨万千！然而，我们也发现个别作品中存在不足和错误之问题，为了能给广大读者提供一个优质的范例，为此，本书编委会领导决定，在选稿、审稿中要对每一份作品精雕细琢，再打磨、深加工，力求出“精品”。本着这样的初心，我们对每一份作品进行了必要的纠错、删减、重组、提升，以使其更符合“双减”政策之要求，更能引导学校和教师站在“立德树人”的高度，树立与时俱进的大作业观、长作业观。

最后，衷心希望《山西省首届中小学教师作业设计大赛获奖作品选》初中道德与法治部分能得到广大教师的认可，能为促进“双减”政策的进一步落实，为作业设计的进一步探索提供有价值的借鉴。

初中道德与法治卷编委

2022 年 8 月

历史部分

“有没有让学生特别喜欢的、有趣的作业?”

“有没有‘解一题，百题自开’的作业?”

“有没有让学生做完后变得更加聪明的作业?”

“有没有……”

如此迫切的呼声，绝不是某一位教师发出的，而是众多一线教师的呼声。2021 年 7 月，中共中央办公厅、国务院办公厅印发了《关于进一步减轻义务教育阶段学生作业负担和校外培训负担的意见》，文件要求减轻学生作业负担，提高作业质量，这就要求教师进一步提升作业设计水平。随着文件的下发，义务教育阶段各级各类学校立即掀起了以“作业”改革为切入点的一系列行动。经历一年多的实践，初见成效。

2022 年 1 月，山西省教育厅教育科学研究院与《山西教育》杂志出版社联合举办了《山西省首届中小学教师作业设计大赛》。广大初中历史教师踊跃参加，纷纷展示自己在作业设计探索中的初步成果。至 3 月中旬，大赛共收到初中历史作业设计作品 1300 多份，历经初评和复赛，最终确定特等奖，一、二、三等奖共 140 余份。为推广优秀作品及其作业设计经验，决定由历史教育教学专家从作品特点、作业设计亮点及专家建议三个方面对特等奖作品进行“作品点评”，并集结出版《山西省首届中小学教师作业设计大赛获奖作品选》初中历史部分，给一线教师提供较为成功的作业设计范例。

保证《山西省首届中小学教师作业设计大赛获奖作品选》确有借鉴价值，是初中历史编委在审稿、点评中不懈努力的目标。审稿过程中，编委们一致感受到教师们在考改、课改理念和“双减”政策指导下，对作业设计的实践、探索与创新。这些作品都凝聚着作者基于教学实践经验和教育情怀的智慧劳动。作品中无论是课时作业、单元作业还是综合实践活动作业，每件作品都凸显了作业的育人功能，运用分层作业方式体现因材施教，促进各层次学生的巩固提升，注重预估作业时间，符合“双减”政策的要求。广大教师努力引导学生在完成作业的过程中，从历史学科的本质、研究方法等角度认识和运用所学知识，一些作品的评价与批改方式亮点频出，评价主体多元、方法多样且措施得当，反映了教科研理论成果指导下，教师们开始尝试运用评价量表的方式，多维度、多水平层级地对学生的学习过程进行量与质并重的评价。有些作品特别注重过程性评价，通过评价结果的及时反馈，对学生给予及时的、适当的、有针对性的鼓励、指导和帮助，使学生在了解自己学习结果的基础上，总结学习经验、扬长避短、建立自信，激发学生内在的学习动力，更积极地投入到学习活动中。学生作品案例展示充分印证了这些特点，提升了作业的功效。

当然，现实教学中，历史学科不良作业设计的现状比比皆是，教师随意布置、马虎批改，作业内容针对性差、题海战术等现象依然存在。其深层次的原因是学校和教师的教育观念没有根本变革，具体到作业设计上说，就是没能形成正确的、与时俱进的、科学先进的作业观。尽管是特等奖作品，在审稿和对作品进行点评的过程中，依然存在一些不足。在“双减”背景下，为进一步提高作品的质量，达到导向教学的功效，本书编委会领导决定在审稿中对作品进行必要的改编，引领学校和教师站在“立德树人”的高度，树立与时俱进的“大作业观”，充分发挥作业的教学功能和育人价值，落实教、学、评一体化的评价理念。

在“双减”政策出台的短短半年时间中，已经能看到作业设计的有益探索和斐然成绩，特此感谢参赛老师付出的辛勤劳动和教育智慧，每一件入选作品都亮点频出，精彩纷呈；也感谢编委们的倾心付出和专业引领，在较短的时间内高质量地完成作品的审稿及点评工作。

最后，衷心希望《山西省首届中小学教师作业设计大赛获奖作品选》初中历史部分能得到广大教师的认可，能为推动“双减”政策的落实提供可操作的路径，也为作业设计的进一步探索提供有价值的借鉴。

初中历史卷编委

2022 年 8 月

地理部分

在落实“双减”政策背景下，山西省举行了首届山西省义务教育阶段中小学教师作业设计大赛。本书汇集了地理学科获得特等奖的作品，也吸收了部分一等奖作品，作品以义务教育地理课程标准为依据，全面落实立德树人根本任务，坚持德育为魂、能力为重、基础为先、创新为上，树立科学质量观。非常感谢一线教师的积极参与，感谢专家的修订和专业点评，为我们准确地把握作业的深度和广度提供了巨大的帮助，也为我们后期的发行奠定了良好的基础。

本书呈现的亮点很多，集中表现在以下几个方面：

1. 依据课程标准，紧扣教学内容，落实学科的基础知识与基本技能。
2. 将项目化学习融入学科教学，成为部分学校学习的主要形式。
3. 以单元大任务设计为周、月学习对象，扭转了以碎片化知识训练为主的复制化作业。
4. 情境化的大单元任务来源于真实生活，适切性和代入感强。
5. 地理实践活动已成为单元大任务的主流，从根本上改变了地理学习和育人的方式。
6. 跨学科主题式设计成为主要设计常态，提供了运用多学科知识解决问题的机会。

本书虽然经过了精心的修改和打磨，但难免还有不尽如人意的地方，主要表现在以下几方面：

1. 作业的分层设计有待提高，树立科学的质量观。
2. 强化作业过程性评价，发挥日常教学的正面导向作用。
3. 多途径收集学生在学习过程中的表现，促进健康发展。

我们真诚期待来自各界同仁的指导和帮助，以便及时修订本书的不足之处。

地理作业参与修订的成员：肖明光、范国栋、杨彩莲。

初中地理卷编委

2022 年 8 月